Hermann Scherer

Fokus!

Provokative Ideen für Menschen,
die was erreichen wollen

GOLDMANN

Alle Ratschläge in diesem Buch wurden vom Autor und vom Verlag sorgfältig erwogen und geprüft. Eine Garantie kann dennoch nicht übernommen werden. Eine Haftung des Autors beziehungsweise des Verlags und seiner Beauftragten für Personen-, Sach- und Vermögensschäden ist daher ausgeschlossen.

Sollte diese Publikation Links auf Webseiten Dritter enthalten, so übernehmen wir für deren Inhalte keine Haftung, da wir uns diese nicht zu eigen machen, sondern lediglich auf deren Stand zum Zeitpunkt der Erstveröffentlichung verweisen.

Penguin Random House Verlagsgruppe FSC® N001967

4. Auflage
Vollständige Taschenbuchausgabe September 2018
Wilhelm Goldmann Verlag, München,
in der Penguin Random House Verlagsgruppe GmbH,
Neumarkter Str. 28, 81673 München
Copyright © 2016 der Originalausgabe: Campus Verlag GmbH, Frankfurt am Main
Umschlag: Uno Werbeagentur, München, nach einer Gestaltung von total italic,
Thierry Wijnberg, Amsterdam/Berlin unter Verwendung eines Bildes von
shutterstock/antoshkaforever
Satz: Uhl + Massopust, Aalen
Druck und Bindung: GGP Media GmbH, Pößneck
Printed in Germany
MZ · Herstellung: IH
ISBN 978-3-442-17746-2
www.goldmann-verlag.de

Besuchen Sie den Goldmann Verlag im Netz:

INHALT

1. FOKUS

9

2. DIE OPPORTUNITÄTSKOSTEN VON KINDERSCHOKOLADE

13

3. ZEIGE MEINEN AUGEN DIE WORTE, DIE ICH HÖRE

53

4. JEDES PROBLEM IST EIN NOCH NICHT GEGRÜNDETES UNTERNEHMEN

83

5. DIE ANGST FINDET DICH. IMMER.

113

6. ALS KÄTZCHEN HIN, ALS TIGER ZURÜCK

153

Inhalt

7. GRENZEN, DIE ES GAR NICHT GIBT

167

8. DIE INFLATION DES JAS UND DIE WERTBERICHTIGUNG DES NEINS

201

9. SELBSTBETRUG ALS RETTUNG

243

10. RECHNET SICH MENSCHLICHKEIT?

277

11. Q-UALITÄT DURCH SPIRIT-UALITÄT

299

12. WOFÜR BIST DU ANGETRETEN?

325

EIN KAPITEL FEHLT

341

KAPITEL

1

FOKUS

Nehmen wir Deutschland. Und rechnen wir nur ganz grob: Von den 80 Millionen Einwohnern sind 40 Millionen männlich. Das macht etwa 30 Millionen Männer im geschlechtsreifen Stadium. Wenn diese 30 Millionen pro Tag nur, sagen wir, 5 Minuten lang dem Geschlecht, an dem sie interessiert sind, hinterherschauen, einschließlich dem Anzügliche-Zeitschriftencovers-und-Plakatanzeigen-Begaffen, fremden Frauen auf den Hintern oder in den Ausschnitt schauen, der Kollegin auf die Knie starren, nur 5 Minuten, dann sind das pro Jahr volkswirtschaftlich gesehen knapp 55 Milliarden Minuten, an denen sie nicht fokussiert ihrer Aufgabe nachgehen, sondern – wofür sie nichts können – durch ihr Kleinhirn mitsamt den darin gespeicherten Instinkten abgelenkt sind.

Überlegen Sie mal, was das für eine irre Zahl ist! Das sind pro Jahr knapp 115 Millionen Arbeitstage, die der deutschen Volkswirtschaft auf diese Weise verloren gehen. Bei 8 Stunden Arbeitszeit pro Tag mit nur 20 Euro pro Stunde gerechnet liegen wir bei einem Schaden von grob 20 Milliarden Euro. Und das sind nur die Männer – und wir schauen ja gerne mal etwas länger als 5 Minuten. Wer weiß, wo Frauen überall hingucken oder was die alles machen. Und dann sind da noch all die anderen Dinge, die uns vom Weg ablenken. Überlegen Sie mal, welchen immensen volkswirtschaftlichen Schaden mangelnder Fokus anrichtet!

Wo wäre die Menschheit heute, wenn wir uns nicht ständig ablenken ließen? Und was mich noch viel mehr interessiert: Wo wären Sie? Wie weit hätten Sie schon kommen können im Leben, wenn Sie wenigstens 80 Prozent vom Tag Ihren persönlichen Zielen widmen würden?

Andererseits: Wir Menschen sind schon komisch. Wenn wir

uns mal tatsächlich auf etwas konzentrieren, vergessen wir alles andere drum herum. Und das ist auch nicht okay. Gerade, während ich dieses Buch schreibe, haben wir in Deutschland die große Flüchtlingskrise. Die beherrscht nicht nur die TV-Talkshows und die Kommentarspalten der Zeitungen, sondern auch Social Media, Internet und die Köpfe, die sich manche heißreden und -denken angesichts von Hunderttausenden Menschen, die aus Asien und Afrika ins Land strömen. Das Merkwürdige daran: Alles, was bislang Thema war, scheint plötzlich nicht mehr zu existieren. Noch vor kurzem waren die Schuldenkrise und Griechenland die großen Themen. Aber danach kräht gerade kein Hahn mehr, obwohl sich im Grunde an der problematischen Situation nichts geändert hat.

Wir Menschen scheinen Experten im Säue-durchs-Dorf-treiben zu sein. Aber wir schaffen es offenbar mit nur einer Sau zur gleichen Zeit. Als wären wir einäugige Einzeller, die nur in eine Richtung robben könnten. Das aber hat eine Schattenseite: Wir sind dadurch unglaublich manipulierbar! Wir werden von dieser jeweils einen aktuell von den Politikern und den Journalisten durchs Dorf geschickten Sau in enormem Maße abgelenkt von dem, was unsere eigentliche Aufgabe im Leben ist.

Das ist doch gefährlich! Sie dürfen doch Ihr Leben nicht aus den Augen verlieren!

Dieses Buch legt den Fokus auf Ihren Fokus, damit Sie Ihr Leben nicht aus den Augen verlieren, sich nicht ablenken lassen von Hormonen, die Sie nicht klar denken lassen, von Säuen, die durchs Dorf getrieben werden oder von der Notwendigkeit, das Essen zu kochen.

Dieses Buch dient dazu, Sie daran zu erinnern, wofür Sie wirklich angetreten sind im Leben.

KAPITEL

2

DIE OPPORTUNITÄTSKOSTEN VON KINDERSCHOKOLADE

Oh, ja! Ich liebe sie. Ich liebe sie so sehr. Und ich begehre sie. Ihre Rundungen – unbeschreiblich, einfach perfekt. Diese kleinen Hügelchen ... hmmm. Und erst die Täler! Ihre zarten, vorstehenden Rippchen, oh!

Und wenn sie dann so daliegt, vor mir, hingeschmiegt, ganz hüllenlos – nur für mich, wenn ich sie so anschaue, der weiche Schimmer auf ihr, wie sie nur darauf wartet, dass ich sie berühre, nach ihr greife, sie packe und ...

Dann spreche ich gerne noch einmal ihren Namen aus: ihren süßen Namen, ihre 16 Buchstaben, die ich nochmals flüstere. Und dann vergesse ich die Welt um mich herum, stürze mich auf sie ... und vernasche sie!

Noch lieber allerdings, und auch diese Vorliebe will ich Ihnen nicht vorenthalten, habe ich es, wenn sie nicht alleine ist, sondern ich es gleich mit mehreren von ihrer Sorte gleichzeitig zu tun habe! Offen gestanden: Ich kann nicht genug bekommen! Oh, und ich fühle mich Manns genug, um es direkt hintereinander mit 10, 12, ach was, mit 20! gleichzeitig aufzunehmen, schnell, schnell direkt hintereinander weg.

Und ja, manchmal liebe ich es auch ganz langsam, dann lecke und lutsche ich an ihr, lasse sündhafte Stückchen von ihr langsam in meinen Mund gleiten.

Sie ist ein Traum. Mein Traum. Ich liebe und begehre sie.

Die Kinderschokolade.

Ein Riegel Kinderschokolade wiegt exakt 12,5 Gramm, das haben meine internen, sehr aufwändigen Untersuchungen ergeben. Natürlich können solche wissenschaftlich fundierten Analysen nicht ohne Verkostung des gesamten Wiegegutes vonstattengehen. Laut meiner jüngsten Zeiterfassung – auch das wurde empirisch und vor allen Dingen mehrfach untersucht – bin ich in der Lage, einen kompletten Riegel innerhalb von 5 Sekunden vollständig zu vernichten, inklusive Runterschlucken. 5 Sekunden. Das hat gar nichts mit Angst oder Mut zu tun, sondern lediglich mit nackter Gier. Dann ist der Spaß vorbei. Nur ein Flackern der Erinnerung und der süße Nachgeschmack bleiben ein wenig länger.

Weil diese Sorte Spaß von derart kurzer Dauer ist – was ich schier unerträglich finde –, bin ich bekannt dafür, direkt drei 125-Gramm-Packungen zu je 10 Riegeln auf einmal zu verputzen. In kürzester Zeit. Auch diese Zeitangaben müsste ich noch durch genaue Studien verifizieren. Ein Opfer, das ich unter Nichtanrechnung der Kalorien zu bringen bereit bin.

Ich kann übrigens auch ein 400-Gramm-Glas Nutella auf einmal auslöffeln. Kein Problem. Dabei ist der Genuss vergleichbar kurz und heftig wie bei der Kinderschokolade.

Kein Wunder, dass sich diese beiden Longseller des Piemontesers Giovanni Ferrero in Deutschland seit etwa 50 Jahren mit großem Erfolg halten können.

Und im Falle der Kinderschokolade liegt das meiner Ansicht nach kaum an dem Jungen, dessen Foto seit Anfang der Siebzigerjahre weltweit auf den Verpackungen der Schokolade abgebildet war und das beinahe schon Logo-Charakter entwickelt hat. Das Bild hat jeder von uns in seinem Kopf eingebrannt und erkennt es sofort wieder.

Es wurde im Laufe der Jahre immer wieder leicht retuschiert, um den wechselnden Moden gerecht zu werden. Die Frisur wurde zum Beispiel ab und zu geändert, und irgendwann wurden via Photoshop die Ohren irgendeines anderen Jungen hinzugefügt, denn in den Siebzigern waren die Ohren unter den langen Haaren nicht sichtbar gewesen. Damit hatten kulturhistorisch vermutlich die Beatles etwas zu tun – ob die wohl auch Kinderschokolade gegessen haben?

Aber egal. Als der Junge 2005 ersetzt wurde, gefiel das logischerweise nicht jedem Kunden. Irgendwie schmeckte anscheinend die Schokolade seitdem subjektiv anders – aber das hat etwas mit dem Selbstbetrug zu tun, dem ein anderes Kapitel gewidmet ist. Es gab Proteste und schwupp, führte Ferrero eine Nostalgie-Edition mit dem alten Gesicht auf der Verpackung ein.

Dieses Gesicht (aber nicht die Ohren!) gehört übrigens dem Deutschen Günter Euringer, der als Kind ein hübscher Bub war und darum als Fotomodell für die Kinderschokoladenverpackung ausgewählt wurde. Heute müsste er ungefähr knapp über 50 sein. Laut eigenen Aussagen bekam er damals ein einmaliges Honorar von 300 Mark. Nebenbei bemerkt machte er sich nie etwas aus Schokolade. Und Fotomodell, Pop- oder Filmstar ist er auch nicht geworden. Sein Ferrero-Shooting war nur ein kurzer, wenig nachhaltiger Moment in seinem Leben, so wie jeder Kinderschokoladen-Riegel, sobald ich ihn heruntergeschluckt habe, auch in meinem Leben nur ein kurzer, wenig nachhaltiger Moment war.

Und das ärgert mich!

Denn die Kürze des Vergnügens steht ja nun wirklich in keinem einigermaßen vernünftigen Verhältnis zur Länge der Zeit, die der Riegel mitsamt all seinen Freunden auf meinen Hüften liegen bleibt! Dort, um meine Körpermitte herum, habe ich schon ein richtig großes und schweres, wenn auch weiches Nest von ihnen.

Von den ausgelöffelten Nutella-Gläsern will ich jetzt gar nicht reden, es ist ja auch so schon schlimm genug.

Diese lächerlich flüchtigen 12,5 Gramm Kinderschokolade haben nämlich stolze 70 Kalorien intus. Also gefühlte 69 Kalorien mehr als Brokkoli. Noch schlimmer wird es dann, wenn Sie nicht nur Kalorien zählen, sondern das Ganze in Zeit umrechnen: Einen Riegel reinstopfen und nahezu vollständig in Bauchspeck umwandeln, kostet 5 Sekunden. Aber die entsprechende Menge Bauchspeck abzutrainieren, würde mich 14 Minuten schwerste Hausarbeit kosten. Das ist 168-mal länger!

Wenn es denn überhaupt funktioniert und beim schweren Hausarbeiten auch wirklich der Speck verbrannt wird und nicht etwa schon wieder der nächste Riegel, der gerade in Form von Blutzucker durch meinen Organismus kreist. Denn gerade bei der Hausarbeit lassen sich neue Riegel finden – und außerdem muss eine solch harte Arbeit auch belohnt werden.

Das alles fühlt sich für mich irgendwie ungerecht an. 5 Sekunden Genuss hier und 20 Minuten Fensterputzen da. Oder 17 Minuten Staubsaugen oder 17 Minuten Bügeln oder 10 Minuten Gartenarbeit oder 12 Minuten Treppensteigen oder 14 Minuten zügiges Gehen oder 17 Minuten Tanzen oder 2 Stunden E-Mails schreiben (ohne Kinderschokolade) oder – noch viel schlimmer – 85 Kilogramm Brokkoli putzen.

Drei Packungen rohe Gier nur wiedergutzumachen durch 60 Stunden E-Mails schreiben, ja wie soll das denn gehen? Es ist ja in Ordnung, wenn ein kleiner, unvernünftiger Genuss ein wenig bestraft wird, aber gleich so massiv?

Und was sind die Folgen dieses Hüftrings piemontesischen

Ursprungs? Werde ich dadurch attraktiver? Mache ich dadurch lieber Sport als vorher? Macht er mich beruflich erfolgreicher?

Keine Spur! Auf eine kurzfristige, schnelle Freude, ein Minigenüsschen, folgt eine ewig lange, fast lebenslange Kette von schlimmen Problemen. Du musst joggen und schwimmen gehen und solche Sachen! Pfui Deifl!

So sind wir. Wir Quick Winner. Wir legen unseren Fokus auf kurzfristige Erfolge statt auf langfristige Ergebnisse und wundern uns, dass wir kurzfristig scheinbar erreichen, was wir wollen, aber langfristig nicht dahin kommen, wofür wir wirklich angetreten sind.

WARUM WIR AUF QUICKIES STEHEN

Und nun tun Sie bitte nicht so, als ob Sie kein Quick Winner wären! Gut, Sie teilen vielleicht nicht meine sinnlichen Obsessionen für braune, hügelige Schokolade, aber vielleicht haben Sie etliche unerwünschte Newsletter, Facebook-Benachrichtigungs-Mails und so weiter in Ihrem E-Mail-Posteingang.

Ertappt, was? Ich kenne jede Menge Leute, denen es genauso geht. Und was machen Sie mit diesen Newslettern? Lesen Sie die alle?

Ach, kommen Sie schon! Kein Mensch kann die alle lesen. Was machen Sie also damit?

Na logisch, sie werden gelöscht. Und jetzt kommts: Einen Newsletter zu löschen, ist ein Quick Win. Da wird mir speiübel. So was ist schlimmer, als jemandem zusehen zu müssen, wie er drei Tafeln Kinderschokolade vernascht oder sogar vier.

Einen Newsletter zu löschen, ist Selbstbetrug übelster Sorte und hiermit stelle ich die besondere Schwere der Schuld fest. Ein Newsletter, der einmal in der Woche zu Ihnen in den Posteingang kommt, ist mit einem einfachen Tastendruck gelöscht. Aber er kommt wieder! Und dann zwingt er Sie wieder zum Löschen. Und wieder, möglicherweise 52-mal im Jahr werden Sie durch eine idiotische Tätigkeit in Ihrem Arbeitsfluss unterbrochen, und Ihre wertvollen Gedanken werden verunreinigt.

Manche von Ihnen werden so einen Newsletter ihr Leben lang nicht los. Nein, Sie klicken 80 Jahre lang je 50-mal gleich 4000-mal auf Löschen, um die Newsletterflut einzudämmen. 4000 Löschvorgänge mit jeweils, sagen wir kulanterweise, nur einer Sekunde Löschzeit, sind auch schon über eine Stunde Lebenszeit. Und diese 4000 Löschvorgänge beziehen sich nur auf einen einzigen Newsletter. Manche haben 50, 100 davon. Und selbst wenn Sie nur 25 haben, wären das monströse 100 000 Löschvorgänge. Stellen Sie sich einmal vor, ich würde Sie nun bitten, eine Taste auf Ihrem Computer 100 000-mal zu drücken.

Ganz ehrlich: Haben Sie für so was wirklich Zeit? Oder besser gefragt: Wollen Sie von Ihrer endlichen Lebenszeit wirklich viele, viele blöde Stunden für Tausende Löschvorgänge verwenden? Für einen sich immer wieder selbst auffüllenden Briefkasten voller Müll?

Die Menschen sind so! Ja, auch Sie sind so! Und da dachten Sie, Sie könnten sich über mich mokieren, weil ich Nutella-Gläsern nicht widerstehen kann ...

Nein, wir sind alle so. Ob Sie das nun tröstlich finden oder nicht, wir sind Quick Winner wider besseren Wissens. Denn selbstverständlich wissen wir sehr genau, dass es viel intelligenter wäre, sich aus einem ungewünschten Newsletter auszutragen. Das ist zwar ein drei- bis fünfstufiger Schritt – klicken, noch mal die E-Mail-Adresse ins Austrageformular eintragen (was eine lustige Paradoxie ist), noch mal auf »Löschen« klicken, vielleicht noch mal bestätigen, dass Sie wirklich löschen gemeint haben und nicht vielleicht zufällig noch einen weiteren Newsletter dazu bestellen wollten. O.k. Aber dann ists erledigt. Ein für alle Mal.

Ja, das dauert länger, natürlich, das kostet Mühe, klar. Und ein wenig Konzentration. Aber nur mal jetzt eben ein einziges Mal. Danach sparen wir Zeit. Und Mühe. Und haben die Gedanken frei, um uns auf Wichtigeres zu konzentrieren.

Und dennoch löschen 99 Prozent der Menschen einfach nur den aktuellen Newsletter, ohne sich auszutragen. Millionen Menschen, Millionen Stunden vergeudeter menschlicher Zeit. Was für ein Irrsinn!

Es geht mir ja auch gar nicht um die Newsletter, die Sie mögen und lesen, sondern um die, die Sie nicht mögen und immer wieder löschen. Ach was, es geht mir im Grunde gar nicht um die Newsletter, es geht mir um den unachtsamen Umgang mit unserem Leben und vor allem unserer Lebenszeit.

Anscheinend waren wir schon immer Quick Winner, von Geburt an. Oder besser gesagt von Evolution auf. Millionen Jahre lang standen wir vor der Alternative: Weiterhin einfach mit wenig Aufwand Raupen und Regenwürmer essen oder zwei Wochen Aufwand und Anstrengung, um ein großes Tier zu erlegen?

Natürlich haben im Laufe der Erdgeschichte Millionen Menschen lieber Raupen und Regenwürmer gegessen. Die großen Fortschritte hat die Menschheit immer dann gemacht, wenn mal einer die Quick-Gewinnsucht für einen glorreichen Moment überwunden hat, um den Speer zu erfinden. Oder eine Steinschleuder. Oder eine Mammutfalle zu graben.

Ein echter Long Win – eine Heldentat der Geduld – war dann die Erfindung der Viehhaltung, um nicht einmal mehr jagen gehen zu müssen. Stellen Sie sich vor: Jeden Tag steht das Lamm im Vorgarten und könnte geschlachtet und gegrillt werden, aber die Menschen füttern es täglich weiter und enthalten sich der Gier. Was für ein epischer Sieg der Vernunft! Das ist ein Long Win, der möglicherweise sogar aus Faulheit entstanden ist. Da kann ich mit meiner Kinderschokolade oder Sie mit Ihrem E-Mail-Postfach nur demütig das Haupt neigen.

ZWISCHEN WOHNHÖHLE UND RENTIERJAGD

Das Thema Quick Wins zieht sich wie ein roter Faden durch unser Leben und berührt alle Lebensbereiche. Alle. Wenn ich da an meine Freunde mit deren ersten sexuellen Erfahrungen denke; ständig war der kurzfristige Erfolg auf Kosten des langfristigen Glücks ein Thema. Viele schauten bei ihren ersten Frauen weder auf die Gefühle noch auf die Ästhetik noch auf das Prestige – Hauptsache, man durfte überhaupt mal einer an die Wäsche. Der Fokus auf irgendeinen Erfolg war größer als der Fokus auf den richtigen

Erfolg. Ja, und natürlich ist Sex im Auto ein Quick Win. Niemand macht das, weils so toll ist, sondern einfach nur, weil man eh grad im Auto ist oder die Umstände einen angeblich dazu zwingen.

Na, zugegeben, ich hatte noch nie Sex im Auto, aber ich bin eben auch knapp zwei Meter groß, da wäre das kein Win, ob Quick oder Long. Aber auch für kleinere Menschen ist es doch klar, dass man mehr miteinander anstellen kann, wenn man es aus dem Auto raus und ins Haus schafft. All diese Entscheidungen haben immer etwas damit zu tun: Jetzt und schlechter oder später und besser? – Und leider, leider neigen wir dazu, den Spatz in der Hand zu bevorzugen.

Und ja, natürlich können Tauben fliegen. Wenn Sie den Spatz in der Hand verschmähen, gibt es keine Garantie, dass Sie die Taube auf dem Dach auch wirklich erwischen. Auf dem Weg vom Auto ins Haus und die Treppe hoch kann allerhand passieren. Und die Gefahr, sich ablenken zu lassen, ist groß. Und auch das Auto ist nur eine Metapher.

Deshalb gibt es bei McKinsey & Co. auch einen leckeren Lunch am Schreibtisch, denn die Gefahr ist groß, dass die Ablenkung des Essenholens zu lange dauert und man gar noch eine Taube findet oder Unmut über die Arbeit aufkommt.

Ich denke, um solche Risiken zu vermeiden, hat uns die Evolution diese fatale Neigung zur Kurzfristdenke eingebaut.

Das mag ja früher, zwischen Wohnhöhle und Rentierjagd, noch sinnvoll gewesen sein. Aber heute, im Angesicht der vielen Optionen der modernen Welt, wird es immer komplizierter, und die Strategie des kurzfristigen Erfolgs ist zu wenig nachhaltig. Aber genau das ist ja bei kurzfristigen Erfolgen immanent. Ich hatte beispielsweise mal diese Freundin. Sie hatte etliche Vorzüge, aber sie konnte so viel reden, dass mir schwindlig wurde. Als wir mal beschlossen hatten, nach Griechenland in den Urlaub zu fliegen, begab es sich, dass wir in der Schlange am Flughafen vor dem Check-in-Schalter standen und warteten. Und während dieser ganzen Warterei reflektierten wir über das Leben.

Also, um genau zu sein, sie reflektierte. Und ich wurde gezwungen, in dieser Schlange, die mit jedem gesprochenen Satz noch größer und länger zu werden schien, mitzureflektieren.

Ich weiß ja, dass die meisten Scheidungen im Urlaub beschlossen werden, aber ich vermute, noch mehr Scheidungen werden schon am Flughafen beim Abflug besiegelt oder zumindest unbewusst eingefädelt. Sie jedenfalls redete und erzählte und sinnierte und schwafelte, und ich merkte: Mir ging das unsäglich auf den Wecker.

Wahrscheinlich bereitete sie sich nur mental auf den Urlaub vor, aber wie sie da vortrug, welche Erwartungen sie habe und wie sie dieses haben und machen wolle und jenes nicht, da stand ich neben diesem Menschen und schaute meiner Wut beim Wachsen zu. Ich dachte: Hermann! Das ist erst der erste Tag des Urlaubs! Die Ouvertüre von zwei langen Wochen. Was mag da noch kommen?

Wenn ich diese Frau mit geschlossenem Mund hätte fotografieren wollen, dann hätte ich die Belichtungszeit auf eine Tausendstel Sekunde stellen müssen. Ihre Stimme klingelte in meinen Ohren, während ich versuchte, einen klaren Gedanken zu fassen. Ich sah die zwei Wochen vor mir, von beißenden Worten in Fetzen gerissen, und dann sagte ich, während ich über meine Worte selbst ganz erschrocken war: »Du. Ich weiß nicht, ob ich in den Urlaub fliegen will.«

Genau genommen hätte ich sagen müssen: »Du. Ich weiß nicht, ob ich mit dir in den Urlaub fliegen will.«

Sie machte eine Pause und schaute mich entgeistert an: »Wie jetzt? Willst du mich hier stehen lassen, oder was?«

»Mensch«, sagte ich, »das ist eine gute Idee.« Ich nahm meinen Koffer, ging zurück zum Parkhaus und fuhr nach Hause.

Übrigens, sie hat es durchgezogen. Sie flog alleine nach Griechenland und machte Urlaub. Wie gesagt, Tauben können fliegen.

Und ich? Nun, es war eine große Erleichterung – kurzfristig, aber ich hatte irgendwie schlechte Alternativen. Nachdem es so still um mich rum war, hatte sie mir doch gefehlt. Vier Tage später bin ich dann doch noch hinterhergeflogen. Was der Spatz und was die Taube ist, können wir nämlich oft nur sehr schlecht auseinanderhalten. Manche Spatzen kommen in Taubenverkleidung daher und umgekehrt. Es ist schon schwirig geworden heutzutage mit den Vögeln. Und übrigens war der Urlaub in Griechenland gar nicht so übel.

NIEDRIG HÄNGENDE FRÜCHTE KÖNNEN SAUER SEIN

Aber wir sind ja lernfähig. Meine ersten Bücher waren noch Quick Wins. Hauptsache, Autor. Hauptsache, man hatte mal irgendein Buch und damit eine »Liste der Veröffentlichungen«. Also tat man sich mit zwölf Kollegen zusammen, die das ähnlich sahen, und machte einen Sammelband. Jeder schrieb zwanzig Seiten, fertig war die Laube.

Natürlich sind solche Bücher unlesbar und für die Weltgeschichte ohne Weiteres verzichtbar. Und natürlich hat man dann zwar ein Buch, aber ein schlimmes Buch, das beinahe mehr schadet, als dass es etwas nützt. Aber gut.

Ich sehe heute etliche Jungautoren, angehende Experten und Möchtegern-Berühmtheiten, wie ich selbst eine war, und sie alle machen die gleiche Sorte Bücher, für die sich nur deshalb ein Verlag breitschlagen lässt, weil jeder der zwölf Autoren eine Mindestmenge der Bücher abnehmen muss, sodass die Verlagskalkulation wenigstens nicht mit roter Schrift ausgedruckt wird. Dabei ist der Aufwand, ein schlechtes Buch zu schreiben, nur unwesentlich geringer, als ein gutes Buch zu schreiben.

Ein Pferd zu klauen ist ähnlich aufwändig, wie eine ganze Herde zu stehlen. Aber die Konsequenzen daraus sind andere. Stiehlst du ein Pferd, hackt man dir die Hand ab. Stiehlst du die Herde, wird mit dir verhandelt.

Schnell zum Erfolg. Zum vermeintlichen Erfolg. Die Rechnung wird später bezahlt. Hoffentlich so spät, dass es andere trifft, die die Rechnung begleichen müssen. Diese Strategie beschreibt ganz gut die Politik in einer Parteiendemokratie. Eine Legislaturperiode von vier oder fünf Jahren hat ja zumindest den Vorteil, dass die Quick Wins so ausgesucht werden, dass die schlimmen Folgen der getroffenen Regierungsentscheidungen oder -unterlassungen erst vier oder fünf Jahre später über die Nachfolger hereinbrechen. Das erfordert einiges Geschick, weshalb nach etlichen innerparteilichen Wahlschlachten nur die besten Quick Winner in hohe politische Ämter gewählt werden können.

In der Wirtschaft ist es nicht anders: Börsennotierte Unternehmen müssen quartalsweise berichten – was in der langlebigen Wirtschaft etwa so ist, als gäbe es in der Schule jede Woche Zeugnisse. Sie sind dazu verdammt, permanent gute Nachrichten zu produzieren, sonst stürzt der Aktienkurs ab, und ein gesundes Unternehmen kann so irrtümlicherweise zum Übernahmekandidaten für ein anderes Unternehmen werden, das die Wirtschaftspresse geschickter mit positiven Zahlen zu versorgen vermag.

Viele Unternehmen, die lieber nachhaltig, substantiell und gesund wirtschaften wollen, meiden darum das grelle Schaufensterlicht des Börsentrubels tunlichst. Die typisch deutschen mittelständischen Familienunternehmen jedenfalls können Sie nicht so leicht herauf- oder herunterjubeln, und die brauchen auch keine frisierten Abgaswerte, um kurzfristige Erfolgsmeldungen auf schwierigen Märkten zu vermelden.

Am übelsten allerdings verpestet das Quick-Win-Prinzip einen ganz speziellen Wirtschaftszweig, nämlich den der Berater. Denn die sind – oder die meisten waren zumindest – sozusagen extra dazu auf der Welt, um schnelle Erfolge zu erzielen. Sie sind die Erntemaschinen der niedrig hängenden Früchte.

Und das ist eigentlich ganz leicht: Sie gehen in ein Unternehmen, sehen, dass der Fuhrpark aus BMWs besteht, und verordnen stattdessen Fiat, um die Fuhrparkkosten zu senken. In der PowerPoint-Präsentation sind da schnell mal ein paar Millionen Einsparpotenzial eingesammelt. Und so pflügen sie weiter durch die Organisation und sparen alle offensichtlichen Kosten ein. Das hat mit Nachhaltigkeit oder Strategie wenig zu tun.

Den Preis dafür bezahlen die Mitarbeiter – und zwar

lange nachdem die Berater schon wieder weitergezogen sind. Mit vollen Taschen, versteht sich.

Wie meinte einmal einer meiner Kunden: »Ich habe drei Untersuchungen von bedeutenden Unternehmensberatungen überlebt.«

Und mal unter uns: Rechnen können auch 28-jährige Klugheinis, die die Welt erobern wollen, ohne jemals ein eigenes Unternehmen gegründet zu haben. Wenn es nur ums Rechnen ginge ...

Das Prinzip ist so simpel, dass es weh tut.

So wie es mir weh tat, als ich mal einen Lebensmittelladen verkauft hatte und zusehen musste, wie mein Nachfolger das Geschäft kaputtsparte: Dabei stellte er es so schlau an! Er holte einfach alle Quick Wins ab. Und der schnelle Erfolg gab ihm recht. Er schaute einfach nur auf die nackten Zahlen und orderte ausschließlich die Schnelldreher, also alle Produkte, die sich gut verkauften. Die langsameren Produkte bestellte er nicht mehr nach. So trimmte er nach und nach das Sortiment auf Umsatz und Lagerumschlag.

Zwei Jahre später war er pleite.

Warum? Na, weil die Kunden wegblieben! Denn ein Laden, in dem genau die gleichen schnelldrehenden Produkte stehen wie bei REWEALDILIDL & Co., ist so langweilig wie alle anderen – es gibt keinen Grund mehr für die Kunden, die Anreise in Kauf zu nehmen. Außerdem haben die Schnelldreher selten die besten Margen.

Ich hatte davor auf die Eigenständigkeit unserer Marke gesetzt und viele Produkte im Sortiment, die sich zwar nicht super verkauften, aber für die die Kunden dankbar waren, denn die gab es nur bei uns. Mein Sortiment drehte sich langsamer als das von ALDI, ganz bestimmt. Aber mein Laden war profitabel.

Jedes Business ist mehr als Zahlen. Das ist bei fast allen Projekten im Arbeitsalltag so. Häufig will man das Projekt einfach mal zum Laufen bringen und nimmt Minderqualität in Kauf, damit es zumindest einmal läuft. Das kann auch manchmal sinnvoll sein, um die Projekte pragmatisch ins Laufen zu bringen, doch gleichzeitig muss man sich der wahrscheinlichen Minderqualität bewusst sein und stetig daran arbeiten.

OPPORTUNITÄTSKOSTEN

Wer auf Quick Wins setzt, glaubt, den Erfolg zu verfolgen, aber in Wahrheit rennt er vor Qualität, Substanz und Stabilität weg. Früher gab es das Wort »Erfolg« noch gar nicht. Irgendwie war das eleganter. Das Wort »Erfolg« scheint ein Kind unserer schnelllebigen Zeit geworden zu sein.

Noch vor ein paar Hundert Jahren sind wir mit dem Wort »Sieg« ausgekommen, wenn wir eine Schlacht oder einen Kampf gewonnen hatten – und mit dem Wort »Glück«, wenn der schicksalhafte Verlauf einer Sache uns zupasskam. Mehr brauchte es nicht. Entweder wir sorgten aktiv für unser Glück, dann nannten wir es Sieg, oder der Sieg fiel uns glücklich in den Schoß, dann nannten wir es Glück. Was aus alldem folgte, war der »Erfolg«, also das, was sich zeitlich anschloss, also erfolgte. Erst später begannen wir zu glauben, wir könnten ein gewünschtes Ergebnis willentlich erschaffen – also einen Erfolg im heutigen Sinne erzielen. Es bleibt dabei: Egal ob wir zu Long Win oder zu Quick Win neigen, wir haben immer die Wahl. Nur: Wenn wir sinnvoll kalkulieren wollen, dann dürfen wir die langfristigen Kosten bei unserer Kalkulation nicht außer Acht lassen. Damit meine ich die Kosten, die eintreten, weil wir Dinge machen oder eben *so* machen und die Kosten, die eintreten würden, wenn wir es nicht machen oder eben *nicht* so machen würden, die Opportunitätskosten. Opportunitätskosten sind keine echten Kosten im Sinne der Kostenrechnung, sondern ein ökonomisches Konzept zur Quantifizierung entgangener Alternativen.

EIN LEBEN OHNE BUTTER

Manchmal brauchen wir dann einen Meister, der sieht, was wir nicht sehen und der uns die Augen öffnet. Mir ging das so, als ich das letzte Mal im Kloster war. Kein gewöhnliches Kloster, sondern ein Schweigekloster. Dort darf man an keinem Ort und zu keinem Zeitpunkt sprechen. Selbst wenn Sie am Frühstückstisch sitzen und die Butter brauchen, können Sie Ihr Gegenüber nicht einfach um die Butter bitten, denn damit wäre das Schweigen gebrochen. Jede Art von Kommunikation ist unterbunden, nicht nur das Sprechen. Sie dürfen im Fall der Butternot noch nicht einmal per Blickkontakt um die Butter bitten, denn das wäre auch Kommunikation. Deshalb müssten Sie im Falle eines solchen Falles wohl oder übel ohne Butter zurechtkommen.

Gut, niemand würde Sie verhungern lassen, man ist da sicher nachsichtig, aber ernst ist das Ganze schon gemeint, denn sonst könnte man die Schweigerei ja auch gleich ganz bleiben lassen.

Einmal in der Woche dürfen Sie dann Ihr Kommunikationsventil öffnen und mit Ihrem Meister fünf Minuten sprechen. Ich fand das nicht sehr schön, denn wenn ich schon die ganze Woche zu schweigen habe, was mir nicht leichtfällt, dann pfeife ich doch auf diese fünf Minuten!

Aber nach reiflicher Überlegung – ich hatte ja Zeit, im Stillen zu grübeln – und je näher die magischen fünf Minuten kamen, desto mehr sparte ich mir meinen Trotz und nutzte lieber die Zeit, um mir eine in meinen Augen schwierige Frage für den Meister zu überlegen. Soll er sich doch bitte anstrengen, wenn er nur fünf Minuten für mich übrig hat, dachte ich. Der Tag und die Stunde kam, ich saß vor ihm und fragte: »Meister! Was ist für dich Leistung?«

Er blinzelte nicht einmal und antwortete wie aus der Pistole geschossen: »Leistung ist Potenzial minus Störfaktoren.«

Ich war baff. Die fünf Minuten waren in meinem Fall in zehn Sekunden vorbei. Denn ich war sprachlos und hatte genug zum Nachdenken für die nächsten Tage.

Wir alle sind hochintelligent, na ja fast alle. Jedenfalls tragen wir ein riesiges Potenzial in uns. Wir sind außergewöhnlich. Wir sind besonders, jeder auf seine Weise. Wir sind bemerkenswert. Wir sind wunderbar! Nur leider scheint bei vielen von uns, und da schließe ich mich nicht aus, dieses außergewöhnliche Potenzial unter einer großen Last von Hindernissen, Behinderungen, Hemmnissen verschüttet, wenn nicht sogar erdrückt worden zu sein. Ich liebe diese Aussage so sehr, denn sie beschreibt die Herausforderung menschlichen Seins in der heutigen Zeit deutlich und pointiert.

Durchdenken Sie den Gedanken, sofern Sie können, bevor Sie

ihn ablehnen. Wir alle haben ein so unendlich großes Potenzial, sind so unheimlich schlaue, kluge und intelligente Köpfe. Ja, genau Sie, liebe Leserin, lieber Leser, genau Sie meine ich damit, mit schlau, klug und intelligent. Jeder hat ein riesiges Potenzial. Das ist nicht die Frage. Die Frage und der Punkt sind: Wie gut kommen Sie an Ihr Potenzial heran?

Ihr Potenzial ist da. Es sind die täglichen großen und kleinen Störfaktoren, die Sie hindern, das Potenzial zur ganzen kraftvollen Entfaltung zu bringen. Es ist wie die Nadel im Heuhaufen. Das Potenzial ist da, das Heu stört nur. Oder anders gesagt: Wie gut schaffen Sie es, sich auf Ihr Potenzial und die damit verbundenen Möglichkeiten zu fokussieren, die Störfaktoren auszublenden oder besser gesagt: sich davon nicht ablenken zu lassen?

EINUNDSIEBZIG

Denn wir sind wie ein von Dämonen besessener Gefangener, der im Kerker sitzt und von Störfaktoren heimgesucht wird. Die Quick Wins schreien und kreischen: »Komm her! Bei mir gehts schnell! Nimm mich!« Und so kommen wir an unser Potenzial genauso schlecht heran wie ein Rennpferd unter Reiner Calmund als Jockey.

Denn um Ihr Potenzial auch nur annähernd auszuschöpfen, genügt es nicht allein, gut rechnen zu können. Sie brauchen schon auch ein wenig Kreativität. Sie brauchen gute Ideen.

Jetzt verrate ich Ihnen ein Geheimnis: Jeder hat gute Ideen. Wirklich jeder, auch Sie und ich. Gute Ideen zu haben, ist überhaupt kein Engpass. Ob Sie kreativ sind oder nicht, entscheidet sich ganz woanders, nämlich bei Ihrem Umgang mit Ihren Ideen. Genauer gesagt: Bei Ihrem Umgang mit Ihrem Ideenfilter.

Kreativität ist nichts anderes als Filterarbeit. Es geht um den Filter, den Sie im Kopf haben und der ständig entscheidet und bewertet: Ja, das ist gut. Nein, das ist nicht gut. Ja, diese Idee sprichst du aus; nein, da hältst du besser den Mund.

Denn wir sind ja selbst nicht immer hundertprozentig von unseren eigenen Ideen und Gedanken überzeugt. Im Gegenteil, unsere Prägung, unsere Erziehung und unser Schulsystem, das ja ursprünglich nur dazu da war, Menschen zu willigen Arbeitsfaktoren in der Industrialisierung abzurichten, hat uns beigebracht, unsere Gedanken gerne unberechtigterweise als falsch zu bewerten. Denn es gab ja immer nur eine einzige richtige Lösung in der Schule. Doch es braucht eine Vielzahl von Ideen, damit wir sie sortieren, bewerten und unter ihnen aussieben können.

Laut gut recherchierten Gerüchten soll es bei einem Brainstorming, einem Gedankenwirbelsturm, die 71. Idee sein, die etwas taugt. Also wirklich nicht die erste. »Der erste Impuls ist immer der beste« scheint in Bezug auf Ideen nur kalten Kaffee zu produzieren, denn die ersten Ideen schwimmen oft noch im bekannten Fahrwasser. Die letzte Idee kann ebenfalls nicht der Volltreffer sein, denn die »letzte Idee« gibt es gar nicht. Wir wissen nicht, wann die letzte Idee kommt. Es kommt ja kein Zettel aus Ihrem Mund, auf dem steht: »Übrigens, dies ist jetzt die letzte Idee! Bitte nicht weiter nachdenken!«

Nein, es ist nicht die erste und nicht die letzte, sondern die 71. Idee. Bitte fragen Sie mich nicht, wie man auf so eine Zahl kommt. Das ist mir auch völlig egal. Was mir gefällt an dieser 71, ist, dass es Zeit braucht, bis man bei der 71. Idee angekommen ist. Dazu brauchen Sie nämlich erst mal 70 andere Ideen, und die fallen nicht vom Himmel. Sie können sicher sein: Die Quick Wins haben Sie bei den ersten paar Dutzend Ideen bereits abgefrühstückt. Und ab dann wirds spannend!

EINE FRAGE DER RENDITE

Besonders wichtig wird das, sobald es um solch folgenschwere Dinge wie den Wohnort, den Lebenspartner oder den Beruf geht. Wenn der Wohnort in Sibirien liegt oder in Ostwestfalen, wenn der Partner von der Schwiegermutter beherrscht wird oder vom Ex-Partner verhext wurde, dann sind jeweils Hopfen und Malz verloren. So ist das auch mit der Berufswahl.

Am Anfang nimmst du alles an. Die erste, ganz natürliche Frage ist häufig nicht: Magst du diese Arbeit? Sondern: Kann man davon leben? Meist mit so herrlichen Begründungsstrategien. Wenn jemand zum Beispiel Friseur werden will, dann heißt es gerne: Haare wachsen immer. Und damit ist die wichtigste Frage beantwortet: Bringt sie Geld?

Denn das ist ja, was Sie am Anfang Ihres Berufslebens am dringendsten nötig haben: nicht Spaß, denn den haben Sie hormonell bedingt ohnehin, sondern Geld. Und für nachhaltige Geldentscheidungen fehlt uns in der Regel der Horizont. Es wird dabei selten darauf geschaut, wie viel Geld es nachhaltig bringt. Solche

Ermessensentscheidungen orientieren sich immer gern am aktuellen Geldbedarf und nicht am zukünftigen, also am Ende des Horizonts. Dabei wissen wir alle, dass sich der Geldbedarf eines 50-Jährigen signifikant von dem eines 18-Jährigen unterscheidet – zumindest sofern er es für sich jemals zugelassen hat, die schönen Dinge des Lebens genießen zu dürfen. Mal ganz abgesehen vom Bedarf der Partner oder Kinder.

Als junger Kerl habe ich immer geschaut, was mir überhaupt Geld bringt. Als ich Redner wurde, setzte ich sicherheitshalber auf die Themen Verkauf und Umsatz. Ich fand das suboptimal, aber es funktionierte, befriedigte meine Angst und mein Sicherheitsbedürfnis und zahlte sich aus. Ich wollte lieber in Richtung Persönlichkeit gehen, aber ich glaubte, diesen Vortrag wollte mir niemand abkaufen, so dachte ich zumindest. Gut, dass sich das geändert hat.

Ehrlich gesagt ertappe ich mich auch noch ab und zu bei Projekten, die nicht meiner Kernausrichtung entsprechen. So haben wir uns in die grafische Gestaltung unserer Zitateboxen verliebt, obwohl ich mich ermahne, an meinen Kernprodukten und Büchern zu arbeiten. Dies fällt umso schwerer, nachdem die Zitatebox so schön geworden ist und nun seit über zwei Jahren die meistverkaufte Zitatesammlung bei Amazon ist.

Das Problem dabei: Intelligenz ist unser größter Feind! Auch wenn wir noch so schlau sind und viele kluge Dinge machen können – letztlich bringen uns viele dennoch vom Weg ab. Quick Wins halten uns klein. Sie lassen uns klein denken. Wir denken uns klein. Und wir verlieren den Blick für die Ferne.

Ich lernte mal eine wahnsinnig talentierte Frau kennen. Damals hielt ich sie für den aufgehenden Stern im deutschen Fernsehen. Sie

Eine Frage der Rendite

hatte schon früh eine eigene Sendung, und sie war brillant. Jahre später traf ich sie wieder: Sie war eine schlichte, graue Talkshow-Moderatorenmaus geworden. Sie beichtete: »Mensch, ich habe mich nie groß genug gefühlt, um meine Ideen zu verwirklichen. Ich hatte nie wirklich Großartiges vor. Ich habe immer das Nahe-liegende gemacht, eben das, was zumindest so viel Geld bringt, dass ich davon glaubte leben zu können. Ich hätte von Anfang an größer denken müssen. Ich hätte auf das große Ziel hinarbeiten und wis-sen müssen, dass das große Ziel auch große Gewinne bringen kann. Aber ich hatte gar keins. Und jetzt ist es zu spät.«

Das tut weh. Wir alle sollten größer denken. Wir sind verpflichtet, größer zu denken. Die Schachtel ist zu klein, und unser gedankliches Gefängnis zu groß.

Und gehen wir doch mal weiter: Ich mag gar nicht nur von herausragendem Talent reden. Im Grunde gilt das Argument doch für beinahe jeden, auch wenn es sehr provokativ rüberkommen mag: Ist es nicht auch irgendwo ein Quick Win, weisungsgebun-dene Arbeit zu erledigen? Also in ein reguläres Angestelltenverhält-nis zu gehen? Müsste es nicht viel mehr Selbstständige geben, wenn mehr Leute ihre Long Wins verfolgen würden? Und die eigene Berufung zu leben, ist auch ein Long Win. Ich meine, wenigstens 50 Prozent?

Natürlich gehts dabei um Geld und Risiko.

GELD UND RISIKO

Es gibt beim Umgang mit Geld einen ganz fundamentalen Unterschied, der wirksam ist, ganz unabhängig davon, ob Sie Angestellter oder Unternehmer sind. Nur ist dieser Unterschied Unternehmern meistens viel bewusster als Angestellten.

Ich meine den Unterschied zwischen Kosten und Investitionen. Beides sind Tauschgeschäfte: Geld gegen irgendetwas. Aber Sie können Geld so einsetzen, dass es hinterher weg ist und nicht wiederkommt. Anders gesagt: Sie verbrauchen es. Oder Sie können es so einsetzen, dass es eine Rendite gibt, das nennt man dann Investieren.

In unserer öffentlichen Sprache bei Politikern und Medien werden die normalen Bürger oft »Verbraucher« genannt. Aber nie »Investoren«. Verbraucher freuen sich auch, wenn sie bei Strom- oder Wasser-Jahresabrechnungen etwas zurückbekommen. Normalerweise müssten sie sich ärgern, denn sie haben einen zinslosen Kredit eingeräumt. Und tatsächlich ist den meisten Menschen das Investieren fremd. Eine Investition ist ein Long Win unter dem Verzicht auf Quick Wins. Und das macht kaum einer.

Sie können finanzielle Ressourcen zum Beispiel so einsetzen, dass Sie Zins oder Zinseszins bekommen. Und Sie können Geld so investieren, dass Sie Ihre Lernkurve verkürzen. Jemand, der sich ein Studium, eine Fortbildung oder ein Mentoring leisten kann, wird damit in kürzerer Zeit mehr Erfahrungen machen als jemand, der sich das nicht leisten kann oder will. Und damit wird er wiederum schneller mehr Geld verdienen, auch eine Art von Verzinsung.

Wenn Sie die Ressourcen nicht haben, können Sie sie auch nicht einsetzen. Natürlich ist es eine Stange Geld, 5000, 10 000 oder 15 000 Euro in die Hand zu nehmen, um sich davon einen Mentor zu leisten. Wenn Sie das aber in Erfahrungsjahre umrechnen, die Sie durch den Mentor einsparen und die Sie darum viel sinnvoller nutzen können, um Geld zu verdienen, und das in Umsatz umrechnen, dann ist die Rendite meistens sogar deutlich größer als 100 Prozent der eingesetzten Summe.

Und bitte: Zeigen Sie mir eine andere Investition mit einer Rendite von 100 Prozent! Bei einem meiner Mentoring-Programme investiert der Einzelne bis zu 150 000 Euro. Das ist eine Menge Geld, dennoch stehen nicht die Kosten, sondern der erwartete – viel höhere – Gewinn im Vordergrund. Zu mir kommen keine Kunden, die Geld ausgeben wollen, zu mir kommen die, die Geld verdienen wollen.

NICHTSELBSTFAHRER LEBEN LÄNGER!

Und dann gibt es noch eine völlig unterschätzte und selten propagierte Sorte von Investition in Long Wins, die fast noch wichtiger ist als die Investition in die Dinge, die Sie unbedingt tun wollen: Investieren Sie darin, Dinge *nicht* zu tun. Ich meine damit, dass Sie Geld einsetzen sollten, um Dinge, die getan werden müssen, nicht selbst zu tun – sondern von anderen erledigen zu lassen. Mit anderen Worten: zu delegieren!

Ich schildere das gerne anhand meines Fahrers. Ja, ich habe

einen Fahrer! Früher wäre ich vor Ehrfurcht erstarrt – und noch mehr vor den Kosten: So ein Fahrer kostet ja nicht nur Unsummen an Gehalt im Jahr. Nein, er muss auch noch essen, trinken, warten. Und wenn Sie unterwegs sind, braucht er ein Hotelzimmer. Und er kostet auch dann, wenn er nicht fährt, weil er sich bereithalten muss und auf Sie wartet. Und so weiter. Selbstverständlich ist es viel, viel billiger, selbst zu fahren. Da sparen Sie sich das ganze Geld.

Aber was kostet es, sich das Geld zu sparen, was sind die Opportunitätskosten? Außerdem hatte ich die ersten 18 Jahre meines Lebens auch eine Fahrerin, meine Mutter.

Seit ich im Hunsrück wohne, fahre ich nicht mehr selber. Und ich muss ehrlich feststellen, dass einer meiner größten Fehler, die ich je gemacht habe, folgender war: nicht schon früher einen Fahrer anzustellen! Und zwar alleine schon aus wirtschaftlichen Gründen.

Wenn ich alles zusammenrechne, kostet mich so ein Fahrer vielleicht 30 Euro die Stunde. Kann ich pro Stunde mehr als 30 Euro verdienen? Ja, natürlich! Wenn ich im Fond sitze und arbeiten kann, hole ich das ja locker wieder rein. Die Frage ist doch schlichtweg die, was ich in der Zeit erreichen kann. Wenn ich einen Auftrag akquiriere, dann hat sich das schon gelohnt. Eine Rechnung, die wir so recht selten aufmachen.

Früher bin ich immer gequält und genervt und gestresst und verausgabt beim Kunden angekommen: Autobahn, Stau und diese elendige Parkplatzsuche, die einem oft den allerletzten Nerv raubt. Zugegeben, ich finde immer einen Parkplatz, aber der kostet dann auch mal schnell 20 Euro. Zum Verzweifeln. Das Ergebnis: Ich konnte nicht 100 Prozent Leistung abrufen, sondern vielleicht nur

Nichtselbstfahrer leben länger!

90 Prozent. Und sind jetzt diese 10 Prozent Unterschied mehr wert als die Investition in den Fahrer? Na locker!

Noch schlimmer war der Nachhauseweg: Erschöpft vom Auftritt, hungrig, alleine und emotional ausgewrungen habe ich mich bis nach Hause durchgeschlagen und war dann fix und alle. Und dann war die Arbeit noch immer nicht erledigt, und ich musste noch ins Büro!

Ich bin ein fleißiger Mensch und habe das gut weggesteckt. Aber heute komme ich entspannt heim, die Büroarbeit habe ich im Auto gemacht, und ich kann abends mit den Kindern spielen. Das rechnet sich – auch weit jenseits der Betriebswirtschaft!

Okay, mir ist klar, dass nicht jeder so viele Kilometer fährt wie ich und darum nicht jeder die gleiche Rechnung aufmachen kann wie ich. Mir geht es auch gar nicht darum, dass sich jeder einen Fahrer zulegt, sondern um das Prinzip dahinter: Alles, was unter dem Stunden- oder Tagessatz liegt, den Sie selbst erreichen könnten, dürfen Sie gar nicht selbst machen! Insbesondere dann nicht, wenn Sie Ihr Potenzial voll ausnutzen wollen. Eben dann nicht, wenn Sie das, was Sie richtig gut können, auch wirklich zur Geltung bringen wollen. Wenn Sie das tun wollen, wofür Sie angetreten sind auf dieser Welt. Wenn Sie das Göttliche, das Sie in sich tragen, zum Blühen bringen wollen. Dann kommt der Spaßfaktor noch dazu. Wir machen nichts zum Spaß – aber ohne Spaß machen wir auch nichts.

Alles, was auch andere können, müssen Sie delegieren, damit Sie Zeit haben für das, was Sie einzigartig gut können und was kein anderer kann. Und dabei will ich überhaupt keine Bewertungen von Arbeit vornehmen: Wenn Sie Hausfrau sind und es Ihnen Spaß macht, Topflappen zu häkeln und zu verkaufen, dann sollten Sie

39

die Hausarbeit delegieren und stattdessen Topflappen häkeln und verkaufen! Wenn Sie allerdings viel lieber Hausfrau sind und das Topflappenhäkeln und -verkaufen Sie nur von dem für Sie viel schöneren Bügeln und Waschen abhalten würde, dann bügeln und waschen Sie am besten und kaufen sich die Topflappen.

Es geht um die Radikalität der Selbstbestimmung: Ich will, dass Sie aufhören zu glauben, dass Sie etwas selbst tun müssen, obwohl Sie es viel besser wegdelegieren könnten. Sie dürfen das! Nein, Sie müssen delegieren, um zu Ihrer eigenen vollen Größe zu kommen. Nur so kann und wird Ihre Einzigartigkeit, Ihre Uniqueness weiterwachsen und gedeihen. Und das ist den meisten Menschen nicht bewusst.

Ich habe einmal zum Spaß meine Kommilitonen des Studiengangs der Bundesfachhochschule des Deutschen Lebensmittelhandels angeschaut und beobachtet. Wer ist im Laufe der Jahre signifikant erfolgreich geworden, und wer hat sich kaum oder nur ein wenig weiterentwickelt?

Die Antwort war mehr als einfach: Diejenigen, die sich immer mehr aus dem Alltagsgeschäft herausgezogen haben, die, die nicht nur im, sondern auch am Unternehmen gearbeitet haben, konnten große Erfolge erzielen. Diejenigen, die gerne auch mal an der Kasse saßen, um sich eine Kassiererin zu sparen oder weil sie nicht in der Lage waren, ihr Geschäft besser zu organisieren, die sitzen immer noch an der Kasse und tippen. Und der Jahresgewinn ist meist kaum größer als das Einkommen einer Kassiererin – wenn überhaupt.

Es gibt Dinge im Leben, die muss man radikal verändern und

darf sie zumindest nicht auf Dauer zulassen. Wenn Ihnen diese Radikalität fremd ist, dann machen Sie die Buchhaltung, waschen Sie die Wäsche, fahren Sie Auto … und so geht das Leben dahin.

Leistung ist gleich Potenzial minus Störfaktoren.

26/08

Die radikale Einstellung, das zu tun, was einem das Wichtigste ist, und alles andere dem unterzuordnen und notfalls zu opfern, nötigt mir größten Respekt ab.

Als es am Mittwoch, den 26. November 2008 ab 21:15 Uhr an 10 Orten im südlichsten Teil der indischen Metropole Mumbai an unterschiedlichen Stellen innerhalb kurzer Zeit zu 17 Explosionen kam und Attentäter das Hotel Taj Mahal stürmten und besetzten, Dutzende Menschen ermordeten und über mehrere Tage hinweg Geiseln nahmen, zeigte sich, aus welchem Holz die handverlesenen Angestellten des Gentleman-Unternehmers Ratan Tata geschnitzt waren. Die Servicekräfte, Rezeptionisten, Zimmermädchen, Manager und Hotelboys versteckten Hotelgäste, bauten sich vor ihnen auf, schlossen Türen, öffneten Fluchtwege, löschten von Terroristenhand gelegte Feuer, warfen sich in den Kugelhagel und bedeckten auf dem Boden kauernde Gäste schützend mit ihren Körpern, alles unter Einsatz ihrer körperlichen Unversehrtheit. Und in vielen Fällen bezahlten sie tatsächlich mit dem Preis ihres Lebens. 174 Menschen starben.

All das taten sie nur mit einem einzigen Ziel: ihren Beruf auszuüben auch im Angesicht des Todes. Viele von ihnen waren erst knapp über zwanzig Jahre alt, aber sie wussten genau, was zu tun ist und was ihre Aufgabe war: Das Wohl der Gäste steht über allem! Der Hotelmanager verlor bei diesem schrecklichen Überfall seine Frau und seine beiden Kinder und stellte dennoch den Service nicht ein. Ich möchte mir an dieser Stelle gar nicht ausdenken, was ich tun – oder besser gesagt nicht mehr tun – würde, wenn mir so etwas geschehen würde.

Als dieses Grauen vorüber war, kümmerte sich Ratan Tata, der Vorstandsvorsitzende des Tata-Konzerns und Urenkel des Gründers, höchstpersönlich um die Verletzten und Hinterbliebenen. Er besuchte unermüdlich alle Beerdigungen, er suchte die Familien der Opfer in deren Zuhause auf, um sie zu trösten, er ließ großzügige Summen an alle Betroffenen überweisen, sogar an die Straßenhändler vor dem Hotel aufgrund der ausgefallenen Geschäfte.

Beides, die Opferbereitschaft der Angestellten und die bescheidene Fürsorge des Chefs, sind für uns und unsere westliche Kultur der Ansprüche und Pflichtenkataloge unvorstellbar.

Ich fordere nun wahrlich nicht, dass sich westeuropäische Angestellte mit ihrem Leben für ihre Kunden einsetzen – da gäbe es Vieles zu diskutieren! –, aber ich muss zugeben, ich bewundere die radikale Haltung, die sich darin ausdrückt. Und damit meine ich sowohl die radikale Haltung der Angestellten des Taj Mahal Palace als auch die des Chefs. Es ist eine Haltung, die einen unglaublich langen, eventuell noch nicht einmal in einem Menschenleben absehbaren Long Win verfolgt. Einen Long Win über Jahre hinweg im Voraus strategisch zu denken und zu planen, ist uns fremd.

Aber wegen ebendieser Haltung, die ihre Wurzeln beim Gründer hat, ist Tata heute ein Weltkonzern inklusive Jaguar und Land Rover.

KOPFLOS!

Wir alle sind Quick Winner. Und zwar alleine schon aus Gewohnheit. Wir sind es einfach so gewohnt, dass wir überhaupt nicht mehr den richtigen Gang finden, wenn es um die Wurst geht. Nein, wir schalten reflexartig in den Quick-Win-Modus und ahnen zu diesem Zeitpunkt nicht einmal annähernd, was wir damit anrichten.

Mein Sohn war noch keine zwei Jahre alt, als er zu Ostern einen großen Schokoladenhasen von uns bekam. Das Kind saß auf seinem Stuhl und staunte, der Hase stand auf dem Tisch und staunte auch. Die beiden schauten sich eine lange Sekunde an, Auge in Auge, der eine hatte riesige Ohren, der andere bekam riesige Augen und formte den Mund zu einem großen O.

Was wäre das für ein langer, magischer Moment geworden, und was hätte sich da alles daraus entwickeln können, möglicherweise sogar eine Romanze zwischen einem dahinschmelzenden Hasen und einem jungen Mann.

Anstatt nun, dass ich versuchte, mich mit ein wenig Achtsamkeit und Empathie in meinen Jungen und die Situation hineinzuversetzen, um wenigstens so in etwa nachzufühlen und zu begreifen, was in ihm vorging in diesem magischen Moment, ging ich Vollidiot der Einfachheit halber von mir selbst aus. Und das heißt: Ich tat das Naheliegende. Und das Naheliegende für mich bei einem Schokoladenosterhasen ist nun einmal die Schokolade, die ganz zum Leidwesen meiner Geschmacksnerven in eine Hasenform gebracht wurde und damit schwieriger zu portionieren, abzubeißen und zu genießen ist – außerdem war es nicht einmal Kinderschokolade.

Also sagte ich: »Oh, du hast sicher Lust auf den Hasen.« Nahm den Hasen, hackte den Kopf ab, brach die Ohren herunter und hielt dem Sohn ein Schokoladenohr hin, damit er reinbeißen konnte.

Aber er biss nicht hinein.

Er erstarrte.

Und alle anderen im Raum erstarrten ebenfalls. Die Augen meines Sohns wurden noch größer, aber sein Mund formte nun kein O mehr. Während er den enthaupteten Hasen ansah, vergaß er das Atmen, und die Mundwinkel wanderten nach unten. Seine Augen füllten sich langsam mit Tränen.

Ich war von dieser Szene fasziniert wie ein Kinobesucher, der vom Sessel aus auf die Leinwand schaut und so der Mordszene in einem Krimi beiwohnt. Nach und nach bemerkte ich, dass mich alle anstarrten, während ich meinen Jungen anstarrte, der den Hasen anstarrte.

Es war, als hätte ich mitten in Mumbai einer heiligen Kuh einen Schenkel ausgerissen – schlimmer noch.

Natürlich wollte mein Sohn den Hasen gar nicht essen. Das wurde mir klar, als er seinen Schock überwand und anfing zu schreien und zu strampeln und um sich zu schlagen.

Ach ja, na logisch. Der wollte, dass der Hase ganz blieb.

44

Er wollte ihn bewundern. Es war, glaube ich, sogar sein aller-alleralleleerster Osterhase. Zumindest der erste, den er bewusst als solchen wahrgenommen hat. Und was mache ich, ich ultrapragmatischer Killer, gefühlloser Zerstörer und gemeiner Osterhasenhenker?

Ich breche dem Hasen den Kopf ab! Ich war einfach von mir ausgegangen, Quick-Win-orientiert, wie ich eben bin.

Und jetzt lag er da, der geköpfte Hase, und ich wusste: Hermann, aus dieser Nummer kommst du nicht mehr raus. Das kannst du heute gar nicht mehr auffangen. Das brauchst du gar nicht erst zu versuchen.

So läuft das. Wir reißen den Hasen die Köpfe runter. Ständig. Dabei spricht doch alles für die Long Wins! Sie sind immer die dominante Strategie. Sogar wenn man es rein logisch und rational betrachtet.

Dann erst recht!

SCHNOCK

Zwei logische Beispiele dazu. Zuerst Schere, Stein, Papier. Oder auch bekannt als Schnick, Schnack, Schnuck.

Das ist ein weltweit verbreitetes Spiel, das sowohl bei Kindern als auch Erwachsenen erstaunlich dauerhaft beliebt ist: Jeder der beiden Kontrahenten entscheidet sich gleichzeitig für ein Symbol, das zeitgleich mit der Hand dargestellt wird. Da jedes Symbol gegen eines der anderen gewinnen und gegen ein anderes verlieren kann, ist der Spielausgang ungewiss, da kein Spieler weiß, für welche Symbole sich der andere entscheiden wird: Schere schlägt (zerschneidet) Papier, Papier schlägt (umwickelt) Stein, und Stein schlägt (macht stumpf) Schere.

Es gibt keine dominante Strategie, denn alle drei Symbole haben die gleiche Gewinnchance. Jedes Symbol – Schere, Papier und Stein – gewinnt gegen eines der Symbole und verliert gegen eines der Symbole. Das Kräfteverhältnis ist ausgeglichen und wenn man darüber hinaus davon ausgeht, dass die Spieler nicht antizipieren können, welches Symbol der Gegner in der nächsten Runde wählt, dann gibt es keine guten oder schlechten Spieler, es gibt nur Glück oder Pech.

Doch außer dieser Spielvariante gibt es noch weitere mit mehr möglichen Handhaltungen.

Dabei werden die Figuren beispielsweise um den Brunnen erweitert. Beim Brunnen bildet der Daumen mit den restlichen Fingern einen Kreis. Wird von einem Spieler der Brunnen gewählt, so gewinnt er gegen den Stein (fällt rein) und die Schere (fällt auch rein), verliert aber gegen das Papier (deckt ab).

Dadurch verschiebt sich aber das Gleichgewicht der Gewinnchancen. Stein und Schere verlieren jeweils gegen zwei Symbole und gewinnen gegen eines. Papier und Brunnen dagegen gewinnen gegen zwei Symbole und verlieren gegen eines. Spieltheoretisch gesehen sind Brunnen und Papier damit eine dominante Strategie.

Und damit gibt es beim Schnick, Schnack, Schnuck, Schnock anders als beim ursprünglichen Schnick, Schnack, Schnuck gute und schlechte Strategien. Wenn Sie also die Variante mit dem Brunnen spielen, dann ist es keine Glücksache mehr zu gewinnen, sondern einfacher, wenn Sie immer nur Brunnen oder Papier verwenden.

Auf das Leben bezogen ist ein Quick Win eine Strategie, die auf Dauer genauso den Kürzeren zieht wie Schere oder Stein. Und ein Long Win ist eine dominante Strategie wie Papier oder Brunnen.

Die Kunst besteht nun darin, genau dann, wenn es drauf ankommt, Steine von Brunnen zu unterscheiden. Oder anders gesagt: Die dominante Strategie im Leben ist es immer, die Quick Wins nicht zu verfolgen.

DUELL

Zum Beispiel dann, wenn Sie sich mit zwei anderen Kerlen duellieren. Stellen Sie sich vor: drei Gegner – Arthur, Bastian und Christian – stehen einander in einem Dreier-Duell gegenüber, das über zwei Runden geht. Die Regeln stehen fest, die Pistolen sind geladen. In der ersten Runde hat jeder in alphabetischer Reihenfolge einen Schuss frei: zunächst Arthur, dann Bastian und dann Christian.

Nach dieser ersten Runde dürfen die Überlebenden, wenn es welche gibt, noch mal schießen.

Ferner ist bekannt: Arthurs Trefferquote liegt nur bei 30 Prozent. Bastian trifft in 80 Prozent der Fälle, und Christian trifft immer, 100 Prozent.

Sie sind Arthur. Und Sie wollen dringend überleben. Auweia! Was tun?

Gehen wir die Optionen durch: Sie können zuerst auf Bastian

schießen. Aber selbst wenn Sie es schaffen, ihn mit 30-prozentiger Wahrscheinlichkeit auszuschalten, wäre als Nächstes Christian dran, und der trifft immer.

Auf Bastian zu schießen käme also einem unterschriebenen Todesurteil gleich.

Also schießen Sie auf Christian, oder? Wenn Sie vorbeischießen, was bei einer 30-Prozent-Trefferquote wahrscheinlich ist, sind Sie sowieso erledigt. Aber selbst wenn Sie das Glück haben, Christian so zu treffen, dass der ausfällt, bleibt noch immer Bastian – und der hat den nächsten Schuss. Da Christian weg vom Fenster ist, schießt Bastian auf Sie und trifft mit einer Wahrscheinlichkeit von 80 Prozent. Ihre Überlebenswahrscheinlichkeit ist ziemlich gering.

Das sieht ja wirklich böse aus, obwohl Sie den ersten Schuss haben. Aber halt. Wieso überhaupt sind Sie sowieso erledigt? Wer hat das behauptet? Sie selbst? – Aber es ist gar nicht wahr!

Wie wäre es mit Vorbeischießen?

Die Wahrheit ist: Vorbeizuschießen ist die dominante Strategie, auch wenn es sich beim ersten Hören sehr unklug anfühlt!

Also schießen Sie einfach in die Luft oder vorbei. Bastian, der als Nächstes dran ist, wird reichlich verblüfft sein. Und dann wird er versuchen, Christian zu erledigen. Wenn er es schafft – mit 80 prozentiger Wahrscheinlichkeit –, ist Christian tot.

Wenn nicht, dann wird Christian mit 100-prozentiger Sicherheit Bastian erschießen. Egal, ob er es schafft oder nicht: In jedem Falle kennen Sie Ihren Gegner für die zweite Runde – und Sie haben wieder den ersten Schuss! Das bedeutet, Sie haben auf jeden Fall eine 30-prozentige Siegchance. Das ist die Wahrscheinlichkeit, mit der Sie den Gegner treffen.

Besser wird es nicht mehr, egal wie Sie hin- und herrechnen. In der ersten Runde nicht zu schießen, ist die beste Option, mit der sich alles zu Ihren Gunsten entwickelt.

Obwohl Christian der beste Schütze ist, liegt seine Überlebenschance am Schluss der ersten Runde bei 14 Prozent. Die Chance von Bastian, lebend aus dem riskanten Spiel hervorzugehen, beträgt 60 Prozent, wenn Arthur auf Christian schießt. Die Strategie des schlechtesten Schützen, ins Leere zu zielen, mischt die Karten neu: Nun hat Bastian nur noch eine 14-Prozent-Chance, das Spiel zu überleben, die von Arthur steigt dagegen auf 46 Prozent, wenn Christian in der ersten Runde fällt.

Und darauf kommen Sie eben nicht so schnell. Genauso ist das auch im Leben: Manchmal ist der Verzicht die dominante Strategie.

Beispielsweise in der Wirtschaft: Lassen Sie die Platzhirsche sich gegenseitig bekämpfen, Sie können den Markt dann mit dem in Ruhe entwickelten, überlegenen Produkt von hinten aufrollen. Oder nehmen Sie den amerikanischen Präsidentschaftswahlkampf: Die favorisierten Hechte der Vorwahlen werden fast nie Präsident, denn sie werden oft durch die ständigen Angriffe der mittelgroßen Fische in unangenehme Situationen gebracht und verlieren in der ganzen Vorrunde die Wählergunst. Es kann vorteilhaft sein, zunächst abzuwarten und erst dann ins Rampenlicht zu treten, wenn die anderen sich schon gegenseitig aus dem Rennen geworfen haben. So können auch kleine Fische Präsident werden. Auch eine Möglichkeit, einen Long Win zu erzielen.

DIE WAHREN KOSTEN VON SPATZEN IN DER HAND

Ihre Chancen im Leben hängen also nicht nur von Ihren eigenen Fähigkeiten ab, sondern auch davon, gegen wen und in welchen Situationen Sie antreten. Davon hängt ab, welche Strategie die dominante ist. Ein kleines Licht, das niemanden bedroht, kann so am Ende übrig bleiben. Von wegen »der Stärkere gewinnt«!

Der Punkt, auf den ich hier hinauswill: Es liegt nicht immer auf der Hand, welche Verhaltensweise sich langfristig auszahlt. Aber es lohnt sich immer, darüber nachzudenken.

Hätte der kleine Günter Euringer zum Beispiel schon als Bub so klug gedacht, wie er hübsch war, dann hätte er sich nicht mit 300 Mark abspeisen lassen. Überlegen Sie mal, wie viel Geld da im Topf war!

Ferrero verkauft heute geschätzte 200 Millionen Tafeln Kinderschokolade im Jahr.

Das sind übrigens 14 000 000 000 Kalorien und damit insgesamt 170 000 000 000 Kilo Brokkoli, die geputzt werden wollen.

Euringer war etwa 30 Jahre lang das Gesicht der Marke. Wenn wir davon ausgehen, dass der Absatz am Anfang deutlich geringer war und erst langsam angestiegen ist, dann wäre wohl ganz realistisch anzunehmen, dass Euringer mit seinem spitzbübischen Charme anderthalb Milliarden Tafeln geziert hat. So hat er also pro Tafel etwa 0,0000001 Euro bekommen.

Wäre da nicht mehr drin gewesen? Hätte er nicht versuchen

sollen, den Long Win anzustreben und den Piemontesern einen Quick Win vor die Nase zu halten?

Ich sage Ihnen: Egal wie schlecht er verhandelt hätte, er wäre in jedem Fall besser dran gewesen, hätte er nur irgendwas verhandelt! Mit den 300 Mark hat er den mickrigsten, quickesten Win akzeptiert, der überhaupt denkbar ist.

Hätte er auf die 300 Mark großzügig verzichtet und stattdessen nur einen Zehntel Pfennig pro Tafel verlangt, dann hätte sich der Produktmanager wahrscheinlich über die gesparten 300 Mark gefreut, und die Pfennigbruchteile wären natürlich in der Kalkulation verschwunden wie Nessie im Loch Ness – keiner hätte sie jemals wieder zu Gesicht bekommen. Aber Euringer hätte heute anderthalb Millionen Euro auf der hohen Kante!

Mir geht es nicht darum, einen Bub zu kritisieren oder seine Eltern. Und schon gar nicht geht es mir darum, einem Süßwarenhersteller irgendwas zu unterstellen.

Die 300 Mark waren schon ein gutes Geld, da ist nichts dabei. Ob das Foto mehr wert war oder nicht, darüber können sich gern Leute streiten, die was davon verstehen.

Es geht darum, dass Sie bemerken, in wie vielen Tausend Situationen im Leben es Sinn macht, die Zukunft zu antizipieren. Sich Gedanken darüber zu machen, was es Ihnen wert ist, sich so oder so zu fokussieren.

Verhandle ich oder nicht?

Schieße ich auf Christian oder in die Luft? Wähle ich Schere oder Brunnen? Beschütze ich meinen Kunden? Stelle ich einen Fahrer an? Investiere ich in meine Weiterbildung? Bügle ich Hemden, oder verkaufe ich Topflappen? Fliege ich nach Griechenland in den

Urlaub? Schreibe ich ein Buch? Versuche ichs mit Sex im Auto? Lasse ich die Finger von der Kinderschokolade? Putze ich Brokkoli?

Fest steht: Ihre Welt ist die Summe Ihrer Entscheidungen und Ihrer Fokussierungen zwischen Quick und Long. Und wenn Sie darüber nachdenken, wofür Sie angetreten sind, und auf Ihre eigenen Entscheidungen zurückblicken, dann werden Sie im Rückblick nicht bereuen, auf den ein oder anderen Quick Win verzichtet zu haben.

Ganz sicher nicht!

KAPITEL 3

ZEIGE MEINEN AUGEN DIE WORTE, DIE ICH HÖRE

53

Ich weiß gar nicht, in wie vielen Männerurlauben – von Bangkok über New York bis nach Hamburg – wir irgendwann am Ende eines langen wilden Abends im Rotlichtbezirk oder gar vor einem Puff gelandet sind.

Lange Zeit habe ich geglaubt, dass das immer zufällig so passiert ist. Doch es war vielmehr die scheinbar zufällige Planung meiner Begleiter, die unbedingt dahin wollten. Ich vermute, mindestens einer von ihnen war sexsüchtig und wurde am frühen Morgen eben einfach schwach.

Es ist ja auch nichts dabei, es ist nur nichts für mich. Und dann gab es immer eine Diskussion. Ich musste ihnen jedes Mal aufs Neue erklären, warum ich da nicht hineingehe. »Nur mal gucken«, meinte einer.

Nein, ich will nicht gucken! Wo soll ich denn da hingucken, wenn lauter nackte Frauen vor mir stehen? Und ich will ja nicht mal ausschließen, dass mir eine der Damen gefallen könnte … Aber nein, ich will das nicht sehen, und ich will das nicht erleben! Das ist nichts für mich. Ich kann ohne meine Selbstachtung nicht leben!

WER DEN BLICK VOM SPIEGEL ABWENDEN MUSS

Moment. Ich will damit nicht sagen, dass meine Kumpels keine Selbstachtung haben, wenn sie zu einer Prostituierten gehen. Oh, und schon gar nicht will ich damit eine Aussage über die Damen des Gewerbes treffen. Viele Männer, die Probleme damit haben, am nächsten Tag, nachdem sie eine sexuelle Dienstleistung in Anspruch

Wer den Blick vom Spiegel abwenden muss

genommen haben, in den Spiegel zu schauen, kompensieren ihr Unwohlsein mit sich selbst ja einfach damit, dass sie sich abfällig über die Leistungserbringerinnen äußern. Das läge mir fern.

Ich sehe das sogar genau andersherum: Was Prostituierte in ihrem Job leisten, ist ja ganz enorm. Und davon abgesehen: Prostitution ist doch ganz normal. Jeder von uns, auch Sie und ich, prostituieren uns genau genommen immer dann, wenn wir eine Fähigkeit von uns verkaufen, also etwas gegen Geld tun, was wir – im schlimmsten Fall – ohne den Geldtransfer nicht tun würden.

Also, ich weiß nicht, wie es Ihnen in Ihrem Job so geht, aber ich würde nicht jeden Tag in einer anderen Stadt vor Tausenden von Menschen Reden halten, wenn ich dafür kein Geld bekommen würde. Keine Frage, mir macht mein Job einen Riesenspaß, aber jeden Tag für null Euro aufzutreten, macht keinen Sinn. Ich habe gelobt, in diesem Buch offen und ehrlich zu sein. Also: Ich bin als Redner Profi, also prostituiere ich mich doch, oder? Und meiner Selbstachtung tut das gar keinen Abbruch. Im Gegenteil.

Gut, aber warum fürchte ich dann um meine Selbstachtung, wenn ich Sex kaufen würde? Und warum bin ich generell so anfällig dafür, um meine Selbstachtung zu fürchten?

Unter uns: Ich bin ja regelmäßig schockiert, frustriert, sprachlos und erschüttert über die Menschen. Ich glaube, ich habe mir die Welt, als ich so in sie hineingeboren wurde, anders vorgestellt. Nun weiß ich ja, dass ich schon einige Kerzen auf meinem Geburtstagskuchen habe, und ursprünglich glaubte ich, dass es wohl die Kerzenzahl ausmacht, dass ich so denke, wie ich denke. Aber wenn ich mich genau erinnere, dann habe ich auch schon so gedacht, als ich noch wesentlich weniger Kerzen auspusten durfte.

Was mich so traurig macht über die Welt und ihre Bewohner, mich inklusive, habe ich herausgefunden, als ich darüber nachdachte, was denn nun der Grund ist, warum ich in Bangkok oder Hamburg oder sonst wo auf keinen Fall in das Bordell hineingegangen bin und auch niemals hineingehen werde.

Ich wusste, ich würde die Nummer mit meiner Selbstachtung bezahlen. Und dieser Preis wäre mir zu hoch. Warum könnte ich mich dann nicht mehr achten?

Es gäbe für mich nichts Schlimmeres, als Geld für »Liebe«, Sex, Befriedigung oder was auch immer zu bezahlen. Ich glaube, ich würde eine Woche lang meinen Mageninhalt oral entleeren, wenn ich das getan hätte. Wenn nämlich eine Frau mich nicht meinetwegen, sondern meines Geldes wegen anfasst oder liebt. Das ist der Grund. Ich habe ein großes Problem damit, nicht um meiner selbst willen geliebt zu werden.

Zugegeben, Woody Allen hatte nicht unrecht, als er sagte: »Der teuerste Sex ist der, für den man nicht bezahlt.« Ja, das stimmt. Ich hatte auch schon teuren Sex, sehr teuren Sex, weil ich das damals gar nicht kapierte, dass die Frau nicht – oder zumindest kaum – mit mir, aber sehr wohl mit meinem Geldbeutel und meiner Art zu leben ein Verhältnis eingegangen ist. Aber das ist eine andere Geschichte, die so hässlich ist, dass ich sie Ihnen nicht zumuten will.

Der Punkt dabei ist: Das ist eine bewusste Entscheidung oder anders gesagt: Ich habe mir selbst gegenüber ein Versprechen gegeben, eine Art Vertrag mit meinem Ich geschlossen.

Ihre Selbstachtung verlieren Sie immer dann, wenn Sie einen Vertrag mit sich selbst brechen. Oder eben Dinge machen, die Sie nicht machen möchten. Das heißt, wenn Sie sich selbst belügen, indem Sie sagen: Ich mache das oder unterlasse jenes. Und dann unterlassen Sie kurze Zeit später aufgrund der kleinsten Verlockung genau das, was Sie tun wollten, und tun stattdessen das, was Sie unterlassen wollten. Hinterher stehen Sie da wie ein Schwächling: Sie können ja nicht einmal sich selbst gegenüber aufrichtig sein.

Das ist das Thema, um das es mir hier geht!

Es geht mir um die Art von Selbstachtung, die wir verlieren, wenn wir uns selbst anlügen. Und ich schwinge da keineswegs die Moralkeule! Ich weiß, dass jeder von uns im Schnitt 200-mal am Tag lügt. Da gibt es ja die herrlichen Experimente mit Menschen, die versucht haben, eine Woche lang nicht zu lügen, also immer die Wahrheit zu sagen. Eine solche blütenweiße Ehrlichkeit ist schlicht unmöglich, niemand schafft das, und schon der Versuch stört gewaltig das soziale Miteinander. Die nackte Wahrheit kann Paarbeziehungen sprengen und zu Trennungen führen. Keiner hält das auf Dauer aus, beiderseitig! Wir belügen uns alle, so wie sich zum Beispiel ganz praktisch die meisten Frauen belügen, wenn es um die Schmerzen bei der Geburt eines Kindes geht. Gute Strategie!

Nein, mir geht es um andere Lügen: Es geht um die Lügen, wenn man sich selbst ein Wort gibt, nachdem man sich selbst im Spiegel angeschaut hat, und es am Ende nicht einhält. Wenn man irgendwann einmal zugeben muss, dass man sich selbst angelogen hat. Wenn man einräumen muss, dass man seinen eigenen Träumen nicht treu geblieben ist. Dass man sich selbst verraten, sich verleumdet, sich verkauft hat.

Wir sind doch alle für irgendetwas angetreten, dachte ich zumindest.

Und wir sind alle ganz alleine dafür verantwortlich. Sowohl für die Auswahl dessen, wofür wir angetreten sind, als auch für das Erreichen dessen, wofür wir angetreten sind – zumindest ein bisschen –, dachte ich zumindest. Aber nur die Wenigsten unter uns tun es. Es fehlt das Empowerment und das Commitment dazu.

Langsam, das sind gleich zwei Fremdwörter auf einmal.

LOHNT ES SICH UND VERDIENST DU ES?

Nun, wenn ich zum Beispiel von meinem Heimatort Freising nach Moosburg gehen will, dann habe ich eine Strecke von 17 Kilometern vor mir. Wenn ich diese Strecke wirklich gehen will, wenn ich es kann und wenn ich es darf, dann ist das Empowerment. Wollen, können und dürfen auf einem Haufen, das gibt ganz schön viel Kraft, das ist eine Ermächtigung, etwas zu tun. Und genau das meint der Begriff. Empowerment bezeichnet die Strategien und Maßnahmen, die den Grad der Autonomie und Selbstbestimmtheit erhöhen.

Commitment geht noch darüber hinaus. Der Begriff bedeutet, dass Sie etwas nicht nur können, wollen und dürfen, sondern dass Sie es außerdem auch tun werden. Wenn ich also tatsächlich in Moosburg ankomme, dann deshalb, weil ich nicht nur dazu in der Lage, sondern außerdem committet war.

Wenn ich aber unterwegs bin, und ich bin sowohl empowert als auch committet, und es beginnt zu regnen, dann bin ich entweder gut vorbereitet mit einer Regenjacke, oder ich gehe eben ohne Regenjacke durch den Regen. Auch wenn ich mir eine Lungenentzündung dabei hole. Commitment heißt, ich mache das, koste es, was es wolle!

Und wenn ich Gegenwind habe, dann dauert es eben etwas länger, und wenn ich mir Blasen laufe, dann gehe ich weiter, und wenn ich mir den Fuß breche, dann lasse ich mich eben ins Krankenhaus fahren und gehe dann später auf Krücken weiter nach Moosburg. Und wenn ich all diese Unwägbarkeiten und Hindernisse nicht zum Anlass nehme, abzubrechen, dann ist das echtes Commitment. Echtes Commitment meinem Erfolg und mir selbst gegenüber. Empowerment bestimmt, wohin die selbstbestimmte Reise geht, und Commitment, ob Sie das Ziel erreichen. Und natürlich ist die Strecke von Freising nach Moosburg nur eine Metapher. Die Reise könnte genauso nach Rom, Istanbul, Timbuktu oder New York gehen. Und ich hätte die Reise auch mit einem Tretroller, Fahrrad oder Learjet antreten können. Die Destination könnte statt Moosburg auch Erfolg, der Abschluss einer Prüfung, finanzielle Unabhängigkeit, Porsche 911 oder Anneliese Maier heißen. Ein klar definiertes Ziel jedenfalls hat das Ganze. Und viel aufregender in diesem Zusammenhang ist nicht das Abenteuer auf dem Fußweg nach Moosburg oder sonst einen Ort auf der Welt, sondern die Abenteuer des Lebens. Und dass es zu einem lächerlichen, etwas längeren Spaziergang nach Moosburg kein enormes Empowerment braucht, weshalb auch das Commitment keine große Sache ist, das ist wohl auch jedem mit zwei gesunden Füßen klar.

Was mich viel mehr umtreibt: Warum fällt es so vielen Menschen offenbar so schwer, genügend Empowerment aufzubringen, um sich auf den abenteuerlichen Weg zu einem lohnenden Ziel in ihrem Leben zu machen? Und noch mehr treibt mich die Frage um:

Warum, um Himmels willen, bringen so wenige Menschen das Commitment auf, die angefangenen Abenteuerreisen im Leben auch tatsächlich zu vollenden?

Das kleinste Hindernis, das ihren Weg kreuzt, das kleinste Ablenkungsmanöver, und schon zeigt sich, dass hinter dem Vorhaben in Wahrheit kein ehrenvolles Versprechen stand.

Das erschüttert meinen Glauben an die Menschheit nicht nur bis ins Mark, sondern bis in den Marianengraben.

ANKOMMEN IST KEIN SELBSTLÄUFER

Das Folgende ist vielen so nicht bewusst: Wann immer wir eine Beziehung, eine Kooperation, einen Arbeitsvertrag eingehen, dann ist das ein Leistungsversprechen. Und wenn wir mit uns selbst in ein Zwiegespräch gehen und uns fragen, was wir so mit unserem Leben anfangen wollen, dann ist das, was wir uns als Antwort geben, sofern wir uns eine sinnvolle Antwort geben, ein Leistungsversprechen an uns selbst. Ich bin mein Wort. Anderen gegenüber. Und mir selbst gegenüber.

Es macht mich verrückt, zu sehen, wenn jemand sich selbst ein Versprechen gibt und dieses nicht einhält. »Versprochen ist versprochen und wird nicht gebrochen«, lehren schon die Reime im Kindergarten, der übrigens in manchen Orten noch Kinderaufbewahrungsanstalt heißt.

Und es heißt auch: »Wer einmal lügt, dem glaubt man nicht – auch wenn er die Wahrheit spricht.«

Das scheint doch das ganz große Problem zu sein: Wer andere belügt, der hat das Vertrauen der anderen verspielt – wer jedoch sich selbst belügt, der hat sein Vertrauen in sich selbst verspielt.

Und wer im Körper eines Menschen lebt, dem er nicht vertrauen kann, der mag kaum in der Lage sein, jemals wieder Fuß zu fassen, denn das Fundament ist verloren.

Ein Mensch ohne Werte ist wie ein Astronaut in der Schwerelosigkeit des Alls – nirgends kann er sich festhalten.

Und so mündet die Wertelosigkeit in die Anspruchslosigkeit des Lebens.

Wir erwarten irgendwann nichts mehr von uns und nichts mehr vom Leben – oder umgekehrt.

Wir haben uns selbst auf der Reise unseres Lebens zurückgelassen und empfinden unsere Ziele als zufällige Überbleibsel eines Lebensplans – wie angespültes Strandgut. Wir haben aufgegeben, ohne es zu merken.

Nicht das Leben, nicht die Ansprüche an unser Leben sollten wir aufgeben, sondern unsere innere Beliebigkeit unserem eigenen Wort gegenüber!

Und die Anspruchslosigkeit an das Leben.

TOTALSCHADEN

Unsere allgemeinen Standards gegenüber unserem Wort sind viel zu niedrig. Beim kleinsten Zwischenfall fühlen wir uns entschuldigt und der Verantwortung uns selbst gegenüber entbunden.

Auch auf kleinen Reisen können große Zwischenfälle passieren. So wie eines Morgens, als ich auf dem Weg zu einer Veranstaltung im Hause Siemens war. Ich stieg in mein fast nagelneues Auto und fuhr von München auf der dreispurigen Autobahn nach Nürnberg.

Irgendwie war ich wohl zu wenig bei der Sache, vielleicht war ich abgelenkt, und da passierte es. Die Straße war plötzlich nass, meine Reaktion lahm, ein Allradantrieb nicht vorhanden, und zu allem Überfluss trat ich vor lauter Schreck aufs Gas oder auf die Bremse, ich weiß gar nicht mehr, wo ich hingetreten habe.

So oder so, das Heck meines 911ers brach aus, und das schöne Fahrzeug machte eine Pirouette und nahm mich dabei mit auf die Runde.

Das ist ein erstaunliches Gefühl von Kontrollverlust. Ohne dass Sie es wollen, beginnt die Landschaft um Sie herum – der Wald, die Leitplanken, der Asphalt, die Autos ringsherum –, seitlich wegzurutschen. Sie spüren die Zentrifugalkraft auf Ihren Körper wirken. In meinem inneren Film sah ich mich schon vielfach drehen, schleudern, rutschen und am Ende mit irgendetwas kollidieren.

Doch das passierte nicht. Denn ich drehte mich genau ein einziges Mal um exakt 180 Grad und rollte nun – ob Sie es glauben oder nicht – mit etwa 130 Stundenkilometern auf der Mittelspur der stark befahrenen Autobahn von München nach Nürnberg. Rückwärts!

Da saß ich nun und sah den ganzen Verkehr und die Autos, die ich normalerweise im Rückspiegel sah, durch die Windschutzscheibe. Ja, da glotzte ich ganz schön! Es war ein so unglaubliches, surreales Bild. Wahrscheinlich dachten die Fahrer in den anderen Autos, ich mache Kunststücke, während ich hingegen ziem-

Totalschaden

lich erschrocken und auch ein wenig verlegen und zudem reichlich ratlos in diesem fast neuen, noch unversehrten mitternachtsblauen Wagen saß. Und rückwärtsrollte – mit 130!

Es kam natürlich, wie es kommen musste – und ich war auch irgendwie dankbar dafür, von dieser zudem noch peinlichen Situation erlöst zu werden –, mein Auto brach im Zuge meiner fahrerischen Unzulänglichkeiten erneut aus. 130 Sachen rückwärts, das war ich nicht gewohnt.

Ich registrierte, wie mein Porsche einen VW Golf, der auf der rechten Spur regelgetreu vorwärtsfahrend nach Nürnberg unterwegs war, mit einem mächtigen Schubser rechts in die Leitplanke bugsierte, um dann quer über die volle Autobahn zwischen den anderen Verkehrsteilnehmern hindurchzuschießen und schließlich die Mittelleitplanke der Autobahn in Anspruch nahm, um seine Bewegungsenergie absorbieren zu lassen. Und ich, festgeschnallt auf dem Fahrersitz, machte alles brav mit.

Das resultierte zwar am Ende in einem ordentlichen Wumms, aber ich war heilfroh, scheinbar unverletzt in einem nun endlich stehenden Auto zu sitzen. Weiter ging es ganz pragmatisch: Schadensanalyse. Ich stieg aus, stellte fest, dass es mir gut ging. Mein Auto war ein Totalschaden, der Golf war schwer beschädigt, die Insassen glücklicherweise gar nicht. Es muss wohl gerade eine ganze Kompanie von Schutzengeln vorbeigeflogen sein.

Aber weiter, ich hatte ja noch ein Commitment laufen! Der Unfall war die eine Sache, mein Engagement im Hause Siemens die andere. Ich rief den Abschleppdienst an, ließ mein Auto abschleppen, fuhr mit dem Abschleppdienst zur nächsten Autovermietung, holte mir dort ein vollkommen überteuertes Auto (Menschen unter

63

Zeitdruck sind unterlegene Verhandlungspartner), fuhr weiter zu Siemens, kam pünktlich an und hielt dort das gebuchte, verkaufte, versprochene Training.

Nach erfolgreichem Tag saß ich abends mit den Bereichsleitern noch am Kamin, um ein wenig zu diskutieren und zu reflektieren. Als mich einer der Teilnehmer fragte, wie denn so mein Leben mit dem vielen Reisen sei und insbesondere mit dem vielen Autofahren, da erzählte ich ihm, was mir am Morgen widerfahren war.

So, und nun kommt, weshalb ich Ihnen diese ganze Geschichte von meiner Autobahnpirouette erzähle: Die einhellige Meinung fast aller Anwesenden war: Da wären wir heute aber nicht mehr gekommen!

Das fand ich bemerkenswert. Wieso denn nicht? Ich war doch unverletzt. Ich hatte Zeit. Ich musste weder im Krankenhaus noch bei der Polizei noch sonst irgendwo sein. Nüchtern betrachtet gab es nichts, was mich davon abhielt, meinen Vertrag zu erfüllen. Aber dennoch war allen anderen klar: Das ist ein Grund, um nicht zu erscheinen. Weil einem etwas Ungewöhnliches passiert ist, weil einem am Morgen einmal der Schreck durch die Glieder gefahren ist, deshalb ist es für die meisten logisch, dass das Versprechen nicht mehr eingelöst werden muss.

Mir ist schon klar: So ein Totalschaden ist eine super Ausrede. Niemand hätte mir übelgenommen, wenn ich kurzfristig abgesagt hätte. Aber wo bitte ist denn da das Commitment? So eine Pirouette ist nichts weiter als ein Regenguss auf dem Fußweg von Freising nach Moosburg. Wollen Sie sich wirklich so leicht von Ihrem Ziel abbringen lassen?

Ich habe meinen Weg mit anderen Mitteln fortgesetzt, weil es für mich keinen Plan B gab. Und weil es mir viel zu teuer war, meinen Ruf als zuverlässiger Berater oder Redner zu verlieren. Außerdem kann und will ich es mir nicht leisten, meine Selbstachtung anzukratzen. Ganz ehrlich, ich habe überhaupt nicht darüber nachgedacht, *ob* ich weiterfahre, ich hatte genug damit zu tun, mir zu überlegen, *wie* ich weiterfahre.

Auf lange Sicht zahlt sich Commitment aus: Ich bin bei über 3000 Auftritten in den letzten 25 Jahren nur ein einziges Mal gar nicht gekommen, weil es nicht anders ging. Und über dieses eine Mal bin ich heute noch unglücklich, auch wenn sich eine Bilanz von 3000:1 sicherlich sehen lassen kann. Vor allem auch vor mir selbst.

BITTE WEITERGEHEN!

Egal, ob Sie nun zu Fuß nach Moosburg, mit dem Auto nach Nürnberg oder mit dem Flieger nach New York wollen, es ist fast immer das Gleiche. Auf kleinen Reisen können große Zwischenfälle passieren, auf großen Reisen können kleine Zwischenfälle passieren, aber es ist im Prinzip einerlei. Als ich einmal nach New York wollte, landete ich mit dem Zubringerflug von München verspätet am Terminal A in Frankfurt. Keine große Sache, so was passiert dauernd. Aber ich musste zu meinem Anschluss nach New York zu Terminal B. Diejenigen, die den Frankfurter Flughafen kennen, wissen um die lange Tunnelröhre im Keller, die man durchqueren muss, um von A nach B zu kommen. Vielflieger nennen sie den

Tunnel des Elends. Schon beim Aussteigen im Terminal A meinte die freundliche Dame vom Bodenpersonal, dass ich keine Chance mehr hätte, den Flieger zu erreichen, und sie mich gerne umbuchen würde.

Da stand ich nun. Den Flieger zu verpassen und erst mit dem nächsten in JFK anzukommen, wäre nicht so schlimm, ich hatte keinen knappen Termin in New York. Meine erste Reaktion war, Kopf und Schultern hängenzulassen und die Mundwinkel runterzuziehen. Mit anderen Worten: Aufgeben. Umbuchen. Warten. Stundenlang warten! Das ärgerte mich, nein, ich ärgerte mich.

Wer mich nur ein klein wenig kennt, der weiß, dass Warten bei mir eine Form der Folter ist. Ich sehe buchstäblich mein Leben davonfließen, wenn ich warten muss. Ticktack, Minute für Minute, als ob mein Leben wie aus einer geöffneten Arterie nutzlos auf den Boden tropft.

Dann wurde es plötzlich hell in meinem Kopf: Versuche es! Vielleicht erwischst du ihn noch! Und wenn nicht, hast du nichts verloren, dann kannst du ja immer noch umbuchen und warten. Ich konnte ja gar nicht verlieren, außer ich gab schon von vorneherein und sicherheitshalber auf, so wie es mir die Dame vom Bodenpersonal nahelegte.

»Ich krieg ihn noch!«, rief ich ihr zu, nahm meine Tasche und rannte los.

Ich hatte ja nichts Besseres zu tun und wollte nicht schon »sicherheitshalber« aufgeben. Und wenn ich den Flug tatsächlich verpassen sollte, dann wollte ich wenigstens mit eigenen Augen die Spuren des Fliegers am Himmel sehen.

Die Route kannte ich, die Leute sprangen mir aus dem Weg, ich gab alles. Als ich ausgepumpt und verschwitzt am Flugsteig ankam, wurden gerade die Türen des Fliegers geschlossen, ich huschte noch hinein und hörte eine halbe Sekunde später die Luke ins Schloss fallen. Und ich war drin. Erschöpft, aber für einen kleinen Moment lang glücklich! Ich wollte diesen Flieger nehmen, ich habe ihn genommen, gegen alle Widerstände. Das fühlte sich gut an. Ein Ziel ist immer so nah, wie man den Weg auf sich zu nehmen bereit ist. Je mehr Sie bereit sind, den Weg auf sich zu nehmen, desto näher ist das Ziel.

Immer, wenn mir so etwas passiert, versuche ich, mein Ziel dennoch zu erreichen, auch gegen jede Wahrscheinlichkeit. Und ich bin verblüfft, wie oft ich in all den Jahren doch noch auf den letzten Drücker geschafft habe, was ich mir vorgenommen habe – gegen alle Wahrscheinlichkeit. Einfach nur, weil ich es versucht habe.

Aber Vorsicht: Es eben nur ein bisschen zu versuchen, bringt absolut gar nichts, denn Versuchen ist nur ein Versuchen, aber eben nicht automatisch ein Zu-Ende-Bringen. Stellen Sie sich vor, Sie wären als 18-Jähriger angetreten, Ihren Führerschein zu machen, und hätten gesagt: »Ich kann es ja mal probieren«, und Sie hätten nach sieben oder acht Fahrstunden gesagt: »Jetzt habe ich es mal probiert, es ist anstrengend – ich lasse es sein.«

Nein, Sie müssen es zu Ende versuchen. Das heißt, Sie geben alles, wirklich alles, auch in der letzten Spielminute bei zwei Toren Rückstand. Selbst wenn Sie dennoch verlieren, haben Sie gewonnen. Ein Stückchen Selbstachtung nämlich. Und nicht zuletzt auch die Achtung anderer Menschen.

DER SEGEN DER ELLENBOGEN

Zugegeben, wir hier im deutschsprachigen Mitteleuropa sind in den letzten Jahrzehnten ja nun wirklich weit gekommen. Irgendwie scheinen wir besser als andere darin zu sein, etwas bis zum Erfolg durchzuziehen. Warum eigentlich?

Ich bin mal im Ausland gefragt worden, warum wir Deutschen es geschafft hätten, gleich drei große Automarken – er meinte Mercedes, BMW und Audi, wobei mir da auch noch andere einfallen würden – auf dem Weltmarkt zu etablieren. Ich meinte, dass es eben genau deshalb der Fall ist, weil es nicht nur eine einzige Marke ist. Es ist Wettbewerb. Wäre nicht der gegenseitige Wettkampf und das Erkennen der Leistung des Anderen so nah, so wäre es möglicherweise nie so weit gekommen.

WETTBEWERB

Auf dem Land ist das etwas anderes, im Hunsrück zum Beispiel. Da gibt es in jedem Dorf meist nur ein Restaurant – sofern es überhaupt noch eines gibt. Da ist es fast egal, wie gut oder wie schlecht es eben ist, es gibt keine Alternative. Ohne Wettbewerb ist die Leistung am Ende immer traurig.

Wenn Sie in New York Sushi essen gehen, dann haben Sie eine riesige Auswahl. Auf einem Quadratkilometer finden Sie immer mehrere Restaurants mit sogar unterschiedlichen Sushi-Richtungen, und das in Top-Qualität. Manche Sojasaucen werden typisch vegan, andere mit einem zarten Fischgeschmack angerichtet und so weiter.

Wenn Sie im Hunsrück Sushi essen gehen wollen, dann müssen Sie erst einmal erfolglos erklären, dass das keine Currywurst mit Stäbchen ist, um dann zu erfahren, dass Sie den Hunsrück verlassen müssen, um Sushi zu essen. Außer Spießbraten gibt es dort nicht viel zu holen. Der einzige Wettbewerb im Hunsrück findet zwischen Rollatoren und Windrädern statt. Es gibt wohl kein Fleckchen in Deutschland, das rücksichtsloser verschandelt wurde als der Hunsrück. Eine Tourismusregion kreuzigt sich selbst, nicht auf dem Kreuz, sondern auf dem Windrad. Irgendwie scheint im Hunsrück der Wettbewerb nicht richtig zu funktionieren.

Dabei soll Wettbewerb bitte nur als Ansporn, nicht als Kopiererei verstanden werden. Viele versuchen nämlich nur den Wettbewerber zu kopieren und finden den eigenen Weg nicht mehr. Als ich Redner wurde, habe ich mir auch ständig andere Redner angeschaut und wollte dann immer so werden wie die. Und mit jedem weiteren Beispiel, das ich mir angesehen habe, habe ich wieder ein weiteres zusätzliches Muster gefunden, dem ich entsprechen wollte. Aber diejenigen, die mehr als einem Muster entsprechen wollen, werden meistens kariert mit Blümchen, und jedes fremde Muster überdeckt die eigene Kraft der Farben und Formen.

Jedenfalls können Sie auf diese Weise keinen Blumentopf gewinnen. Das merkte ich irgendwann auch. Ich habe dann beschlossen, Hermann Scherer zu werden. Ich bin gern mein eigenes Idol. Dafür aber der beste Hermann Scherer, der ich werden kann. Davon bin ich übrigens noch Galaxien entfernt.

0:11

Übrigens: Wettbewerb, oder besser gesagt Feindbilder, helfen auch in Beziehungen, denn man hat die Beobachtung gemacht, dass Paare weniger durch gemeinsame Präferenzen zusammengehalten werden als durch gemeinsame Abneigungen. Kaum etwas stabilisiere eine Partnerschaft mehr, als von einer Einladung nach Hause zu fahren und sich über die anderen Gäste in trauter Zweisamkeit das Maul zu zerreißen. Das macht aus irgendeinem Grund Spaß. Und es erhöht das eigene Selbstwertgefühl. Ein gemeinsamer Feind schafft Verbündete.

Aber das mit dem Selbstvertrauen ist so eine Sache.

Meistens funktioniert es nicht, über Drittpersonen Selbstwertgefühl zu bekommen, weil wir uns so viel zu sehr von der Meinung und damit dem Lob und der Kritik der anderen abhängig machen. Es ist längst bekannt, dass ein Lob von anderen eben nicht das Selbstwertgefühl, sondern das Fremdwertgefühl anhebt.

Aber ich will den Rahmen gerne noch ein wenig weiter spannen, denn unser Selbstwertgefühl ist natürlich – sofern es nicht gelernt hat, autark zu sein – von anderen abhängig. Und nicht nur von anderen Lobes- oder Kritikbekundungen, sondern auch vom Verhalten anderer.

Wenn wir ein Ziel erreichen wollen, dann fragen wir oft die Falschen. Sehr oft fragen wir nicht diejenigen Menschen, die das Ziel schon erreicht haben, sondern verrückterweise diejenigen, die es noch nicht erreicht haben.

Das funktioniert dann in etwa so wie bei dem Raucher, der zum anderen Raucher sagt: »Sag mal, sollten wir nicht mit dem Rauchen aufhören?« Der andere meint: »Das ist eine gute Idee, aber lass uns erst mal eine rauchen!«

Wirklich wahr, es ist selten, dass Menschen diejenigen nach dem Weg zum Erfolg fragen, die die Dinge schon erreicht haben. Stattdessen durchlaufen sie beim Versuch, etwas zu erreichen, die üblichen drei Stadien: Gedanken, Worte und Taten – und dann scheitern sie.

Also etwa so: Erstes Stadium, Gedanken: »Ich muss ab morgen abnehmen und etwas weniger essen!« Zweites Stadium, Worte: »Du, übrigens, ich esse ab morgen weniger, um abzunehmen.«

Möglicherweise bekommen Sie Bestätigung und Ermutigung, und vielleicht sind Sie richtig begeistert. Immerhin sind Sie ja gerade auch richtig satt und teilen in familiärer Tischrunde mit, dass ab morgen Kuchen verboten ist und Diät gehalten wird.

So, und jetzt kommts, drittes Stadium, Taten: Mittlerweile ist der nächste Tag angebrochen, die Familie ist aus dem Haus, und Sie sind ganz allein und wollen gerade an den Kühlschrank, um sich einen Schluck von diesem herrlich erfrischenden kühlen Mineralwasser zu nehmen. Sie denken an nichts anderes als an Mineralwasser und die Einhaltung Ihrer Vorsätze. Sie öffnen die Kühlschranktür und sehen nun genau dort, direkt neben dem Mineralwasser, noch ein schönes großes Stück von dem leckeren Kuchen von gestern.

Wäre ja wirklich schade, das schlecht werden zu lassen, hat ja auch richtig Geld gekostet.

Nun beginnt die Handlungsebene in die falsche Richtung abzudriften. Sie könnten sagen: »Nehme ich! Sieht ja keiner zu!«

Die Problematik ist nur, dass Sie immer einen Beobachter haben, nämlich Ihr Unterbewusstsein. Das reagiert sehr schnell darauf, ob die Handlungsebene übereinstimmt mit Ihren Gedanken und Worten oder ob es dann doch das gewisse Muster gibt: Ich denke es, ich sage es, aber ich tue es nicht.

Ich brauche Ihnen gar nicht erzählen, um wie viel schwerer es ist, wenn Sie einen Versuch zum fünften Mal unternehmen, ganz egal, ob es nun um eine Diät, ums Rauchen oder um andere gute Vorsätze oder Entschlüsse geht und Sie es dann zum fünften Mal nicht in die Tat umsetzen. Ihr Unterbewusstsein reagiert ja schon längst darauf und weiß nun ja schon, dass, wenn Sie etwas denken und wenn Sie etwas sagen, dass es dann aufgrund der Erfahrung immer so sein wird, dass Sie es nie in die Tat umsetzen. Ihr Unterbewusstsein winkt quasi schon im Vorhinein ab: Ach komm, vergiss es! Anders ausgedrückt: Ihr Unterbewusstsein winkt den Kuchen durch.

Das Unterbewusstsein ist dann also der Stellvertreter für die Dame vom Bodenpersonal, die sagt: »Den Flieger erwischen Sie ja sowieso nicht mehr. Ich werde Sie umbuchen!«

Und was machen Sie? Sie lassen die Schultern und den Kopf hängen, ziehen die Mundwinkel nach unten und sagen: »Na gut. Dann buche ich halt um.«

Sie beobachten sich immer selbst dabei, wenn Sie wieder einmal, zum wiederholten Mal, etwas, das Sie zu tun gedenken, eben doch nicht tun.

Oberflächlich betrachtet ist das ja gar nicht so schlimm. Schlimm ist, dass Sie mit jedem Mal, bei dem es nicht klappt, sehen, dass es nicht klappt. Und je nach Umsetzungsdisziplin oder Commitment kann die Betrachtung schmerzen. Wenn Sie etwas 10-mal versuchen und 10-mal nicht hinbekommen, dann haben Sie eine Erfolgsbilanz von 0:10. Das wäre im Fußball ein blamables Ergebnis.

Weiter: Bitte stellen Sie sich vor, dass sich ein Freund 20 Euro von Ihnen leihen will. Sie zögern keine Sekunde, zücken Ihren Geldbeutel und überreichen ihm mit einem Strahlen 20 Euro, verbunden mit der Bitte, diese bei Ihrem nächsten Treffen zurückzubekommen.

Und prompt zückt Ihr Freund bei dem nächsten Treffen seinen Geldbeutel und gibt Ihnen dankend und strahlend 20 Euro zurück – und lädt Sie auch noch auf ein Bier ein. Wie sieht nun die Erfolgsbilanz Ihres Freundes – zumindest mit Ihrer Brille betrachtet – aus?

1:0. Das ist ein klarer Sieg.

Und nun legen Sie einmal diese beiden Bilanzen nebeneinander: Sie werden sich nun noch mehr als Verlierer fühlen, wenn Sie vergleichen, dass Ihr Freund bei der ersten Gelegenheit reüssiert und Sie nach zehn Versuchen immer noch gescheitert sind.

Klar, Sie sehen die Leiden des Freundes nicht, Sie sehen nicht all die Projekte, an denen er scheitert, an denen er sich Zähne, Geduld und Selbstvertrauen ausbeißt und die er Ihnen auch nicht erzählen würde. Sie sehen nur 20 Euro. Und damit sehen Sie seinen Erfolg und vergleichen ihn mit Ihren zehn Misserfolgen. Und damit steht es noch einmal schlechter um Sie, als es gerade schon um Sie gestanden hat. Denn nun können Sie einen weiteren Misserfolg verbuchen: Im direkten Duell mit Ihrem Freund verlieren Sie 0:1. So, nun steht es bereits 0:11.

Wollen Sie wirklich so weitermachen?

Die Umstände machen lediglich sichtbar, wer zu sein wir gewählt haben. Wir sind das, wofür wir bereit sind, Verantwortung zu übernehmen oder eben auch nicht.

WARUM ICH NICHT LOCKER DRAUF BIN

Egal, ob Sie sich nun mit anderen vergleichen oder nicht, es geht um die Selbstwirksamkeitsüberzeugung, die Sie so nicht erhalten. Und damit programmieren Sie Ihr gesamtes Handeln auf Scheitern.

Und wenn wir schon über Selbstvertrauen sprechen, dann müssen wir mit einigen Lebenslügen aufräumen. Zu häufig wurde uns in der Kindheit, in der Schule und von den Eltern die Normalität ans Herz gelegt.

Ja, unser Leben wird so gerne in die Schraubzwinge der Normalität gedrückt wie eine Leinwand auf den Rahmen oder Bügelwäsche in die Bügelmaschine. Die größte Herausforderung ist doch, dass wir von Kindheit an beigebracht bekommen haben, nur innerhalb der vorgegebenen Linien auszumalen.

Wir wollen doch gar keine normalen Menschen und auch gar keine normale Leistung. Wir wollen Spitzenleistungen. Hören Sie einmal den Fans im Stadion zu: Die wollen keinen normalen Spieler, der ein normales Spiel macht. Die wollen, dass sich die Spieler auf dem Platz für sie zerreißen! Normalität ist das genaue Gegenteil eines Leistungsversprechens.

Normal und Spitzenleistung ist ein Widerspruch, den mein Kollege Tobias Ain so schön beschreibt. Stellen Sie sich vor, die Lehrerin Ihres Kindes sagt zu Ihnen: »Ihr Kind ist ganz normal«, »Die Leistung ist ganz normal«, »Das Zeugnis ist ganz normal«. Ist das das Kind, das Sie haben wollen?

Ich befürchte, manche normalen Menschen beantworten diese Frage sogar mit einem »Ja«. Aber nein, bleiben wir doch bitte auf dem Teppich: Wir alle wollen doch Kinder haben, die außergewöhnlich, die besonders sind. Und für das Besondere, Außergewöhnliche zahle ich auch gerne den Preis, dass meine Kinder an anderen Stellen weniger besonders, gewöhnlicher und in manchen Bereichen auch schlechter sind.

Stellen Sie sich vor, Sie bekommen ein Arbeitszeugnis, in dem steht, dass Sie ganz normal sind. Ihr Chef sagt, dass Ihre Leistungen im Job ganz normal sind und dass Ihr Vortrag, den Sie gerade gehalten haben, auch ganz normal war. Normal ist der kleine Bruder von langweilig und der Großonkel vom Tod!

Und normal ist offenbar, dass viele Menschen nicht tun, was sie sagen. Diese Form von Trägheit, diese normale Abwandlung einer Todsünde begegnet mir ständig. Und ich reagiere darauf offenbar gar nicht normal.

Einer beispielsweise hat bei meiner Academy das Master-Class-Programm in New York gebucht. Kurz vor der Reise stornierte er die Buchung wieder. Ich erkundigte mich, ob er im Krankenhaus liegt, einen schweren Unfall hatte oder jemand gestorben ist. Nichts dergleichen. Er hatte nur eine neue Freundin in Brasilien und kannte jetzt nur noch Brasilien und nicht mehr New York. Dabei liegt New York doch sogar zwischen Deutschland und Brasilien – zumindest grob. Man hätte sich doch auch in New York treffen können und sein Wort halten können. Damit meine ich: Er hatte gesagt, er fliegt mit nach New York, und hatte einen Vertrag unterschrieben. Doch dann überlegte er es sich anders und tat nicht, was er sich und mir versprochen hatte. Damit setzte er die Axt an den Baum seines Selbstwertgefühls.

Es gibt einen Unterschied zwischen Absichtserklärung und Vollzugsmeldung. Nun ist es so, dass eine der Lektionen in unserer Academy genau das ist: Sei dein Wort! Denn wie um alles in der Welt wollen Sie jemals erfolgreich sein, wenn Sie es nicht schaffen, einen Vertrag einzuhalten, den Sie aus freien Stücken eingegangen sind? Und das ganz ohne Not? Für die Not gibt es bei uns dafür sogar eine Rücktrittsversicherung.

WIE ERFOLG GEHT

Ich gebe es zu, ich bin ein Fan von überragenden Spitzenleistungen. Sie spornen mich an, sie nötigen mir Respekt ab, und ich freue mich einfach darüber. Und wenn ich Spitzenleistungen dann genauer anschaue, dann finde ich immer, dass diese fantastischen Ergebnisse kein Zufall sind, sondern die Folge von Fleiß, Hingabe, Ausdauer und Detailarbeit. Der einzige Grund, warum sehr erfolgreiche Menschen oder Unternehmen diese großen Mengen Fleiß, Hingabe, Ausdauer und Detailarbeit aufbringen, ist immer der eine: Sie haben es versprochen. Und sie halten ihr Versprechen. Vor allem sich selbst gegenüber.

Dann ist alles möglich.

Wie Erfolg geht

Wenn Sie sich einmal inspirieren lassen wollen, wie das gehen könnte, dann buchen Sie bitte das Hotel Sonnenalp im Allgäu. Das ist ein Familienhotel in der deutschen Provinz, aber kein »normales«, sondern ein unglaubliches. Es ist unglaublich groß, ein Riesenbetrieb und für ein Hotel im Allgäu ganz schön teuer. Und permanent ausgebucht.

In diesem Hotel ist alles perfekt. Die Angestellten sind supermegafreundlich und fröhlich, die Qualität von allem, was Sie anfassen, ist herausragend, die Atmosphäre ist so gastlich, dass Sie als Gast die ganze Zeit mit einem Grinsen im Gesicht herumlaufen. Besser kann man ein Hotel praktisch gar nicht führen. Die Angestellten großer Hotelketten werden auf die Sonnenalp geschickt, um zu lernen, was perfekter Service ist. Und auch die Intercontis dieser Welt übernachten dort, um genau das zu lernen.

Ich war dort und konnte es kaum glauben. Ich habe mich gefragt: Woran liegt das, dass hier alles so perfekt ist? Wie machen die das? Ist das alles von langer Hand geplant, oder geschieht das einfach so? Kann man einen so hohen Grad an Perfektion und Freundlichkeit überhaupt schulen, oder kommt das aus den Menschen selbst heraus? Ich weiß, dass man Freundlichkeit und Co. trainieren kann, aber bis zu welchem Grad?

Im Kinderparadies bin ich dann draufgekommen. Genauer gesagt: beim Kaufmannsladen im Kinderparadies. Dieser Kaufmannsladen ist perfekt. Er sieht nicht nur wunderhübsch aus, sondern er ist auch liebevollst eingerichtet. Und vor allem: Er ist immer aufgeräumt. Und mir fiel auf: Er sieht immer exakt gleich aus.

Ich beobachtete einen Hotelangestellten, wie er den Kaufladen aufräumte. Und ich traute meinen Augen nicht: Der junge Mann

77

hatte eine Checkliste, eine riesige, umfangreiche Checkliste nur für das Aufräumen des Kaufladens. Diese Liste enthielt eine vollständige Aufzählung von allen Döschen, Banänchen, Eierchen und Kistchen, die Teil des Kaufladen-Interieurs waren. Dazu gab es Fotos, wo und wie welches Teilchen stehen muss. Eine 8-seitige Foto-Checkliste für Holzbananen.

Der Mann räumte jedes einzelne Teilchen an exakt seinen vorbestimmten Platz, weil das der hübscheste und schönste und zum Spielen praktischste Platz für das Teilchen war.

Er war unter anderem verantwortlich dafür, dass der Kaufmannsladen zu jedem Zeitpunkt, an dem er gerade nicht durch Kinder bespielt wird, sofort aufgeräumt und in den genau definierten perfekten Zustand versetzt wird, damit die nächsten Kinder wieder genauso viel Lust und Spaß beim Spielen haben können.

Und da wurde es mir klar: Solche Checklisten und solch ein Wissen über die perfekte Art und Weise gibt es auf der Sonnenalp für jedes einzelne Detail des Hotelbetriebs. Die Mitarbeiter bekommen nicht einfach die Anweisung: »Bitte räumen Sie das Kinderparadies auf!« oder: »Bitte begrüßen Sie die Gäste freundlich!« Sondern es gibt für jeden einzelnen Teilschritt genaueste Hilfestellung für die Mitarbeiter, damit sie ihre Aufgabe bestmöglich erfüllen können.

Nun verstand ich auch, warum die Mitarbeiter so fröhlich und so stolz sind: Sie wissen zu jedem Zeitpunkt, dass sie den Anspruch, den das Hotel erhebt, auch erfüllen können. Sie versprechen das perfekte Kinderparadies – und sie wissen genau, wie es geht, das perfekte Kinderparadies herzurichten. Sie können es tun. Mehrmals täglich. Und so holen sie sich ständig und permanent die

Selbstbestätigung, dass sie liefern, was versprochen wurde. Sie halten einfach Wort, den ganzen Tag lang, in jedem kleinen Detail.

So geht Erfolg!

Gegenüber solchen Unternehmen sind wir alle Dilettanten! Zu solchen Spitzenleistungen paaren sich Spitzenumsätze. Dieses Familienhotel erzielt einen Umsatz von über 50 000 000 Euro – im Allgäu!

PIANOMANIA

Ich stelle Ihnen noch einen weiteren Extremleister vor. Er hat mich begeistert, als ich ihm in dem Dokumentarfilm *Pianomania* von Lilian Franck und Robert Cibis bei der Arbeit über die Schulter schauen durfte. Stefan Knüpfer heißt der Mann, er ist Chefklavierstimmer bei der Firma Steinway – und die bauen wohl die besten Flügel der Welt. Der Mann ist somit sozusagen der Weltmeister der Klavierstimmer. Er arbeitet mit den besten Pianisten der Welt zusammen wie etwa Lang Lang oder Alfred Brendel. Und er arbeitet in den besten und berühmtesten Konzertsälen der Welt.

Die Doku ist wirklich faszinierend. Die Zeitung *Die Welt* hat Stefan Knüpfer interviewt. Auch das ist lesenswert. In dem Interview wurde er zum Beispiel gefragt, wie viele Top-Klavierstimmer es auf der Welt gibt. Knüpfer sagte, es gäbe fünf bis zehn gute Klaviertechniker auf der Welt. Er bezeichnet also die zehn besten der Welt als »gut«. Das bedeutet: Die anderen sind nicht gut! – Was für ein Anspruch! Aber den muss er täglich einlösen …

79

Dann wurde er gefragt, wie er denn merke, welche Stimmung und welchen Flügel ein Pianist braucht. Knüpfer antwortete: »Ich muss sie nur sehen und weiß, was sie brauchen. Ich sehe doch, wie sie gehen, wie ihre Körperspannung ist, und ich weiß daher, wie sie Klavier spielen. Wenn ich weiß, wie sie denken, weiß ich auch, welchen Ton sie brauchen. Ich habe mal einen Italiener, einen Deutschen und einen Japaner einen Ton stimmen lassen und habe aus dem Klang die Nation erraten.«

Einmal hörte er mitten in einem Musikwettbewerb, dass sich ein Ton verstimmt hatte. Der Wettbewerb lief gerade vor einem großen Publikum, aber egal. Er unterbrach die Darbietung, ging auf die Bühne und stimmte das Klavier. Vor allen Leuten! Als er von der Bühne ging, applaudierte das fachkundige Publikum. Es war ihm extrem unangenehm, aber er hatte aus seiner Sicht keine andere Wahl. Ein wohltemperiertes Klavier ist für ihn ein Versprechen, das er unbedingt hält, koste es, was es wolle!

Einmal stimmte er ein Klavier für einen New Yorker Jazzpianisten, »der schlug eine unglaubliche Harmonie an, neun Töne mit fünf Fingern ungefähr. Und er hörte da immer ein Pochen, das ihn ärgerte, so einen Beat. Ich habe das gleich gesehen, dass da eine Septime, eine None und eine Sekunde drin schwingen, das ist Physik. Ihn störte eine ganz bestimmte Schwingung. Also habe ich das berechnet, die Quarte gefunden, die schuld war, und ihm die sauber gestimmt. Der ist ausgeflippt vor Freude am nächsten Tag.«

Sie müssen nicht so verrückt und besessen sein wie Stefan Knüpfer oder die Sonnenalp. Sie müssen nicht einmal so teilverrückt und teilbesessen sein wie ich. Aber so ein wenig Verrücktheit scheint sinnvoll zu sein. Diese Zielorientiertheit trägt fast einen Hauch

Autismus in sich oder zumindest etwas vom Asperger-Syndrom, das als eher milde Variante innerhalb des Autismusspektrums bezeichnet wird. Menschen mit Asperger-Syndrom entwickeln oft leidenschaftlich gepflegte Spezialinteressen, denn es ist eben nicht nur mit Beeinträchtigungen, sondern oft auch mit Stärken verbunden. Ob es als Krankheit oder als eine Normvariante der menschlichen Informationsverarbeitung eingestuft werden sollte, wird von Wissenschaftlern und Ärzten sowie von Asperger-Autisten und deren Angehörigen uneinheitlich beantwortet. Hans Asperger schrieb dazu: »Es scheint, dass für Erfolg in der Wissenschaft oder in der Kunst ein Schuss Autismus erforderlich ist.« Forscher sind sich heute einig, dass viele Merkmale des Asperger-Syndroms Kreativität begünstigen und die Fähigkeit, sich intensiv auf einen Gegenstand zu konzentrieren und für eine schöpferische Arbeit endlose Mühsal auf sich zu nehmen, für dieses Syndrom charakteristisch ist. Um Persönlichkeiten wie Isaac Newton oder Albert Einstein sind regelrechte Kontroversen entstanden. Und wenn man bei Google »Steve Jobs Asperger« eingibt, dann erhält man aktuell über 275 000 Suchergebnisse.

Konzentrieren und fokussieren Sie sich also auf eine Sache, ein Ziel. Setzen Sie Scheuklappen auf, um Optionen und Ablenkungen nicht nur zu ignorieren, sondern gar nicht zu sehen. Und nur noch den Fokus darauf zu legen, was Sie sich selbst versprechen.

Möglicherweise ist deshalb mein Leben so verlaufen, wie es verlaufen ist. Ich wollte Redner werden, fertig. Alles andere hatte mich nicht interessiert. Scheitern ist in meinem Lebensplan nicht vorgesehen. Denn ein wesentlicher Grund, warum sich Ihr Leben vielleicht manchmal so anfühlt, als drifte es langsam, aber sicher in

Richtung Vergeudung, Verschwendung, Mittelmaß oder Normalität, ein wesentlicher Grund, warum Sie das, was Sie tun, nicht wirklich mit Hingabe, Überzeugung und nachhaltigem Erfolg tun, ein wesentlicher Grund, warum Sie wie die meisten Menschen Ihr Leben vor dem Tod nicht wirklich leben, liegt darin, dass Sie Ihren Fokus nicht auf Ihr eigenes Wort legen.

KAPITEL

4

JEDES PROBLEM IST EIN NOCH NICHT GEGRÜNDETES UNTERNEHMEN

Eine meiner Kernaussagen lautet: »Jedes Problem ist ein noch nicht gegründetes Unternehmen, ein nicht produziertes Produkt oder eine nicht genutzte Chance.« Nun ist die bloße Existenz eines Problems für mich nicht das wirkliche Problem. Probleme sind so alt wie die Menschheit, und ihre Zahl nimmt offenbar proportional mit der Länge unserer Geschichte zu. Jedenfalls werden die Probleme ja nicht weniger.

Unser Problem ist, dass wir uns an die meisten Probleme so gewöhnt haben, dass wir sie nicht mehr hinterfragen, sondern als gegeben hinnehmen. Wir erkennen die Probleme gar nicht als Probleme, weil wir an den Status quo gewöhnt sind und ihn für gut halten. Dabei sind die meisten Situationen alles andere als gegeben. Lassen Sie mich das ein wenig näher ausführen.

WIE KOMMT DAS LOCH INS OHR?

Ja, mir springen die ungelösten Probleme geradezu entgegen, sie verfolgen mich auf Schritt und Tritt. Irgendwie scheint es mir, als habe ich ein Problem mit den Problemen, denn den meisten Menschen geht es offenbar anders als mir: Sie sind froh, keine oder nur wenige Probleme zu sehen. Und sie bemitleiden mich vielleicht, weil ich mich ständig in einem ganzen Dickicht von Problemen umherstolpern sehe. Ich sehe Probleme wie Unkraut wuchern und wachsen.

Neulich zum Beispiel, da war ich mit meiner Frau, meinem Sohn und meiner Tochter zum Ohrlöcherstechen. Dabei habe

Wie kommt das Loch ins Ohr?

ich wieder viel gelernt. Dass man dafür zu einem Juwelier geht, weil es dort gleich Ohrringe zu kaufen gibt, leuchtete mir ja ein. Aber wussten Sie zum Beispiel, dass man dafür zum Billigjuwelier gehen muss? Ja, es gibt mehrere Kasten von Juwelieren. Die einen, in denen Sie die teuren Schweizer Uhren kaufen können, die stechen nämlich keine Ohrlöcher. Die wollen Brillanten statt Blut im Laden. Die verkaufen zwar auch Ohrringe für die Dame von Welt, aber Damen haben offenbar bereits automatisch Ohrlöcher – die haben sie sich nämlich schon als Mädchen beim Billigjuwelier stechen lassen. Es will sich ja auch niemand eine Rolex aus Platin für 70 000 Euro anlegen lassen und gleichzeitig das Geschrei kleiner Mädchen mit anhören müssen. Und bei den Edeljuwelieren gibt es ja auch zwei Abteilungen, den Verkaufsraum mit den freundlichen Beratungsnischen und das Beratungs-Separee, das Sie in der Regel erst dann zu sehen bekommen, wenn Ihr Kaufwunsch im sechsstelligen Bereich liegt. Das ist dann schon die First Class des Juwelier-Besuchs. Aber es gibt ja auch noch – um in diesem Sprachbild zu bleiben – den Private-Jet. Da müssen Sie nicht mehr zum Juwelier gehen, sondern der Juwelier kommt zu Ihnen, ab einer lächerlichen siebenstelligen Investitionssumme.

Wir hingegen waren noch nicht einmal in der Economy Class, sondern befanden uns in der Kaste darunter bei den Ohrlochstechern. Wir stehen also im Verkaufsraum eines kleinen, einfachen Juweliers in einer kleinen, einfachen Stadt in Deutschland, der nie teure Uhren verkaufen wird, und dort tragen wir unser Anliegen vor. Meine Tochter zittert bereits ein wenig vor Angst. Ich kann sie gut verstehen. Schon beim vorhergehenden Telefonat wurde uns von dem Schock und der Angst, die eine solche Stecherei hervor-

85

rufen kann, berichtet. Das hat uns keinen Mut gemacht, aber die Tatsache, dass wir hier stehen, zeigt, dass wir einen eisernen Willen haben.

Nun, denke ich, die führen uns wenigstens in eine kleine Nische. Immerhin wird es ein paar Tropfen Blut, ganz sicher ein paar Tränen und jede Menge Emotionen geben, und da finde ich das mehr als angebracht.

Aber nein, die Dame sagt: »Ich hol schon mal den Stuhl.« Und stellt ihn mitten in dem gefühlt circa sieben Quadratmeter großen Laden auf.

Verzweifelt frage ich: »Was kostet das?«

»Zwölf Euro.«

Ich hake nach: »Pro Ohr?«

»Nein, zwölf für beide Ohren inklusive der Ohrringe.«

Mir läuft es, während ich die negative Kraft des Erschauerns spüre, eiskalt den Rücken runter. Was darf ich – oder um genau zu sein: meine Tochter – für eine Sorgfalt erwarten für läppische sechs Euro pro gestochenem Loch? Wenn ich jetzt noch fünf Euro pro Ohrring abziehe, dann ist für das Ohrlochschießen – was für ein schrecklicher Name – noch genau ein Euro pro Loch übrig. Ist da überhaupt eine adäquate Wundversorgung drin? Allein ein pfiffiges Pflaster mit Minnie Maus drauf kostet doch schon fast einen Euro.

Sie holt das schwarze pistolenähnliche Ding hervor.

Jetzt bekommen wir es wirklich mit der Angst zu tun.

Ich bin schon drauf und dran, das ganze Unterfangen abzublasen, meine Tochter an die Hand zu nehmen und den Tatort zu verlassen, denn ich sehe, wie sehr wir leiden. Aber gleichzeitig, ich gebe es zu, bin ich von dem Schauspiel gleichermaßen verängs-

Wie kommt das Loch ins Ohr?

tigt wie fasziniert. Doch bevor ich die neue Situation erfassen und durchdenken kann, setzt eine Kaskade von Ereignissen ein.

Meine Tochter schreit, mein Sohn schreit mit, mir fällt ein, dass ich kein Blut sehen kann. Warum fällt mir das jetzt erst ein? Meine Frau ist wie immer die Einzige, die Ruhe bewahrt und die Sache im Griff hat. Es ist offensichtlich: Männer haben bei so einem Akt nichts zu suchen, zumindest solche Männer, die ihre Schwester vor der Pistole retten wollen, und auch solche, die kein Blut sehen können und sich vor Angst in die Hose machen. Es herrscht eine große Dankbarkeit in mir, dass ich keine Frau geworden bin. Ich kann auch die Männer nicht verstehen, die sich Ohrlöcher stechen lassen – aber als Frau hätte ich auch noch Kinder kriegen müssen. Prost Mahlzeit. Da ist das tägliche Rasieren ein Segen – und für männliche Seelen eine gut gewählte Alternativqual zum Ohrlochstechen, Periode haben und vielem mehr. Mehr als die Last des Rasierens würde ich eh kaum aushalten.

Meine Frau nimmt das Zepter in die Hand und wirft uns raus. Da stehen wir nun wie bestellt und nicht abgeholt vor der Tür des kleinen Stecher-Ladens. Aber warum stehen wir eigentlich vor der Tür? Bei einem ohrlochstechenden Edeljuwelier gäbe es sicher eine Männer-Lounge mit wirksamen Getränken, ablenkender Bedienung, monströsen Videomonitoren, Fußball-Kickern und weiteren Möglichkeiten zur Zerstreuung. Aber nun standen wir da, auf dem kalten Marktplatz in dieser kleinen Stadt in Deutschland. Mein Sohn wollte zurück, um zu kämpfen und seine Schwester zu verteidigen. Ich suchte die Lounge. Ein Kompromiss war schnell gefunden, wir gingen ins Spielwarengeschäft und ließen die Frauen allein. Während wir nun zwischen Baggern

87

und Feuerwehrautos standen, überlegte ich, wie es wohl meiner Tochter ging.

Die meisten Mädchen haben Angst vor diesem Akt. Eine Art Pistole am Ohr. Es wird laut, es knallt. Und es tut weh, ein Körperteil wird verletzt. Direkt am Kopf. Mit Ansage. Das hat schon einen Hauch von Hinrichtung.

Die Frau wurschtelt wahrscheinlich am Ohr meiner kleinen Tochter rum und hantiert mit dem großen Schussapparat. Es dauert sicher ewig, bis es so weit ist und der Schussapparat genau in Ohrlochmitte gut ausgerichtet ist. Ich mag dabei gar nicht an die geschädigten Akkupunkturpunkte denken. Mir kommen Bilder in den Kopf, wie Schweine beim Schlachter mit einem Bolzenschussapparat getötet werden oder Ochsen einen Nasenring bekommen. Und ich weiß nicht, woran meine Tochter jetzt denkt.

Ich denke und weiß, dass meine Tochter großartig ist, und ich stelle mir die Frage, warum Juweliere – und keine Ärzte – Löcher in Körperteile stechen. Zumindest sollte doch der Malteser Hilfsdienst in jedem Juwelier anwesend sein.

Meine Frau erzählte mir im Nachhinein, wie es weiterging: Die Juwelierin – sofern das überhaupt eine war – steigerte die Angst meiner Tochter systematisch noch weiter, indem sie nochmals betonte, dass es gleich knallen werde. Nun zählte sie auf drei hoch. Mit jeder Zahl verdoppelte sich vermutlich ihre Herzfrequenz.

Eins …

Zwei …

Drei …

Es knallt!

Meine Tochter schreit. Reißt sich von meiner Frau los.

Rennt aus dem Laden. Meine Frau nichts wie hinterher.

Und das war erst das erste Ohrloch.

Plötzlich taucht völlig überraschend meine Frau mit unserer Tochter auf – im Spielwarengeschäft.

Eine Stunde später – ich erspare Ihnen die Schilderung des Großeinkaufs, der Belohnungs- und Motivationsstrategie im Spielwarengeschäft – hatten wir dann auch noch das zweite Loch gestochen. Nur so viel: Es war schlimmer als das erste, weil das Wissen um das schreckliche und laute Vorgehen vorhanden war.

Hinterher bekamen wir ein Lob von der Dame, weil wir so tapfer waren. Manche Mädchen, sagte sie, müssten für das zweite Ohr siebenmal kommen und Anlauf nehmen, bis sie es geschafft haben.

Ich war fassungslos: Siebenmal Angst, siebenmal Geschrei, siebenmal Großeinkauf, siebenmal negative Emotionen, die einen im schlimmsten Fall auch noch ein Leben lang verfolgen, für zwölf Euro? Das sind ja sieben Stunden maximaler Stress! Für zwölf Euro!

Sie nickte. Und plötzlich war mir klar, warum nur Billigjuweliere Ohrlöcher schießen – und keine Juwelen verkaufen.

DA GEHT DOCH WAS

Ich finde, das ist ein völlig unhaltbarer Zustand. Ganz offensichtlich liegt hier ein ernstes Problem vor – und niemand nimmt sich dessen an! Keiner packt dieses Problem am Schopf und löst es! Dabei liegen die möglichen Lösungen doch nach drei Minuten Nachdenken auf der Hand: Natürlich müssen beide Ohren gleich-

Jedes Problem ist ein noch nicht gegründetes Unternehmen

zeitig durchstochen werden, um den Schmerz und den Schreck erst mal zu halbieren. Und dann braucht es statt Fokus auf den Schreckmoment einfach nur altersgerechte Ablenkung. Die könnte doch aus einer Goofy- oder einer Minnie-Maus-Figur bestehen. Stellen Sie sich vor, die Mädchen setzen sich auf den Schoß von Goofy und werden von ihm umarmt. Er singt ein schräges Lied, sodass die Mädchen lachen. Sie lehnen ihren Kopf zurück, und Goofy nimmt sanft ihre Ohren und wackelt mit ihnen, macht Quatsch, die Mädchen lachen. Dann Peng! … und alles halb so wild. Goofy tun auch die Ohren weh, und er jammert ein bisschen mit, dann lacht er wieder, weil er jetzt Ohrringe hat, und die Mädchen lachen mit. Dazu könnte es einen kleinen Belohnungsshop geben, aus dem der Kunde zusätzlich als Trost etwas kauft und klar, für die Männer eine coole Lounge mit allem Drum und Dran.

Fertig. Fünf Minuten maximal. Und bestimmt 30 Euro wert oder mehr plus Belohnungsumsatz plus Lounge-Service-Gebühr.

Die Wertschöpfung für den Juwelier wäre so viel höher. Und der Nutzen für die Eltern wächst im gleichen Maße, wie Schock, Schmerz und Angst bei ihrem Kind verringert werden. Und der Anbieter eines solchen Ohrloch-Goofys hat einen riesigen, bereits erschlossenen Markt mit Berufsverbänden und allem Drum und Dran: Es gibt knapp 70 000 Juweliere in Europa. Und für die Kaste der teuren Juweliere wird ein Luxusmodell entworfen, Harry Potter oder Diamond-Barbie statt Goofy oder was auch immer für 300 Euro. Oder Sie denken sich eine andere Lösung aus. Egal. Meine Frage ist: Warum löst keiner dieses Problem?

90

WER EIN PROBLEM HAT UND DAS NICHT HABEN WILL, DER HAT JETZT SCHON ZWEI

Es gibt Millionen von Problemen. Solche, über die Sie nicht sprechen wollen. Solche, über die Sie jammern. Solche, über die man besser schweigt. Solche, die Sie übersehen. Solche, an die Sie sich gewöhnt haben. Solche, die Sie nicht wichtig finden. Solche, die eine Nummer zu groß für Sie sind. Solche, die Sie ärgern. Solche, die Sie heimlich begrüßen, weil Sie einen sekundären Nutzen davon haben. Solche, die Sie umbringen, wenn sie nicht jemand beseitigt ...

Ich könnte Ihnen tagelang Probleme aufzählen. Wir alle haben Probleme und wollen sie nicht haben. Tragen Sie zur Lösung des Problems bei und werden Sie nicht Teil des Problems!

ARBEITS-TINDER

Wenn Sie einen Mann oder eine Frau suchen, weil Sie zusammen Blumen pflücken oder Sex haben wollen, dann können Sie die App Tinder verwenden. Tinder präsentiert dem Nutzer jeweils die Profilfotos, den Vornamen und das Alter einer anderen Person, die zuletzt in einem vorher vom Benutzer spezifizierten Umkreis derselben Funkzelle war. Anhand dieser wenigen Informationen – in der Regel nur nach einem Blick auf das erste Foto – entscheidet der Benutzer, ob ihn eine Konversation mit dieser Person interessieren würde. Ist dies der Fall, wird das Foto nach rechts geschoben. Falls die Person jedoch als unattraktiv empfunden wird oder nicht den gewünschten Vorstellungen entspricht, wird das Foto nach links verschoben. Wenn beide Benutzer sich gegenseitig als interessant einstufen, können sie eine Konversation starten, um mehr über diese Person zu erfahren – sofern sie dann noch etwas erfahren wollen, die meisten wollen dann nur noch was erleben. Prinzipiell erhält man in Tinder folglich nur Nachrichten von Personen, die man zuvor als eher attraktiv eingeschätzt hat – und von denen man auch als attraktiv eingeschätzt wurde.

Dieses Wischen oder Swipen hat Tinder berühmt gemacht. Man blättert und entscheidet zugleich. Im Falle, dass zwei Menschen sich gegenseitig auswählen, ist das ein »Match« – die App stellt die Verbindung her, zeigt die Kontaktdaten, und Sie können sich mit dem Menschen treffen und Blumen pflücken. Sehr einfach, sehr praktisch. Denn jemanden anzuschreiben, birgt das Risiko, zurückgewiesen zu werden, das verletzt sowohl im digitalen wie im richtigen Leben.

Auch wenn das Ergebnis im »Real Life« dann manchmal vermutlich reichlich ernüchternd sein kann, finde ich die Idee ideal als Lösung für ein ganz anderes Problem: Jobs suchen Bewerber, Bewerber suchen Jobs – wisch, wisch, zack, es passt, Kontakt herstellen. Mit anderen Worten: Wäre ich Chef der Bundesagentur für Arbeit, dann würde ich ein Arbeits-Tinder machen. Jobs und Bewerber können regional miteinander »flirten« und Interesse zeigen, bis es matched. Man würde sich einfacher finden und weniger schlechte Gefühle produzieren, die sich auch auf den Arbeitgeber auswirken.

Denn im ersten Schritt würden die potenziellen Arbeitnehmer weniger Absagen kassieren, und die Unternehmen müssten weniger Absagen aussprechen. Auch das ist förderlich für Image und Umsatz, schließlich überlegt sich beispielsweise ein potenzieller Autokäufer, ob er ein Auto einer Marke kauft, die ihn als Arbeitnehmer gerade abgelehnt hat. Auch das ist ein großes Problem der Autobauer: der Loyalitätsverlust der abgewiesenen Bewerber – eine mitnichten zu unterschätzende Kundengröße.

PROBLEME RETTEN UNS

Worauf ich Sie aufmerksam machen will: Die meisten Menschen und Unternehmen sind zu blind, um Probleme als solche wahrzunehmen. Deshalb erkennen sie auch nicht die Chance, die sich darin versteckt. Probleme sind ja nur Chancen in Arbeitskleidung. Und wer keine Chancen erkennt, kann sie auch nicht nutzen. Und wer keine Chancen nutzt, steckt bestenfalls im Mittelmaß fest, nämlich dort, wo alle sind.

Das bisschen Wohlstand, das wir derzeit genießen, ist ja nur der Tatsache zu verdanken, dass wir Arbeit haben und darum Wertschöpfung erzielen können. Das können wir nur deshalb, weil wir wenigstens für ein paar Probleme einigermaßen ordentliche Lösungen gefunden haben.

Probleme führen zu Lösungen. Lösungen führen zu Arbeit. Arbeit führt zu Wohlstand. Wir haben den gesamten Fortschritt in Wirtschaft und Gesellschaft der Existenz von Problemen zu verdanken. Jedes Problem ist ein noch nicht gegründetes Unternehmen!

Können Sie ermessen, wie groß die wirtschaftlichen Chancen jedes einzelnen unserer Kinder sind? Ein Plädoyer für Probleme. Und wir haben noch Millionen von Problemen in Deutschland und auf der Welt. Wir bemerken die Probleme nicht mehr, weil wir uns an den Status quo der Probleme gewöhnt haben. Wir sehen sie nicht mehr. Wir merken nicht, dass Visitenkartenhersteller von den Visitenkarten leben, die nie verteilt wurden, und Senfhersteller von dem Senf leben, der nie gegessen, sondern von dem, der weggeworfen wurde.

Wer kleine Probleme löst, der wird kleine Wertschätzung erhalten, und wer große Probleme löst, wird große Wertschätzung erhalten. Und je größer die Wertschätzung Ihrer Lösung, desto größer ist die Wertschöpfung. Wenn wir Chancen entdecken wollen, dann dürfen wir uns nicht nur auf die Chancen konzentrieren, sondern auf die Probleme.

Die Qualität unseres Lebens hängt davon ab, mit welcher Qualität von Problemen wir umgehen können. Auch die Karriere führt weiter nach oben, je höher der Schweregrad der zu lösenden Probleme ist.

Wer Erfolg will, sucht immer größere Probleme – und deren Lösungen! Je höher wir kommen, desto besser die Aussicht.

WER DIENT HIER WEM?

Aber die meisten Leute denken da ganz anders. Sie denken nicht: Großartig, dieses Problem ist MEIN Problem, das ist MEINE Aufgabe, das löse ICH! Nein, sie denken: Dieses Problem ist alles, nur NICHT mein Problem! Zum Beispiel dachte meine Buchhalterin so.

Weil ich diverse Firmen habe und auch mit zwei Steuerberatern zusammenarbeite, gab es immer ein paar Schwierigkeiten bei uns in der Buchhaltung. Also überlegten wir nach unserem letzten Umzug, von den beiden Steuerberatern zu einem neuen zu wechseln, der in unserer neuen Region ansässig ist. Irgendwann traf dieser Steuerberater bei uns im Hause ein, um sich vorzustellen und die Situation zu besprechen. Sinnvollerweise saß ich mit meiner Buchhalterin und ihm im Dreier-Gespräch.

Wir stellten gemeinsam fest: Eine Zusammenarbeit unter dieser neuen Konstellation kann fruchtbar werden. Okay. Und während ich so in diesem Gespräch saß und mich mal wieder unendlich langweilte über Dinge, die mich nicht interessieren, und über Zahlen und Bilanzen und Richtlinien der Rechnungsstellung und Buchhaltung, bemerkte ich, dass meine Langeweile und damit mein kreativer Ideenreichtum immer größer wurden. Vielleicht auch immer aggressiver.

Mein Unmut wurde immer größer, und irgendwann stellte ich mir die Frage, warum ich überhaupt bei diesem doofen Gespräch dabeisitze, schließlich war es ja die Buchhalterin, die die Buchhaltung macht, und nicht ich.

Ich bin für tausend andere Dinge in diesem Unternehmen verantwortlich, sofern überhaupt, aber doch wahrlich nicht für die Buchhaltung. Und ich bin ja noch nicht mal dafür verantwortlich, den richtigen Buchhaltungsweg oder den richtigen Steuerberater zu finden, denn auch das sind doch Dinge – so schwirrte es in meinem Geist herum –, die durch die Buchhalterin zu erledigen sind. Mich drängte es dazu, einzuschreiten.

Da schreckte ich plötzlich aus meinen kreativen Gedankenwolken auf, sah meine Buchhalterin an und sagte zu ihr: »Sagen Sie mal, warum habe ich eigentlich diesen Steuerberater ausgesucht und diesen Termin gemacht und nicht Sie?«

Sie starrte mich entgeistert an. Das Weiße in ihren Augen war so deutlich zu sehen, dass man fast geblendet war. Schockiert sagte sie: »Ja, das kann ich doch nicht entscheiden! Das müssen Sie doch tun!«

Ich war mutig genug zur Gegenfrage: »Warum eigentlich ich?«

Da wurde sie deutlich: »Herr Scherer! Das kann ich nicht tun. Es geht doch um IHR Geld!«

Damit sagte sie implizit: Es ist doch IHR Problem und nicht meins. Oder anders ausgedrückt: Da es um IHR Geld geht und nicht um meines, kann es mir ja schnurzpiepsturzvogelegal sein, welchen Steuerberater Sie haben.

Weil ich diese »IHR-Geld-Aussage« ziemlich problemabgebend und reichlich dreist fand, riss mir augenblicklich der durch meine Langeweile bereits seeeeehr gedehnte Geduldsfaden.

Ich sagte in deutlich vernehmbaren Worten: »Um mein Geld? Na, selbstverständlich geht es um mein Geld. Um was denn sonst? Bei allem, was Sie in diesem Unternehmen tun, geht es um mein

Geld. Es ist mein Unternehmen, richtig? Also ist es mein Geld. Sie und ich sind schlichtweg nicht zu irgendetwas anderem angetreten, als mein Geld zu schützen, zu wahren und es bitte schön auch gerne zu mehren. Und alles, was Sie tun, sollte demnach dahingehend ausgerichtet sein, für mein Unternehmen, dessen Erfolg, Attraktivität und Effizienz sich in Geld misst, die richtigen Entscheidungen zu treffen. Ob das die pünktliche Rechnung ist, ob es die Rechnung überhaupt ist, ob es die richtige Buchhaltung ist und ob es eben der richtige Steuerberater ist, der hilfreich ist oder mit dem es eben einfacher ist, dieses Ziel zu erreichen. Und selbst wenn Sie hier sitzen und atmen, dann geht es sogar um mein Geld, ich bezahle Ihre Zeit zum Atmen!«

Jetzt zitterte ich, und sowohl meine Buchhalterin als auch der Steuerberater schüttelten den Kopf. Ich fand meine Ansprache großartig und wusste in dem Moment: Auch dieser Steuerberater ist nicht der richtige. So endete unser Tischgespräch. Für ein gutes Tischgespräch kommt es nicht so sehr darauf an, was sich auf dem Tisch, sondern was sich auf den Stühlen befindet.

»DAS IST DOCH NICHT MEIN PROBLEM!«

Wie klein die Menschen denken! Sie nehmen die Probleme einfach so hin. Sie lassen sie, wo sie sind, und machen sie nicht zu ihren Problemen. Sie denken: Was keine Lösung hat, ist kein Problem, sondern eine Tatsache, die akzeptiert werden muss. Ohne die Lösung zu suchen. Damit helfen sie aber weder ihrem Chef oder Auftraggeber noch sich selbst. Für mich als Unternehmer werden solche Kleindenker schlichtweg überflüssig. Überlegen Sie mal: Würden Sie jemanden zu Ihrer rechten Hand machen, der sich in dem Moment, in dem etwas problematisch wird, darauf zurückzieht, dass das nicht sein Problem, sondern IHR Problem ist?

Das Problem der Menschen, die ihr Leben im Wartesaal des Todes verbringen, ist, dass sie keine Probleme haben wollen. Sie durchdringen die Probleme nicht. Sie verweigern es, sich die Probleme zu eigen zu machen. Dabei ist jedes Problem ein noch nicht gegründetes Unternehmen, Sie wissen schon.

Da ist mir die Hotelkette Marriott ein gutes Vorbild, die schon vor Jahren nicht nur die Gäste mit dem Prinzip »Ownership of the Problem« behandelt hat. Wenn Sie beispielsweise in der Nähe eines Marriott-Hotels eine Autopanne hatten und ins Hotel gingen, um den ADAC zu rufen, dann war derjenige Mitarbeiter, den Sie um das Telefon gebeten haben, nicht nur für die Bereitstellung des Telefons verantwortlich, sondern auch dafür, dass Sie den ADAC tatsächlich erreichen, ein warmes Getränk bekamen und letztendlich auch Ihre Weiterfahrt erfolgreich stattfinden konnte – unabhängig davon, ob Sie Gast des Hotels waren oder nicht. Das ist die Eigentümerschaft des Problems, das ist Verantwortung. Kein Wunder, dass Marriott Ende 2015 durch die Fusion mit Starwood die größte Hotelkette der Welt geworden ist.

KINDERGARTEN-SOMMERFEST

Doch wenn wir uns umschauen, sehen wir überall ein kollektives Abdelegieren von Problemen. Überall. Sogar auf dem Kindergartensommerfest. Das will ich näher erklären: Also, wir wohnen auf dem Dorf. Wenn es da ein Kindergartensommerfest gibt, bedeutet das, dass dort Bier verkauft wird. Das allein fand ich nicht sofort selbstverständlich und keineswegs selbsterklärend, aber damit war ich der Einzige, und damit war die Frage geklärt.

Üblich ist, dass die Väter den Bierstand aufbauen oder anschließend den Tag über das Bier verkaufen, während die Kinder Vorführungen machen und Spaß haben. Das Geld fließt dann in die Kindergartenkasse. Saufen für den guten Zweck also.

Ich war zusammen mit anderen Männern am Sonntagmorgen um 8 zur Stelle und packte mit an. Um 8:30 Uhr hatte ich das erste Bier in der Hand. Und weil ich heute, anders als in früheren Zeiten, kaum Alkohol trinke, war ich um 9 Uhr morgens nach einem Bier sturzbesoffen und wankte nach Hause, um meinen Rausch auszuschlafen. Abends bin ich dann noch mal hin, um beim Abbauen zu helfen und um noch ein Bier zu trinken.

Ich sah die vielen leeren Flaschen, alle durcheinander, erkannte als ehemaliger Einzelhändler das naheliegende Problem und machte mich sogleich an die Lösung: Flaschen sortieren.

Warum? Damit es der Lieferant beim Abholen einfacher hat und alles schneller und damit kostengünstiger geht.

Eigentlich banal.

Doch alle Dörfler sagten: »Mach das nicht! Das machen eh die

Leute vom Lieferanten.« Keiner sortierte die Flaschen, und ich störte mit meinem Sortieren den gesamten Ablauf.

Also sortierte ich die Flaschen auch nicht und gab sie durcheinander in die Kisten.

Genau die gleichen Leute, die mich am Sortieren gehindert hatten, fingen aber kurz darauf das Schimpfen an: Wie teuer der Lieferant sei und dass der immer alles extra berechnet. Ja, kein Wunder – wenn der so viel sortieren muss!

Das meine ich: Kollektives Abdelegieren von Problemlösungen führt zu kollektiver Verantwortungslosigkeit.

»Hab ich doch nichts damit zu tun! Wird schon irgendeiner machen!« Probleme Probleme sein lassen, nichts dagegen tun, aber gleichzeitig jammern, meckern, mosern und motzen.

Diese Gleichgültigkeit ärgert mich gewaltig. Wir waren es doch, die das Bier gesoffen haben. Alleine aus Respekt hätten wir die Flaschen doch halbwegs aufgeräumt abgeben können. Ich muss mich beim nächsten Kindergarten-Bier-Fest besser durchsetzen.

Aus derselben Haltung des Status quo heraus behandeln wir die Krebskranken mit Chemotherapie. Es ist halt das, was wir gerade haben. Bringt eigentlich nichts, und es ist eigentlich eine Riesensauerei, aber wir machens halt, weil sich alle schon so dran gewöhnt haben.

Es würde mich nicht wundern, wenn die Menschen in 50 Jahren auf die heutige Krebstherapie zurückschauen wie wir auf die Schröpfkugeln im Mittelalter. »Oh«, werden sie sagen, »die armen Schweine damals im Jahr 2016, schaut nur, wie sie gejammert haben. Aber das Gift verabreicht haben sie trotzdem. Darum sind denen damals die Leute weggestorben wie die Fliegen.«

EINE SAUBERE SACHE

Es gibt zwei Sichtweisen auf Probleme. Die eine macht uns zu Helden wie Herkules, Christoph Kolumbus, Isaac Newton, Alexander Fleming, Nikola Tesla, Thomas Alva Edison, Muhammad Ali oder Nelson Mandela. Die andere macht uns zu Losern wie die vielen Millionen Namenlosen, die problemlos lebten und starben.

TOTAL TOTO

Helden in diesem Sinne sind für mich zum Beispiel die Chefs und Mitarbeiter der fast hundert Jahre alten japanischen Traditionsfirma Toto.

Schon 1980 erkannten die Entwickler bei Toto ein Problem, nämlich das generelle Hygiene-Problem auf Toiletten. Nahezu alle Körperteile reinigen wir geflissentlich mit Wasser und Seife, und ausgerechnet beim Toilettengang benutzen wir einfach nur ein Stück Papier? Das ist doch wirklich ein Problem! Also konstruierten die Entwickler bei Toto kurzerhand die weltweit erste Toilette, die den Hintern mit Wasserdüsen säuberte, statt nur eine armselige Papierrolle anzubieten.

Also vor 35 Jahren!

In Japan wurde dieses »Washlet« ein riesiger Erfolg. Und seit damals sind wir Deutschen in Sachen Sanitärhygiene Entwicklungsland!

Zehn Jahre später konnte man das weiterentwickelte Washlet auch in den USA kaufen. In den Neunzigern entwickelten die Toto-Ingenieure das Material der Toiletten weiter. Sie erfanden eine spezielle Oberflächentechnologie, an der Gerüche und Bakterien nicht anhaften können und an der nichts kleben bleibt und so auch keine Toilettenbürsten mehr benötigt werden. Fantastisch, das nenne ich heldenhafte Problemlösung!

Fernbedienung eines Toto-Washlets

WIE ICH DEMUT LERNTE

Menschen wie Kazuchika Okuro bewundere ich für die Ergebnisse, die sie mit ihrem Leben erzielten. Wie für ihn sind auch für mich Probleme Geschenke des Lebens. Als Lernaufgabe. Ich bin dankbar für sie.

Ich gebe zu, manchmal dauert es eine Weile, bis ich diese Dankbarkeit wirklich empfinde. Als meine Eltern mir einen Millionenberg von Schulden hinterlassen haben – und damit auch einen Millionenberg von Problemen –, spürte ich ehrlich gesagt keinen

Funken Dankbarkeit. Stattdessen suchte ich schlicht einen Weg, genügend Geld zu verdienen, um die Schulden abzubezahlen.

Doch auf diesem Weg, der kein leichter war, lernte ich viel, immens viel. Im Grunde habe ich diesem Schuldenberg fast alles zu verdanken, was ich heute kann oder was ich besitze. Darum bin ich dankbar für diese Prüfung, die mir wohl der Himmel geschickt hat. Das war eine echte Heldenreise. Nirgends wachsen wir besser als im Garten unserer Probleme.

Es gibt ja diese schöne Geschichte, dass unsere Probleme Gottes Geschenke sind: Bevor er seine Kinder zur Erde sandte, gab Gott jedem von ihnen ein sorgfältig ausgewähltes Paket von Problemen mit.

»Diese Probleme«, versprach er jedem liebevoll, »gehören allein dir. Kein anderer wird diese Segnungen haben, die diese Probleme dir bringen werden. Und nur du hast die Möglichkeit, die speziellen Fähigkeiten zu erlangen, die nötig sein werden, um diese Probleme zu deinen Dienern und deiner Weiterentwicklung werden zu lassen. Nun geh hinab zu deiner Geburt und deiner Vergesslichkeit mit dem Wissen, dass ich dich über alles liebe. Die Probleme, die ich dir gab, sind ein Symbol für diese Liebe.«

Das ist eine wirklich rührende Geschichte, doch für mich als Erzpragmatiker war sie nie viel mehr als eine belanglose Rührseligkeit.

Doch je älter ich werde, desto mehr entdecke ich die Wahrheit, die in ihr steckt. Jedes Problem ist eine Lernaufgabe. Wenn wir sie nicht lösen, dann fallen wir durch und bekommen das gleiche Problem noch einmal. Das ist mit den Partnern nicht anders. Die Probleme und Lernaufgaben, die wir mit dem einen Partner nicht

Jedes Problem ist ein noch nicht gegründetes Unternehmen

lernen und lösen, bekommen wir wieder. Mag sein, dass der Partner wechselt. Nicht die Thematik, die wir mit ihm lösen dürfen.

Jeder, der lebt, hat Probleme, sonst lebt er nicht. Jeder Mensch hat einen Ist-Zustand. Die Differenz zwischen Ist und Soll ist ein Problem. Und jeder, der wirklich lebt, der hat auch ein Soll, etwas, das er anstrebt, etwas, wofür er angetreten ist, sofern er denn schon angetreten und nicht eingeschlafen ist. Auch die Erzpragmatiker haben eine solche Situation. Manchmal bin ich so pragmatisch, dass ich mir ganz schlimme Killerfragen stelle wie zum Beispiel: »Warum irgendwohin fahren, wenn man eh wieder heimfährt?« oder: »Warum auf die Welt kommen, wenn man am Ende doch stirbt? Da kann man sich ja gleich umbringen.« Aber sogar der Selbstmord ist dann ein Weg vom Ist zum Soll, und auch wenn Selbstmord manchmal einfach nur Feigheit ist, so ist er auch ein Problem, das – sofern gewünscht – erst einmal gelöst werden muss, solange man noch am Leben ist. Zugegeben, manchmal bin ich echt schlimm pragmatisch.

Trotz allem Pragmatismus will ich Ihnen und mir den Raum geben, in diesem Buch »göttliche« Geschichten zu verwenden. Da wir nun mal in einem davon geprägten Kulturkreis leben, liegt die Chance, dass Sie Christ sind, bei weit über 66 Prozent. Ob Sie das Christentum aktiv leben oder nicht, ist eine andere Sache. Es mag einen Grund gegeben haben, warum Sie nicht aus der Kirche ausgetreten sind. Und so bitte ich Sie um Verständnis, wenn ich ab und zu ein Sprachrohr dieser Perspektive bin – und ich bin aus der Kirche ausgetreten. Es gibt auch viele, die glauben, aber keiner Religion angehören. Die Amerikaner nennen das Believing without belonging.

104

AUA

Den Umgang mit meinen Prüfungen auf der Heldenreise musste ich aber auch erst mühsam lernen. Ich weiß gar nicht, wie oft ich früher gezürnt und getobt habe, wenn etwas schiefgelaufen ist. Ich habe dann gejammert und habe mich als Opfer des Lebens gesehen. Ich schimpfte auf das Blatt, das mir ausgeteilt worden war, ich beklagte das ganze Spiel des Lebens. In meiner Wut habe ich mich mit allen angelegt: mit den Menschen um mich herum, mit mir selbst und – wenn es ganz hart kam – auch mit Gott.

Was habe ich schon mit der Faust Richtung Himmel gedroht und geschimpft, was für ein unfähiger, untätiger, augenverschließender, nichtsnutziger, den Menschen Leid zufügender oder zumindest Leid zulassender Egomane da oben sitzt, der vorgibt, übermenschliche Kräfte zu haben, aber uns hier unten leiden lässt wie die Hunde. Der uns Dinge zufügt, die uns erstarren lassen, die uns Böses denken lassen, die das Drama schlechthin sind.

Wie oft fühle ich mich in einer ausweglosen Situation, in einem Dilemma, aus dem ich nicht mehr rauskam, in dem ich schon einmal drin gewesen war und nach dem das Leben nicht mehr das gleiche sein konnte wie vorher, nur weil irgendein Idiot meine Lebenswege anscheinend in diese oder jene Richtung gelenkt hatte. Wie oft konnte ich nicht sehen, wo das Gute noch stattfinden mag. Und wie oft habe ich in den USA oder im amerikanischen Fernsehen irgendwelche Wanderprediger gesehen, die Gott gelobt, gepriesen, gehuldigt haben. Ich sah Hunderte, Tausende, ja, Zehntausende dieser Lobhudelei zustimmen, was meine Wut nur noch steigerte.

Und dann stellte ich diesen Lobhudlern im Stillen die Frage: Habt ihr denn kein Leid? Habt ihr denn keine Probleme? Wie könnt ihr Gott so loben und huldigen, wie ihr das gerade tut? Ich fand mein Leben oft so schmerz- und leidvoll, dass mir nicht der Hauch eines Lobes über die Lippen gekommen wäre. Aber ja, diese Menschen, die konnten trotz schlimmer Schicksalsschläge, die zugegebenermaßen sogar größer waren als die, die ich erlebt habe, Gott huldigen und ihn preisen.

Oftmals hörte ich dann diese Worte wie »Die Wege des Herrn sind unergründlich« oder »Herr, ich folge dir, du wirst mir den Weg weisen«. Und meine Sprüche darauf waren: »Ihr seht doch, welche Wege ihr vorgegeben bekommt!«, »Ihr seht doch, wohin die Lobhudelei Gottes führt und in welche Irrrichtungen und Sackgassen des Lebens euch Gott führt und sie, nachdem ihr sie betreten habt, von hinten abschließt!«

Gott, was war ich böse – auf Gott. Aber je älter ich geworden und je mehr ich in der Lage bin, auf ein längeres Leben zurückzublicken, desto mehr wird mir offenbar, dass viele Probleme, gegen die ich damals verzweifelt in den Himmel geschrien hatte, sich im Nachhinein als die größten Geschenke des Lebens erwiesen haben. Geschenke, deren Glanz ich mir niemals hätte erträumen können. Wegesänderungen, Holzwege, die zuerst wie Sackgassen aussahen und vielleicht sogar jahrelang eine Sackgasse waren, um dann schlussendlich, möglicherweise durch eine bislang unbekannte Tür, sich doch als der einzig richtige Weg erwiesen.

Und insbesondere die Dinge, die mir am meisten Sorgen gemacht hatten, die Probleme, von denen ich glaubte, dass sie am unlösbarsten, am schrecklichsten seien, also die, von denen ich glaubte, sie seien die Sackgassen, bei denen sogar das Licht ausgefallen ist und ich ständig im Dunkeln gegen Mauern laufen muss. Selbst die haben sich später als große Geschenke erwiesen. Einmal dauerte es sogar sieben Jahre, bis ich das verstanden hatte.

Und manchmal, aber nur ganz, ganz selten, wenn ich diese Ruhe, diese Muße, diesen Frieden in mir fühle, dann spüre ich auch dieses Gefühl der Dankbarkeit. Und dann stimme ich ein in dieses Loblied. Dann gebe ich zu, dass Gott uns den richtigen Weg weist, insbesondere und gerade dann, wenn wir glauben, dass er es nicht tut. Und gerade dann erlaube ich mir zu sagen: Gott, ich gehe all deine Wege mit dir, egal, wohin du mich führst.

Es scheint die Demut zu sein, die das Leben ausmacht – zumindest einen Teil davon. Möglicherweise brauchen wir gerade in Zeiten der Not, in der unser Kämpferherz so groß ist, den Glauben und das Vertrauen, dass die Wege, wohin sie uns auch führen, gute Wege sein werden. Und es geht mir hier nicht um Gott, wenn Sie nicht an ihn glauben, es geht mir um die grundsätzliche Einstellung.

STECKEN UND STAB

»Lufttemperatur 30° Celsius, Wassertemperatur 32° Celsius«. Da stand ich nun auf dem Deck der MS *Europa 2*, dem Kreuzfahrtschiff, das zum luxuriösesten Schiff der Welt erklärt worden war, und hörte die Durchsage des Kapitäns.

Jedes Problem ist ein noch nicht gegründetes Unternehmen

Ich war auf einer Vortragstournee durch Nahost von Limassol bis Dubai. Dabei passierten wir mit hoher Geschwindigkeit den IRTC, den International Recommended Transit Corridor, eine Einrichtung zum Schutz vor Piraterie vor der Küste Somalias. Ja, diese Piraten, die gibt es da wirklich – ich konnte es kaum glauben. In den Gewässern rund um die arabische Halbinsel operiert die fünfte Flotte der US Navy sowie ungefähr ein Dutzend Kriegsschiffe weiterer Staaten, um den privaten Fracht- und Personenverkehr vor Angriffen, Plünderungen und Entführungen zu beschützen.

Vorgestern kam eine große, schwer bewaffnete Wachmannschaft an Bord. Heute brachte ein Schiff »Ausrüstungsgegenstände«: Viele Decks wurden gesperrt, und Wachpersonal patrouillierte.

Wir fuhren mit Höchstgeschwindigkeit im Konvoi und mit Geleitschutz die tausend Kilometer nach Salala im Oman. Erst dort fuhr das Schiff wieder einen sicheren Hafen an. Genau für diese Zeiten, in denen die Schiffsreisenden drei oder vier Tage keine Landbesuche machen können und eine solche Reise die Gefahr birgt, langweilig zu werden, genau dafür werden Redner wie ich gebucht, um Vorträge auf dem Schiff zu halten. Bin ich also ein Profiteur der Piraten? Seltsamer Gedanke ...

Die Kabinen sind abgedunkelt, und wir befinden uns auf einer Art Schleichfahrt. Es scheint mir ein Paradoxon zu sein, auf Schleichfahrt zu sein, und das mit Höchstgeschwindigkeit. Egal, so wird man uns hoffentlich nicht finden. Die *Europa 2* ist kein sehr großes Schiff, nur 226 Meter lang und knapp 43 000 Bruttoregistertonnen schwer. Wir gleiten durch die Nacht. Per Satellit kann ich mit Zuhause telefonieren beziehungsweise E-Mails senden. Und dann kommt die Nachricht:

108

Stecken und Stab

Meine Frau schreibt mir, dass unsere Tochter ins Krankenhaus eingeliefert worden ist. Mir bleibt das Herz stehen. Was ist passiert? Ich lese weiter: Sie ist mit einer gefährlichen, noch nicht identifizierten Krankheit im Kinderkrankenhaus auf der Intensivstation aufgenommen worden. Die Ärzte kämpfen um ihr Leben.

Der erste Gedanke, der mir durch den Kopf schießt: Oje. Ich muss zu ihr. Und ich sitze auf diesem Schiff fest.

Die Gäste kommen nicht von Bord und das Schiff nicht an Land.

Also komme auch ich nicht von diesem Schiff runter. Ich überlege fieberhaft, was ich tun kann und welche Optionen ich habe. Ich kann nicht sofort heimfliegen. Aber ich will, ich muss. Jetzt habe ich ein echtes Problem.

Ich habe keine Möglichkeit, dieses Schiff zu verlassen. Oder doch? Mit einem Hubschrauber? Auf jeden Fall kostet es viel Geld, aber das ist mir egal. Wir haben zwar keinen Hubschrauber-Landeplatz, aber ich weiß noch von der letzten Seenot-Übung der *Europa 2*, dass ein Hubschrauber tatsächlich per Seilwinde Leute abgesetzt und aufgenommen hat. Aber wir sind auf Schleichfahrt. Jeder Aufruhr mit Hubschrauber oder was auch immer würde das ganze Schiff gefährden.

Kann ich das verantworten? Was soll ich tun?

Wieder telefoniere ich mit Deutschland, nun sogar mit meiner Tochter.

»Papa, komm«, sind die einzigen Worte, die ich von ihr höre.

Und ich sitze immer noch in meinem Luxussessel zwischen Jordanien und Salala. Meine Lippen wollen sich schon zu einer Lüge

109

Jedes Problem ist ein noch nicht gegründetes Unternehmen

formen, wollen ihr tröstend sagen, dass ich komme, wissend, dass ich dieses Versprechen nicht halten kann. Ich sage die Wahrheit. Dass ich nicht sofort, sondern erst in zwei Tagen kommen kann.

Meine Frau meldet sich nochmals per Telefon und schildert die Reaktion meiner Tochter: »Papa sagt doch sonst, dass alles möglich ist, der nimmt doch sonst auch einen Hubschrauber, wenn er einen braucht, nur bei mir nicht. Papa liebt mich nicht mehr.«

Puh, diese Worte einen Schlag in die Magengrube zu nennen, wäre ein Euphemismus gewesen – es war der Enteignungsschlag der Vaterschaft.

Es ist nicht das erste Mal in meinem Leben, dass ich mich so hilflos fühle, aber eines der schmerzhaftesten Male. Von wegen Hubschrauber.

Gar nichts kann ich tun. Ich kann das Leiden nur durchleiden. Ich kann nur in meiner Kabine weinen. Ist es das, was ich soll?

Es gibt viele, die sagen: »Scherer, du hast ja recht mit deinen Reden und deinen Büchern. Aber schau, ich habe ein dauerhaftes Problem, was soll ich denn machen?« Oder: »Ich bin total verarmt, ich habe kein Geld, um etwas zu unternehmen. Bei mir funktioniert das alles doch nicht.«

Und nun bin ich es, der festsitzt und nichts tun kann, während unser Kind vielleicht stirbt.

Ausgerechnet ich, der immer behauptet, dass alles kein Problem ist, dass man alles schaffen kann, dass man Hubschrauber immer mieten kann. Mr. Alles-ist-möglich sitzt im Bereich des Unmöglichen. Sitzt fest. Mein Geld zählt gar nichts, ich bin machtlos und fühle mich arm wie eine Kirchenmaus. Welche Prüfung soll das denn bitte sein? War ich nicht demütig genug all die Jahre? Was willst du, Gott, mir damit sagen? Willst du mir mein Kind nehmen?

Ich kann nichts mehr tun, außer beten: Der Herr ist mein Hirte, mir wird nichts mangeln, er weidet mich auf grüner Aue und führet mich zum frischen Wasser, er erquicket meine Seele, er führet mich auf rechter Straße, um seines Namens willen und ob ich schon wanderte im finsteren Tal fürchte ich kein Unglück, denn du bist bei mir, dein Stecken und dein Stab trösten mich …

Dein Stecken und Stab.

Das sind Werkzeuge. Das sind Tools, das Handwerkszeug des Hirten. Werkzeuge sind dazu da, dass wir mit ihnen etwas unternehmen und unserem Beruf nachgehen. Es sind Symbole für Tätigkeit, nicht für Herumsitzen. Sie bedeuten die Aufforderung, etwas zu tun, nicht zu warten!

Dein Stecken und Stab trösten mich: Der Trost liegt darin, etwas zu tun. Also eine Aufgabe zu erfüllen. Also Probleme zu lösen. Nicht Probleme einfach nur Probleme sein lassen, nicht wegschauen. Sondern eine Aufgabe annehmen und dem Ruf folgen wie ein Held!

In dieser dunklen Nacht auf dem Schiff vor Somalia wanderte ich durch ein finsteres Tal. Und ich begann im Ansatz zu begreifen, was das Leben mir mit dieser Prüfung sagen wollte. Ich begann eine Ahnung davon zu bekommen, wozu echte Probleme im Leben da sind.

Ich durchlebte dieses Tal. Ich erreichte den nächsten Hafen. Ich flog von Salala über Muscat und Dubai nach Hause – und kaum angekommen, ging es unserer Tochter schon wieder besser, sie war fast spontan genesen. Keiner wusste, was sie gehabt hatte, keiner wusste, warum sie jetzt wieder gesund war. Ich war glücklich!

Jedes Problem ist ein noch nicht gegründetes Unternehmen

STELLEN SIE SICH!

Die Probleme des Lebens sollten Sie einerseits demütig machen. Andererseits aber können sie auch Ihr größter Antrieb werden. Dann nämlich, wenn Sie ein Problem mit dem Problem haben: Wenn Sie nicht damit einverstanden sind, dass das Problem fortbesteht. Wenn Sie sich fokussieren und es lösen wollen.

Wohin Sie das führt, kann ich nicht wissen. Die Wege sind unergründlich. Doch eins ist klar: Der Trost liegt im Tun!

Unternehmen Sie etwas, denn jedes Problem ist ein noch nicht gegründetes Unternehmen. Das Unternehmen Ihres Lebens. Wenn es ein Leben vor dem Tod gibt, dann sollten Sie diesem Leben einen Sinn geben, indem Sie sich einer der Millionen von möglichen Aufgaben annehmen. Am besten wählen Sie die Aufgabe, die Ihnen das Schicksal auf dem Präsentierteller liefert, die, wofür Sie angetreten sind. Packen Sie es an!

KAPITEL
5

DIE ANGST FINDET DICH. IMMER.

Über all die Jahre ist sie meine treueste Begleiterin. Dabei will ich sie gar nicht bei mir haben. Sie sitzt mir aber immer wieder im Nacken. Und sie ist weder freundlich noch fröhlich, nein, sie lastet auf mir und macht mir das Leben schwer.

Sie gibt vor, zu meinem Schutz da zu sein. Aber ganz ehrlich: Die Fälle, in denen sie mich vor irgendwas gerettet hat, sind höchst selten. Mir fällt eigentlich gar keiner ein. Andererseits beeinflusst sie mich ständig, wegen ihr mache ich vieles falsch. An diese zahlreichen Fälle erinnere ich mich auf Anhieb.

Meistens schleicht sie sich unbemerkt an, oft kommt sie nachts zu mir und raubt mir den Schlaf. Sie besorgt mir die Sorgen. Sie versagt mir den Segen. Sie trübt mein Leben. Ich habe schon richtig Angst vor ihr.

Vor der Angst.

AUF DER DUNKLEN SEITE

Als ich begonnen habe, dieses Buch zu konzipieren und zu schreiben, habe ich mich selbst zu schonungsloser Offenheit und Wahrheit verpflichtet. Vielleicht haben Sie das schon bemerkt. Wenn es jetzt um das Thema Angst geht, fühlt sich das für mich tatsächlich beängstigend an. Über seine Ängste zu schreiben, ist ein Stück weit, wie öffentlich die Hosen herunterzulassen – keine so angenehme Sache, zumindest für mich nicht. Klar, man kann auf der Bühne stehen, die Hosen rutschen einem runter, man zieht sie hoch und sagt: »Wo war ich gerade stehengeblieben?«

Auf der dunklen Seite

Aber ich frage mich, warum es eigentlich so ein Problem ist, zu seinen Ängsten zu stehen. Warum rechnen wir Angst zum Nachteil der Angst habenden Person an? Ist das überhaupt so? Und wenn nicht, warum glauben wir dann, dass es so wäre? Sind Personen mit Angst angreifbarer? Ist das überhaupt so? Oder ist es gar so, dass eine Person, die ihre Ängste geschildert hat, nun machtvoller und unangreifbarer ist als jene Person, die ihre Ängste im Geheimen hält?

Lassen Sie uns gegen unsere Ängste gemeinsam ein wenig Widerstand leisten. Ich fange einfach mal an:

Also, ganz oft habe ich Angst vor den ganz großen Sachen: Krieg, Mord, Folter, Verstümmelung, Bomben, Gewehren, Armeen, Schlägerbanden, roher Gewalt. Gerade zurzeit lassen mich die von den Medien verbreiteten Schreckensmeldungen regelmäßig vor Angst erschauern. Die furchtbaren Anschläge von Paris und Brüssel, die Horden von Belästigern, Vergewaltigern und Dieben auf der Kölner Domplatte an Silvester, die brennenden Flüchtlingsheime, die Bomben auf bereits ausgebombte Zivilisten in Syrien, die ertrunkenen Kinder an den griechischen Stränden ... Wenn ich genauer hinfühle, habe ich gar nicht so sehr Angst um mein Leben. Das natürlich auch. Aber viel hässlicher ist die Angst um meine Kinder. Um das Leben meiner Kinder.

Nichts macht einen so verletzlich wie Mutter- oder Vaterschaft. Was wäre, wenn ich eines Tages meine Kinder nicht vor körperlicher Gewalt beschützen könnte? Ich möchte niemals im Leben so etwas Ähnliches erfahren müssen, dass ich meine Kinder auf ein Konzert geschickt oder gelassen habe und sie dort erschossen wurden. Ich habe so viel Angst um meine Kinder, dass ich gar nicht

115

sterben mag. Denn wenn ich nicht mehr bin, kann ich nicht mehr zu ihrem Schutz wirken. Eine Mutter meinte einmal: »Ich habe aufgehört, mir über meine Tochter Sorgen zu machen, als sie ins Altersheim gekommen ist.«

In welcher Welt leben wir eigentlich, dass ich solche Worte in meinem Buch schreibe? Und sie sogar der Wahrheit entsprechen? Wie pervers sind wir Menschen als Menschheit, dass es so etwas überhaupt gibt?

Nicht nur die Existenz der einzelnen Verbrechen ist ein kollektives Verbrechen. Allein schon, dass ich den Kindern, die ich aufziehe, früher oder später erklären muss, dass es solche Verbrechen gibt, ist ein Verbrechen. Es ist schrecklich, dass wir Menschen Angst vor uns Menschen haben müssen. Der Mensch ist des Menschen Wolf.

Ja, und ich habe nicht nur Angst vor dem Homo Sapiens, sondern ich habe auch Angst vor mir selbst, denn ich bin ja auch einer dieser Menschen. Und ich ekle mich, dass ich über solche dunklen Schattenseiten schreibe, ja geradezu schreiben muss. Aber klar, wir haben alle unsere dunklen Seiten. Ich auch.

Nein, ich bin kein Massenmörder oder Terrorist. Zumindest war ich noch nie in einer Situation, in der ich mich wie ein Massenmörder oder Terrorist verhalten hätte. Aber natürlich entdecke ich beängstigende Dinge an mir.

Da sind zum Beispiel ungute Angewohnheiten, die mir selbst nicht gefallen. Ich bin manchmal neidisch, was ein schlimmes, selbstzerstörerisches Vergehen ist. Das meine ich ganz ernst: Neid ist keine Lappalie. Aber ich erwische mich öfter dabei, dass ich manchen Menschen nicht alles gönnen kann. Und ich habe dann,

Auf der dunklen Seite

in denselben Fällen, oft auch andere böse Gedanken. Ich weiß, dass jeder, der andere verwünscht, selbst eine verwunschene Person ist. Aber das zu wissen, hilft nichts.

Ist das nicht schrecklich, dass auch das Dunkle in mir ein Zuhause gefunden hat? Ich schäme mich dafür. Aber halt! Ist die Scham nicht eine Art Entschuldigung, um beim nächsten Mal wieder einem Menschen die Pest an den Hals wünschen zu können? Sind Scham und Reue eine Art Preis, mit dem wir uns für neue Untaten freikaufen? Nach dem Motto: Ich habe schon mit einem dicken Schamscheck bezahlt, dann kann ich ja ruhig den nächsten Frevel begehen, um mich im Anschluss wieder ein wenig zu schämen.

Oder ist es ganz anders, und die dunklen Seiten sind unverzichtbar, ja, machen uns erst komplett? Brauchen wir das Schreckliche, um das Gegenteil als das Gute zu empfinden? Brauchen wir den Schatten, um im Kontrast den Lichtstrahl zu sehen?

Was ist überhaupt das Gegenteil von »schrecklich«? Ist das das Gute? Ist das Gute gut genug, um das Gegenteil des Schrecklichen zu sein? Brauchen wir das, so wie es ein Ying und ein Yang gibt, den Pol und den Gegenpol, Pode und Antipode, rechts und links?

Vielleicht gäbe es das Helle nicht, wenn es das Dunkle nicht gäbe. Oder es gäbe zwar das Helle, doch wir würden es nicht mehr als hell wahrnehmen. Also: Brauchen wir Gewalt, um den Frieden als das Gute im Leben zu empfinden? Brauchen wir die rechte Seite, um die linke zu identifizieren oder zu verstehen? Was wäre, wenn wir dem Rechts das Links einfach wegnehmen würden? Gäbe es dann kein Rechts mehr? Was wäre die Welt ohne das Gegenteil von allem? Ein Paradies oder ein langweiliger Ort?

IMMERHIN LEBE ICH NOCH!

Ganz ehrlich, ich habe keine Ahnung. Wovon ich aber schon eine Ahnung habe, das ist meine eigene dunkle Seite, insbesondere meine Angst. Was ist das Gegenteil von Angst? Mut ist es nicht! Denn Mut ist Handeln im Angesicht von Angst.

Also: Was ist das Gegenteil von Angst? Ist es Lethargie? Ist es Vertrauen? Vertrauen in was? Vertrauen ist der Mut, das bewusste Risiko einzugehen, enttäuscht oder verletzt zu werden – auch von sich selbst. Vertrauen darin, dass man geführt wird? Dass alles gut wird? So wie bei Jesus auf dem Boot auf stürmischer See, als sein Glauben die Angst vertrieb?

Ich allerdings habe Angst. Nicht nur vor den großen Dingen. Ich werde ständig gepiesackt von den Ängstchen vor so vielen kleinen Dingen. Und damit meine ich nicht Furcht. Ich habe zum Beispiel oft Angst davor, dass ich nachts nicht schlafen kann, dass ich deshalb am nächsten Morgen müde bin, dass meine Zähne nicht gut genug geputzt sind, dass ich vergessen habe, die kleinen Bartstoppeln unter der Nase abzurasieren, dass ich nicht zu Wort komme bei Diskussionen, dass ich zu viel oder falsch zu Wort komme, dass ich einen Unfall baue, dass ich mich blamiere, dass ich nicht wahrgenommen werde.

FLÜCHTIGKEIT

Und ich habe Angst vor Fehlern. Wir alle machen so viele Fehler, so unglaublich viele Fehler. Oft machen wir sogar Fehler, obwohl wir wissen, dass es Fehler sind. Heute habe ich zum Beispiel meinen Sohn gewickelt, und obwohl ich weiß, wie sehr die Klebebänder an den Windelseiten einschneiden können und dass ich sie darum gerade an den Seiten vorsichtig abnehmen muss, habe ich einfach versehentlich schnell und ungeduldig daran gezogen und habe ihm damit weh getan. Es hat sogar ein bisschen geblutet.

Warum habe ich das gemacht? Scherer, was bist du? Unachtsam? Unfähig? Ich ärgere mich über mich selbst, dass mir die Brust weh tut, weil ich aus irgendeinem nichtigen Grund zu schnell machte und zu wenig umsichtig war.

Natürlich ist das kein Riesenproblem und der kleine Schnitt ist sicherlich in einem Tag wieder verheilt. Aber daran merke ich, wie viele Fehler wir, manchmal sogar wider besseres Wissen, wegen Unkonzentriertheit, wegen Müdigkeit und nicht zuletzt wegen Dummheit machen. Schauen Sie, und genau davor habe ich eine Heidenangst: Wir machen ständig kleine Dummheiten, und irgendwann wird aus so einer kleinen Dummheit eine Riesendummheit, weil ein paar Zufälle zusammenkommen. Du kannst dir wegen ein und derselben Dummheit entweder ein Schulterzucken einhandeln oder eine unermessliche Schuld, die du dein Leben lang nicht mehr tragen kannst. Davor habe ich Angst.

Und ich habe Angst, krank zu werden. Und wenn ich abends im Bett liege, dann habe ich oft Angst, ob ich am Tag alles richtig gemacht habe. Vor allem habe ich vor dem nächsten Tag Angst. Und auch vor der Nacht. Sie ist so dunkel. Und im Schlaf, den ich einerseits sehr liebe, bin ich andererseits auch so macht- und wehrlos. Ich stelle mir manchmal vor, wie ich vor meinem eigenen Bett stehe und mich da ohnmächtig und schlaff herumliegen sehe. Mit so einer wehrlosen Person könnte man ja alles anstellen. Dass sich der Schlaf als Konzept in der Evolution durchgesetzt hat, wundert mich ein bisschen. Nie zu schlafen, so wie die Fische, die erst gar keine Augenlider haben, scheint mir sicherer zu sein.

Gleichzeitig mag das der Grund sein, warum ich den Schlaf zu meinem treuen Freund erkoren habe. Es ist eine besondere Form der Schutzlosigkeit, die man im Schlaf genießen und erleiden muss. Es ist ein Terrain der Angst, auf dem man sich instinktiv sicher fühlt. Merkwürdige Geschichte! Ja, ich habe sogar Angst, ob ich meine Schlafkleidung für die Nacht zu warm oder zu kalt gewählt habe. Denn im Schlafzustand kann ich ja nichts mehr daran ändern. Darüber mache ich mir Sorgen, und gleichzeitig denke ich, dass es doch vollkommen egal ist. Wenn sie zu warm ist, dann schwitze ich ein wenig, und wenn sie zu kalt ist, dann decke ich mich etwas besser zu.

Aber wenn mir das so egal ist, dann habe ich schon wieder Angst um mich, weil mir dadurch klar wird, wie viel von dem, was immer so um mich herum passiert, egal ist. Das ist kein gutes Zeichen! Vor allem ist es kein gutes Zeichen, dass ich mir selbst so oft so egal bin.

Und dann liege ich in meinem Bett und habe Angst, Angst vor allem und jedem, Angst, die sich immer weiter aufschaukelt. Angst, der ich nicht entrinnen kann. Angst, die mich so lange vom Schlafen abhält, bis der Schlaf mich dann doch übermannt.

VÖLLIG BENEBELT

Und so sind die letzten Minuten des Tages für mich oft voller Angst. Das ist kein Zuckerschlecken. Und Sie können Ängste ja auch nicht einfach so abschalten. Egal, wo du dich versteckst, die Angst findet dich. Immer. Das ist nicht anders als bei Schmerzen. Was aber schon geht, sowohl bei Schmerzen als auch bei Ängsten: Sie können sie betäuben.

Früher, als meine Ängste noch größer waren, da hat mir Alkohol geholfen. Alkohol hat mich richtig mutig gemacht. Was war ich für ein Held, wenn ich gegen Mitternacht betrunken plötzlich große Lebenspläne geschmiedet habe … bis ich endlich eingeschlafen bin. Heute trinke ich kaum noch etwas, außer an Kindergartenfesten. Alkohol scheint uns Menschen ganz gut gegen die Angst zu helfen, zumindest kurzfristig. Kein Wunder, waren Seefahrer und Krieger seit jeher sturzbetrunken, wenn Stürme oder Schlachten heraufzogen.

9,7 Liter reinen Alkohol tranken die Deutschen durchschnittlich im Jahr 2013. Das ergibt eine ganze Wanne alkoholischer Getränke pro Kopf, nämlich 137,2 Liter. Um genau zu sein: Wir trinken in Deutschland derzeit 106,6 Liter Bier, 21,1 Liter Wein, 5,5 Liter Spirituosen und 4,0 Liter Schaumwein/Sekt. Der weltweite Durchschnitt lag im gleichen Zeitraum bei 6,2 Litern reinen Alkohols pro Kopf. Damit ist Deutschland ein alkoholisches Hochkonsumland.

Das hat Folgen, denn Alkohol ist nicht nur ein als Lebergift eingestuftes und im Blut ab einer Konzentration von etwa 4 Promille tödliches Toxin, sondern auch eine süchtig machende, ins Delirium führende Droge: Etwa 75 000 Menschen sterben nach Angaben der Bundesregierung in Deutschland jedes Jahr an den direkten oder indirekten Folgen des Alkoholmissbrauchs. 2,6 Millionen Kinder und Jugendliche wachsen in Familien mit mindestens einem alkoholkranken Elternteil auf. Damit ist jedes sechste Kind in Deutschland betroffen.

22 Millionen Liter Bier jeden Tag, so viel wurde in Deutschland 2014 konsumiert. Das ergibt einen jährlichen Verbrauch von rund 8 Milliarden Litern. Das war ein wenig mehr als im Vorjahr. Gut, 2014 hatten wir Deutschen ja auch was zu feiern: Wir wurden Fußball-Weltmeister. Und Feiern heißt hierzulande für viele Gemüter: sich volllaufen lassen. Und danach haben sie Kopfweh.

Ich hatte auch Kopfweh am nächsten Tag, wenn ich am Vorabend meine Angst betäubt habe. Und zusätzlich hatte ich dann abends auch noch Angst vor dem kommenden Kopfweh des nächsten Tages. Und diese kleine Angst addierte sich zu den anderen Ängsten, die gemeinsam als beißendes und zwickendes Angstkollektiv betäubt werden mussten.

Gut geschlafen habe ich dann selten. Wen wundert es? Dann bin ich aufgewacht, auf die Toilette gegangen, und da war sie wieder, meine treue Begleiterin. Ich saß auf der Toilette und hörte mich murmeln: »Ich schaffe es nicht … aber ich muss es schaffen …«

Dabei wusste ich noch nicht einmal, was ich denn hätte schaffen müssen oder hätte schaffen wollen. Ja, ich hatte auch Angst, das tägliche Flugzeug zu meinen Terminen zu versäumen.

Oh, diese ständige, ewige, permanente Angst! Wahrscheinlich gehört sie zu mir wie der Name an meiner Tür. Ich hatte Angst, ich hatte immer Angst, vielleicht bin ich deshalb so hart geworden oder so erfolgreich oder beides.

Möglicherweise bekommt man so etwas in die Wiege gelegt. Na ja, so eine Wiege hatte ich ja gar nicht. Ich war ein Frühchen, bin bei meiner Geburt mit 1500 Gramm fast umgekommen, weil die Medizin damals noch nicht so weit war wie heute. Ich kämpfte mit dem Tod, wurde notgetauft auf den Namen »Wolfgang« und lag dann ohne Mutter, ganz allein, die ersten sechs Wochen im Brutkasten. So was kann ja nicht spurlos an einem vorübergehen, grüble ich. Erst später wurde ich dann von meinen Eltern richtig auf den Namen Hermann getauft.

Übrigens haben wir bei uns in der Familie ein Mittel gegen das Fehlen körperlicher Nähe entwickelt: Wir spielen Magnet! Das Ziel des Spieles ist ganz einfach: Es geht darum, so eng wie möglich aneinanderzukleben. Das ist für mich gar nicht immer so einfach, aber gleichzeitig wunderschön.

EIN DEAL

Nähe ist für mich schwierig. Ich konnte sie früher nie zulassen, weder zu Menschen noch zu Gott noch zu irgendetwas sonst. Als kleines Kind hatte ich ganz oft heftige Magenschmerzen und saß zusammengekrümmt auf der Toilette. Damals betete ich in meiner großen Verzweiflung mit den großen Schmerzen immer zu Gott und hoffte auf seine Hilfe. Ich versuchte immer, einen Deal mit ihm zu machen.

Zum Beispiel versprach ich ihm, dass ich so oder so viele Male in die Kirche gehen würde, wenn er mir helfen würde und es mir wieder besser ginge.

Doch immer, wenn es mir dann wieder besser ging, vergaß ich, die Versprechen einzulösen. Das nährte mein schlechtes Gewissen. Also versprach ich bei den nächsten Schmerzen, die alte, nicht eingelöste Zusage und eine neue, zusätzliche Zusage einzulösen – und sogar noch etwas obendrauf zu legen, sozusagen als Zins für nicht eingelöste Versprechen.

Aber dann vergaß ich wieder, all die Zusagen nebst Zinsen einzulösen. So wurde meine Schuld aus versprochenen und nicht eingelösten Zusagen immer größer.

Und da ich diese Schmerzen oft und häufig hatte, schob ich geradezu einen Berg von Zusagen an Gott vor mir her. Bis mir eines Tages klar wurde, dass ich die Zusagen gar nicht mehr einlösen kann. Um das zu schaffen, hätte ich ja wohl schon fast in die Kirche einziehen müssen.

Aus Verzweiflung bin ich dann irgendwann böse geworden mit Gott.

Natürlich völlig zu Unrecht, denn er hatte sich ja an den Deal gehalten, hatte mir ja immer geholfen – sofern er es war. Aber mein schlechtes Gewissen war so groß und die Last der einzulösenden Kirchenbesuche so hoch, dass ich ihm in einem einseitigen Akt der Schuldenbefreiung deutlich machte, von nun an allein durchs Leben zu gehen. Ob das so klug war, weiß ich nicht.

Später fand ich eine andere Lösung: Ich bin fast Veganer geworden – und die Schmerzen waren weg. Als ich an einem Tag dann mal wieder Fleisch aß, kamen diese Schmerzen wieder zurück. Also war die Sache klar. Und ich bin dankbar, diesen Weg gefunden zu haben. Ich bin zwar immer noch so dick wie früher, aber ich fühle mich nicht mehr so.

Das mit dem Essen habe ich ohnehin nie verstanden. Warum schmeckt Gemüse nicht wie Pizza? Und warum schmeckt die Pizza mit Gemüse langweiliger? Warum haben Pommes nicht weniger Kalorien als gehobelter Sellerie? Was mir schmeckt, lässt mich nicht so aussehen, wie ich will, denn die Sachen, die mir schmecken, stehen meinem Wunschgewicht und damit meinem Wunschaussehen kontraproduktiv gegenüber. Eis von Häagen Daazs macht im gleichen Maße fett, wie es gut schmeckt. Das ergibt doch keinen Sinn!

Da löffelst du täglich ein Glas Nutella zum Frühstück aus, einfach weil dein Körper dir sagt, dass es gut schmeckt. Und dann stehst du auf der Waage und merkst, dass da etwas aus dem Ruder gelaufen ist. Hat mich eine nützliche Nutella-Angst nun davor bewahrt? Keine Spur. Wo sie etwas taugen würde, lässt sich die Angst nicht blicken.

SELEKTIONSHÜRDEN

Nun, es ist nicht gerade so, dass ich Fettsein schlimm finde. Es ist viel gravierender: Ich finde es seeehr schlimm. Vor allen Dingen die Auswirkungen des Fettseins: Du kannst dich nicht mehr so bewegen, wie du willst, bekommst in Kombination mit Unsport immer gleich Schnappatmung, aber vor allem geht mein ohnehin schon geringes Selbstwertgefühl damit vollends in den Keller. Ich hasse es, fett zu sein!

Und zum Sex verhält sich Fettsein etwa so wie Bikinis zu Sibirien: Es geht schon, aber nicht lange, und es macht wenig Freude.

Natürlich werden mir jetzt viele widersprechen, auch um Dicke vor Diskriminierung zu schützen. Aber ich spreche ja nur für mich. Ganz exklusiv. Und es ist, wie es ist: Ich spüre sehr wohl, dass du als Unschlanker schlichtweg weniger häufig selektiert und ausselektiert wirst. Und gleichzeitig fällt es dir eben auch schwerer, Partner auszuwählen, zumindest erfolgreich auszuwählen.

Auswählen kannst du ja viel, zumindest für deinen Kopf – und gehst dann alleine nach Hause mit dem ausgewählten Bild und den ausgewählten Vorstellungen im Kopf. Doch was machen so viele Männer mit ihren Vorstellungen abends allein im Bett, wenn sie nur die geistigen Bilder von einer Frau, aber nicht die Frau selbst mit nach Hause nehmen konnten? Ganz einfach. Sie sind frustriert und löffeln Nutella-Gläser aus. Was keine adäquate Problemlösungsstrategie ist. Es sind Momente des Verlierens, auch wenn Sie vielleicht tausend Gründe finden mögen, warum das eigentlich nicht so ist oder nicht so sein sollte.

Ich persönlich habe dazu noch weitere Selektionshürden: Die meisten Frauen, denen ich gefalle – es werden leider immer weniger Frauen, denen ich gefalle, verdammte Wampe – gefallen mir nicht. Immerhin, ich bin ja froh, wenn mich zumindest ein paar Vogelscheuchen noch toll finden, es stärkt das Ego ein wenig, wenn auch auf niedrigem Niveau. Aber das war nicht mein Plan.

Außerdem habe ich so einen schrägen Geschmack, dass mir selbst Frauen, die andere auf einer Skala von 1 bis 10 bei einer Zahl über 9 ansiedeln würden, eben noch lange nicht gefallen. Das ist unpraktisch. Ich komme mir oft vor wie bei einem opulenten Buffet: Da sind die feinsten Speisen aufgebaut, nur dir schmeckt nichts davon. Höchstens die Cocktailkirsche. Und dann muss die Kirsche ja auch noch richtig garniert sein. Ja, Männer sind grundsätzlich verrückt, sie prüfen jede weibliche Erscheinung innerhalb von Bruchteilen auf eine potenzielle Partnerin, die Raster sind dabei so schnell und klar, dass es keine Millisekunde braucht, um zu entscheiden.

LOVE HURTS

Es ist ja nicht die Liebe, die schmerzt. Überall heißt es »Love hurts« – »Liebe tut weh«. Aber das stimmt doch gar nicht! Was weh tut, ist nicht die Liebe, sondern deren Ende. Trennung tut weh. Einsamkeit tut weh. Eifersucht tut weh. Verlust tut weh.

Denn mit jedem Menschen, der uns verlässt, gehen Anteile von uns, vielleicht sogar Anteile unserer Seele verloren. Die ersten schlimmen Verwicklungen und Verstrickungen mit unseren Eltern berauben uns der ersten Anteile unserer Persönlichkeit. Dann kommen die ersten Erfahrungen im Kindergarten und in der Grundschule, wo unterschiedlichste Mitschüler und Lehrer weiter an unserer Seele nagen. Dann kommt der erste heftige Liebeskummer und raubt uns gleich richtig aus. Und so geht es immer weiter: Das Leben ist wie eine Zugfahrt, mit all den Haltestellen, Umwegen und Unglücken. Wir steigen ein, treffen unsere Eltern und denken, dass sie immer mit uns reisen. Aber tatsächlich steigen sie dann, oft ohne Vorankündigung, an irgendeiner Haltestelle aus, und wir müssen unsere Reise ohne sie fortsetzen. Es werden viele Passagiere in den Zug steigen, unsere Geschwister, Freunde, sogar die Liebe unseres Lebens. Viele werden aussteigen und eine große Leere hinterlassen. Bei anderen werden wir gar nicht merken, dass sie ausgestiegen sind. Es ist eine Reise voller Freuden, Leid, Begrüßungen, aber eben auch eine Reise voller Abschiede.

Und wir selbst wissen nie, an welcher Haltestelle wir gezwungen sind, ebenfalls auszusteigen. Deshalb müssen wir leben, lieben, verzeihen und immer das Beste geben! Und wir müssen all die Trennungsschmerzen irgendwie wegstecken. Aber das kostet! Am Ende sind wir vielleicht noch keine 50 Jahre alt, aber stehen mit nur noch 5 Prozent Restpersönlichkeit da. Und davor soll man keine Angst haben?

Es geht ja dabei dummerweise um die unkonkrete, diffuse, nebelige Angst. Nicht um die konkrete Angst. Wer zum Beispiel Flugangst hat, der kann ein Seminar dazu belegen – und mit großer Wahrscheinlichkeit ist die Flugangst dann weg. Aber wohin gehen Menschen mit dieser unkonkreteren Angst, dieser Angst vor dem Morgen, der Angst vor dem Leben?

Wenn man Angst hat, dann macht man Sachen, die man gar nicht machen möchte. Was habe ich schon alles in meinem Leben angestellt aus Angst! Manche gehen abends ja öfter mit einer Schüssel Nudelsalat spazieren, um den Eindruck zu erwecken, dass sie auf eine Party eingeladen sind. Und manche Menschen beginnen sogar zu arbeiten, wahrscheinlich aus Angst zu verhungern.

Ich bin sicher auch deshalb so erfolgreich geworden, weil ich immer Angst hatte zu verhungern. Und diese Angst lässt mit dem anwachsenden Umfang des hereinkommenden Geldstroms nicht etwa nach!

Und wir haben auch Angst, nicht gut genug zu sein. Nicht perfekt zu sein. Wir wollen so perfekt und so gut sein und scheitern kläglich an unserem Anspruch. Wie hat einmal jemand gesagt: »Perfektion ist ein Angriff auf Gott – denn wir sind so perfekt oder unperfekt erschaffen.« Wenn wir mit uns nicht zufrieden sind, sind wir mit dem Schöpfer nicht zufrieden. Ein inspirierender Gedanke. Ich glaube aber auch: Wir achten Menschen wegen ihrer Perfektion und lieben sie wegen ihrer Fehler.

Wir scheinen alle mehr oder weniger Angst zu haben. 5 Prozent der Menschen, Frauen weit häufiger als Männer, erkranken sogar an einer sogenannten Panikstörung. Vier Millionen Deutsche leiden an Arachnophobie, der Angst vor Spinnen, weshalb in einigen Computerspielen Spinnen durch sogenannte Spinnenpatches oder durch Bären ersetzt werden. Und wenn man Dorfbewohner in Panik versetzen will, dann sollte man einfach mal außerplanmäßig eine Mülltonne an die Straße stellen.

Angeblich haben viele Männer große Angst vor dem Finanzamt. Ein Seminarteilnehmer meinte einmal, dass diese Angst nur noch von der Angst vor der eigenen Ehefrau übertroffen würde. Das spiegelt sich auch in der Anzahl der Scheidungsantragssteller wider: Frauen beantragen fast doppelt so oft Scheidungen wie Männer. Und ich vermute, das liegt nicht an dem angeblich angeborenen genetischen Defekt, dass Frauen Brillanten erst ab einem Karat erkennen können.

Steven Spielberg, Alfred Hitchcock, Edgar Alan Poe, Ray Charles, Bertolt Brecht, Franz Kafka, Bill Gates, Alfred Nobel, Charles Darwin und Virginia Wolf kämpften in ihrem Leben oft mit Angst oder Panikattacken. Vielleicht muss man ja tatsächlich »ängstlich sein, um Großes zu vollbringen, denn durch Angst kann unerschöpfliche Energie freigesetzt werden«, wie der Psychiater Borwin Bandelow meinte.

DU MUSST DIR SCHON SELBST KONFETTI IN DEIN LEBEN STREUEN!

So, nun haben wir also alle mehr oder weniger Angst und müssen damit irgendwie klarkommen. »Fürchtet euch nicht!« Jemand hat das mal nachgezählt, wobei ich es nicht nachgeprüft habe: Angeblich steht dieser Satz in Variationen insgesamt 365-mal in der Bibel. Also zufälligerweise oder ganz absichtsvoll eine Ration »Fürchte dich nicht!« für jeden Tag. Ich finde das ehrlich gesagt berührend. Auch für mich selbst. Offenbar haben wir Menschen es bitter nötig, dass Gott, die Engel und Jesus und das ganze biblische Personal uns ständig raten: »Fürchtet euch nicht!« Nun bin ich aber der Meinung, dass es zum Beispiel mit dem angstvollen Warten auf den Todestag nicht getan ist. Ganz und gar nicht. Das wäre ja ein Zögern vor dem Leben in ganz großem Stil. Und es ist ein Verbrechen zu zögern. Ein Verbrechen an sich und ein Verbrechen am Kollektiv der Menschheit, wenn wir zögern, zaudern oder eben all das nicht tun, das uns zu unserer wahren Größe bringt! Und auch das Zögern geschieht häufig aus Angst.

Wir leiden alle an Aufschieberitis, sind Prokrastinierer geworden und vertagen unser ganzes Leben. Zu zögern und zu zweifeln ist ein Verrat, ein Verrat an sich, ein Verrat an seinen Fähigkeiten, ein Verrat an Gott, der uns all diese Fähigkeiten gegeben hat, und ein Verrat an der Menschheit, die dadurch ohne unsere Fähigkeiten leben muss. Ein echter Verlust.

Morgen, morgen, morgen. Gerade nach meinen Vorträgen berichten viele Teilnehmer, wieder zu Hause angekommen, in deren Unternehmen von den guten Ideen und der Inspiration. Doch diejenigen, die im Unternehmen geblieben sind, reagieren eben nun mal so wie diejenigen, die zu Hause geblieben sind und die Scheuklappen nicht abgelegt haben, denen die Dosis der Inspiration nicht verabreicht wurde. Die sagen dann Sätze wie »Gute Idee, Chef – machen wir auch nicht!« oder »Chef war auf einem Seminar – bis 10 Uhr ist der auch wieder normal«. Und schnell versanden die guten Vorsätze im Meer des Alltags.

Umso wichtiger ist die schnelle Umsetzung. Statt unsere Ideen irgendwann einmal am Sankt-Nimmerleins-Tag zu realisieren, gilt es, täglich einige Minuten für die Ideen zu verwenden. Täglich wenige Minuten an unseren Ideen zu arbeiten, ist mehr wert, als die großen Projekte immer wieder auf morgen zu verschieben, denn »Morgen ist der einzige Tag, der niemals stattfindet«. In Düsseldorf gibt es die berühmte Kneipe, an deren Wand der Satz steht: »Morgen gibts Freibier«. Und es hat noch nie Freibier gegeben. Die Revolution findet täglich statt – und nicht morgen.

Oft merken wir wohl gar nicht, dass wir zögern, weil wir es

durch geschäftiges Arbeiten oder andere Ablenkungshandlungen überdecken. Zögern ist wie das Nichtanzünden einer Kerze, die eigentlich dafür gemacht ist, zu brennen.

Manche Menschen scheinen sich durch nichts auf dieser Welt anzünden zu lassen. Ich erinnere mich da an einen Mann, der zu mir in die Beratung kam, weil er erfolgreich werden wollte.

Das Erste, was ich in so einem Fall wissen will, ist, was das Herz des Klienten begehrt. Was will er wirklich, so richtig wirklich aus reinem Herzen machen? Es macht ja auch keinen Sinn, jemand in eine Richtung zu beraten, die nicht seinen Herzenswünschen entspricht – zumindest solange diese realisierbar sind. Die Richtung sah er bereits ganz klar: Er versicherte mir, dass eine Tätigkeit als Vortragsredner zum Thema Rhetorik seinem Herzenswunsch entspricht.

Also gut, ich entwickelte gemeinsam mit ihm einen fertigen, großartigen Plan. So einen Plan, wie man ihn am liebsten direkt selbst umsetzen möchte, weil er nur so vor Erfolgen schreit. Ich fand das Ziel und den Weg dorthin mit all den Meilensteinen, der als Skizze vor uns lag, grandios. Und ich glaubte, er müsste mir jetzt gleich freudestrahlend um den Hals fallen.

Doch seine Freude hielt sich sehr in Grenzen. Nun gut, der eine kann es etwas mehr und der andere etwas weniger zeigen, dachte ich. Immerhin, es ist doch eines der größten Geschenke und Glückserlebnisse, wenn ein Mensch weiß, was er will, und sogar den Weg kennt, auf dem er es erreichen kann. Das ist nicht lediglich gut, das ist nicht lediglich sehr gut, das ist vielmehr das, wofür wir im Leben angetreten sind! Einer der Hauptgründe, wenn nicht sogar der einzige, warum wir überhaupt geboren werden. Dieses kleine Schräubchen, das uns in einem Konstrukt von Milliarden von Schrauben von Menschen der Vergangenheit oder Gegenwart oder Zukunft verbindet. Um diese Welt, diesen Planeten und vielleicht sogar einen kleinen Teil des Universums ein klein wenig besser zu machen, als wir es vorgefunden haben. Dafür lohnt es sich, sich zu fokussieren. Diesen winzigen, für die Menschheitsgeschichte so kleinen und doch für viele Menschen so großen, gewaltigen Beitrag zu leisten, der das Große vollenden lässt.

Und an wen immer wir glauben oder nicht glauben, dieser Urknall, dieser Gott, dieser Allmächtige, dieser Sternenstaub, dieses physikalische Ereignis, das uns geschaffen hat, hat es ermöglicht, dass wir uns in die Welt einbringen können.

Wie sagte Mark Twain so schön: »Es gibt zwei wichtige Tage in deinem Leben. Der erste ist deine Geburt, und der zweite ist die Antwort auf die Frage, warum du geboren wurdest.«

Jetzt kommt dieser Mensch mit dem Wunsch um seine Herzensangelegenheit und verlässt mein Haus mit dem Wissen, wie er diese voranbringen kann, wie er sein Herz zum Tanzen bringen kann, das Unmögliche möglich machen kann.

Müsste so ein Mensch nicht mit erhobenem Haupt das Haus verlassen, auf einem weißen Schimmel davonreiten oder metaphorisch geradezu nach Hause fliegen? Doch es kam anders. Denn sie wissen nicht, was sie wollen, und sie wissen nicht, was sie lieben. Und sie wissen nicht, was sie tun.

Doch schlimm, so richtig schlimm, am allerschlimmsten sind dann die, die das sagen, was dieser Mensch sagte: »Okay, danke. Gut, dass ich das jetzt weiß. Ich muss das jetzt mal sacken lassen. Puh.«

Äh ... Interessant.

Schließlich setzte er noch ein skeptisches Gesicht auf und sagte: »Was ist, wenn ich scheitere?« Was ist, wenn ich falle? – Was ist, wenn du fliegst! Kannst du nicht ein klein wenig begeistert sein? Es handelt sich ja auch nur um den Sinn deines Lebens! »Du musst dir schon selbst Konfetti in dein Leben streuen!«, dachte ich, sagte es aber nicht. Und dann war ich traurig.

Ich bin oftmals so erfüllt, so dankbar und auch erschöpft, wenn ich es geschafft habe, Menschen aufzuzeigen, wo es – nach deren eigenen Wünschen – langgeht. Wie sie bekommen, was sie wollen, wie sie es schaffen werden, ihren eigenen Weg zu gehen. Nein, keinen vorgegebenen Weg, sondern einen gemeinsam mit ihnen erarbeiteten Weg, der ihren Erfolg beschleunigt, mit ihren Werten, mit ihren Inhalten und ihren Vorstellungen. Umso trauriger, umso frustrierter, umso unglücklicher bin ich, wenn ich spüre, dass all das für diesen Menschen gar keinen Wert hat, für ihn scheinbar nicht funktioniert und dieser Mensch dieses Göttliche in sich nicht sehen kann. Oder nicht sehen will.

Und stattdessen etwas tut, was mich nicht an den Rand des Wahnsinns, sondern mitten in den Wahnsinn hinein bringt. Etwas tut, von dem ich glaube, dass es gar nicht machbar ist, etwas so Schreckliches zu tun, dass ich es gleichsetzen würde mit Mord oder Vergewaltigung, eben den schlimmsten Verbrechen, die man sich vorstellen kann. Zumindest beinahe. Etwas tut, von dem ich glaube, dass es eine der größten Sünden der Welt ist. Etwas ganz Bestimmtes tut. Nämlich: nichts.

Von diesem Menschen kam nichts. Nichts an Emotionen, nichts an Begeisterung, nichts an ersten Gedanken, nichts an ersten

Schritten, nichts an ersten Worten, nichts. Stattdessen kamen Zweifel, noch mehr Zweifel, Müdigkeit, Vergesslichkeit. Nichts geschah und in Zukunft wohl auch nicht.

Und glauben Sie nicht, dass das ein Einzelfall ist. Nicht umsonst ist die Trägheit eine der sieben Todsünden. Offenbar war es nötig, sie zur Todsünde zu erheben, weil sie allgemein verbreitet war und immer noch neue Anhänger findet. Manche Todsünden sind geradezu in oder hip geworden. Und ein Paradebeispiel saß vor mir. Der gute Mann tat nichts. Scheintot. Ich stupste ihn nach ein paar Wochen an: immer noch nichts. Nach drei Monaten fragte ich ihn, was er unternommen hat. Nichts. Und als ich ein letztes Mal nachfragte, erzählte er mir, dass er Privatinsolvenz angemeldet habe.

Solche Menschen gibt es. Sie haben genauso wie Sie und ich Angst vor dem Leben und vor dem Tod. Aber anstatt TROTZDEM zu leben, erstarren sie.

DER SCHWEINEHUND

Menschen sind doch glatt in der Lage, diese Frechheit, diese Feigheit, diese Mutlosigkeit, diese Intoleranz allen Werten gegenüber, diese Unachtsamkeit allen Menschen gegenüber, diese Geringschätzung gegenüber dem göttlichen Plan zu besitzen und einfach nichts zu tun! Dieses Aussitzen, dieses Ausschwitzen, dieses Warten, Warten auf Godot, Warten auf die Eingebung, Warten auf die vergebliche Eingebung, Warten auf die Peitsche, Warten auf bessere Zeiten, Warten auf ein Zeichen …

135

Wenn du ein Zeichen suchst, hier ist es!

Lassen Sie mich zeigen, wohin das Warten führen kann, insbesondere bei Hochwasser:

Ein Mann sitzt auf dem Dach seines Hauses und wartet darauf, dass Gott ihn rettet.

Es kommt ein Mann im Schlauchboot vorbei und sagt: »Steig ein!«

Der Mann: »Nein, Gott wird mich retten.«

Das Wasser steigt.

Drei Stunden später kommt ein Boot der Feuerwehr vorbei: »Steig ein, es wird höchste Zeit!«

Der Mann entgegnet bibeltreu: »Nein, Gott wird mich retten.«

Das Wasser steigt.

Vier Stunden später kommt ein Helikopter vorbei, aber der Mann weigert sich immer noch einzusteigen, weil Gott ihn retten würde.

Der Mann ertrinkt, kommt in den Himmel vor Gottes Thron und beschwert sich: »Du hast gesagt, du würdest mich retten, und ich bin ertrunken!«

Darauf sagt Gott zum Mann: »Ich habe dir ein Schlauchboot, die Feuerwehr und einen Hubschrauber geschickt, und du bist einfach nicht eingestiegen!«

Unser Staat trägt eine große Verantwortung dafür, dass er die Menschen zu unmündigen, nicht selbstwirksamkeitsüberzeugten Bürgern macht.

Ein System, dessen Sicherheitssysteme so gepolstert sind wie die der Bundesrepublik Deutschland, läuft Gefahr, die Bürger zu verleiten, sich fallen zu lassen und auch gleich liegen zu bleiben.

Der Schweinehund

Was wiederum dazu führt, dass andere auch gleich liegen bleiben, um nicht weniger zu bekommen als die, die sich schon hingelegt haben. Das schädigt die Motivation.

Viele Systeme wollen motivieren, schaffen es nicht und bewirken das Gegenteil. Meist müssen wir gar nicht motivieren, wir sollten nur aufhören zu demotivieren.

Was ist bloß los mit uns, dass wir Menschen so Begriffe haben wie »der innere Schweinehund« oder »Motivation«? Was ist falsch an unseren Lebensplänen, dass wir so etwas überhaupt brauchen? Warum verwenden Menschen den Satz »Ich habe ja auch meinen inneren Schweinehund« mit einer Selbstverständlichkeit? In meinen Augen ist es strafbar, überhaupt an ihn zu denken. Es ist doch das Unselbstverständlichste überhaupt auf dieser Welt, einen inneren Schweinehund zu haben.

Wir leben im Paradies, wir leben auf dem Planeten der Möglichkeiten. Wir können die tollsten Dinge machen. Jeder kann, wenn er nicht gerade in Afrika geboren ist, Millionär werden. Es gibt hier mehr zu sehen, als wir in der Lage sind anzusehen, selbst in 200 Jahren. Und wir haben das Wort »Langeweile« erfunden und sprechen vom »inneren Schweinehund«.

Da wird man richtig alt im Leben, hat Zeiten durchgemacht, in denen man nicht laufen konnte, nicht reden konnte und überhaupt sich nicht selbstständig am Leben halten konnte, hat nächtelang ins Bett gemacht, was heute übrigens Enuresis heißt, und dann steht man da und will Bäume ausreißen. Doch den meisten ist der Baum – zumindest dann, wenn man vor ihm steht – zu groß.

WAS FEHLT?

Liegt das am fehlenden Selbstbewusstsein? Oder liegt es am fehlenden Selbstvertrauen? O doch, das ist schon ein Unterschied. Selbstbewusstsein ist »sich selbst bewusst sein« oder anders gesagt, sich seiner selbst, seiner inneren Stärken und Fähigkeiten bewusst sein. Das bedeutet auch, sich des Potenzials bewusst zu sein, das jeder Mensch in sich trägt.

Oft ist nicht sofort zu erkennen, welches Potenzial oder welche Talente jemand in sich trägt. Am leichtesten ist es noch daran zu erkennen, was jemand gerne macht, welche Neigungen er hat.

Oder Sie fragen: Was würden Sie auch dann mit Freude machen, wenn Sie dafür kein Lob, kein Geld und auch sonst keine Anerkennung bekommen würden? Zum Beispiel ein Musikinstrument spielen, das im Moment nicht gerade »in« ist. Oder ein Hobby zu haben, das außergewöhnliche Leistungen erfordert.

Mit Selbstvertrauen dagegen ist gemeint, »sich selbst zu vertrauen«, also seinen eigenen Stärken zu vertrauen, also den Stärken, die wir in uns haben. Vor allem beinhaltet es das Vertrauen in sich selbst, sich selbst etwas zuzutrauen. Auch das Vertrauen in seine eigene Intuition oder auch innere Führung sind damit gemeint. Man könnte es auch Gottvertrauen nennen. Dabei geht es im Prinzip darum, die Talente und das Potenzial, das man in sich entdeckt, auch tatsächlich zu nutzen. Darauf zu vertrauen, dass die Dinge, die man macht, zum Erfolg oder zu einem guten Ende führen. Manche Dinge dauern etwas länger, bis sichtbare Erfolge zutage kommen. Das erfordert dann eine Menge Vertrauen.

Was fehlt?

Also, woran liegt es, wenn Menschen nichts tun, anstatt das Leben bei den Hörnern zu packen? Am Selbstbewusstsein oder am Selbstvertrauen?

Meine Antwort lautet: weder noch.

Den vielen Menschen, die mich gerne buchen möchten, damit ich sie erfolgreich mache, mangelt es weder am einen noch am anderen. Lesen Sie genau: Sie buchen mich nicht, um mit meiner Hilfe erfolgreich zu werden, sondern sie wollen, dass ich sie erfolgreich MACHE.

Diese Kunden sagen großspurig: »Scherer! Ich mache Sie reich! Machen Sie mich erfolgreich, und ich gebe Ihnen 20 Prozent von allem. Ach was, 40 Prozent! Nein, Sie können die Hälfte von all meinen Erfolgen haben, wenn Sie mich nur erst erfolgreich gemacht haben! Ist das nicht ein fantastischer Deal? Hier ist meine Hand! Schlagen Sie ein!«

Aber nein, das ist kein fantastischer Deal. Das ist überhaupt kein Deal. Und solche Geschäfte mache ich nicht, ich schlage nicht ein. Denn wie soll ich so einen Menschen erfolgreich machen, wenn es ihm schon am Wesentlichen, am Wichtigsten mangelt, um jemals Erfolg zu haben? Ihm mangelt es nämlich an der Überzeugung der eigenen Wirksamkeit. Er glaubt nicht daran, aus sich heraus Erfolg haben zu können. Er glaubt nicht daran, »sein Bestes« zu haben und damit auch nicht, sein Bestes geben zu können. Er muss »sein Bestes« quasi zukaufen.

Erfolgreich sein wollen, ohne sein Bestes geben zu wollen oder zu können, ist aber wie im Pool schwimmen zu wollen, ohne jemals hineinzuspringen. Diese Menschen erinnern mich alle an: »Schaunmermal, den großen Zeh ein bisschen ins Wasser halten. Oder doch

139

lieber den kleinen Zeh?« – Sie wollen schwimmen, aber sie haben schon das Konzept des Schwimmens nicht mal im Ansatz verstanden. Und sie wollen nicht nass werden.

ZWEIFELLOS

Seit knapp zwei Jahren darf ich rund 70 Mentees in meinem Mentoren-Programm betreuen. Und wie am Anfang schon vermutet, zeigen sich mittlerweile die Erfolge oder auch Misserfolge sehr deutlich. Oder anders gesagt, das Feld zieht sich immer weiter auseinander: vorne die Siegfahrer, hinten die Bummler, die nur noch kurz vor dem Besenwagen fahren. Die Abstände werden riesig.

Drei von den 70 Mentees gehen geradezu durch die Decke. Sie sind nicht nur ein paar Prozent, sondern um ein Vielfaches erfolgreicher als alle anderen. Und alle anderen schauen mittlerweile ganz begeistert oder neidvoll (je nach Einstellung) auf diese drei. Die Frage ist: Was haben diese drei anders gemacht?

Waren sie schlauer? Nein.

Waren sie besser? Nein.

Waren sie intelligenter? Nein.

Waren sie fleißiger? Ja!

Waren die anderen nicht fleißig?

Doch, fleißig waren alle, auch die weniger erfolgreichen. Aber gehemmter. Es fällt mir sehr deutlich auf, dass die Top-Erfolgreichen keine Opportunitätskostenrechnung machen. Sie stellen sich also nie die Frage, ob eine Handlung sich wirklich lohnt. Oder ob sie sich rechnen wird.

Sie fragen nicht schon im Voraus, was sie für eine Belohnung bekommen werden, sondern sie geben bedingungslos alles – auch wenn die Chancen, dafür eine Rendite zu erhalten, gering sind. Sie machen einfach, obwohl sie den Erfolg ihres Tuns nicht im Vorhinein berechnen können. Vollkommen egal, ob es Sinn macht oder nicht. Und dabei zeigen sie eine absolute Entschlossenheit. Selbstzweifel sind ihnen fremd. Sie geben alles, und zwar sofort. Das macht den Unterschied!

Und während manche nach Jahren immer noch die Frage stellen, ob sie auf dem richtigen Weg sind, haben die Erfolgreichen den Weg, auf dem sie gehen, einfach zum richtigen gemacht.

Ob sie sich lieber ein wenig nach rechts oder lieber nach links positionieren sollten, war für sie nie ein Thema. Es war von Anfang an klar: Das machen wir jetzt, so machen wir es jetzt, und los gehts! Ich bewundere sehr, wie groß die Entschlossenheit dieser Menschen ist. Und wie gering ihre Selbstzweifel. Und ich glaube, dass es nur so geht. Und nicht anders. Das also ist die Antwort: Den ersten Schritt, bei dem noch völlig unbewiesen ist, ob irgendetwas dabei herauskommt, den tun die Erfolgreichen mit Entschlossenheit und mit geringen Zweifeln.

BEGINNE JETZT!

Bei mir war es nichts anderes. Ich hatte das große Glück in meinem Leben, dass ich mit 23 Jahren genau wusste, wer ich sein wollte. Ich wollte nie was anderes sein. Ich kannte keinen Zweifel. Quatsch, ich kannte auch Zweifel, aber trotz großer Rückschläge habe ich meine Zweifel glücklicherweise nie ernst genommen.

Wann immer Angebote abseits des Weges oder die üblichen Sonderangebote des Lebens kamen: Es war nie ein Thema. Ich habe nur ein einziges Mal gewählt – und den Rest meines Lebens musste ich nur noch abwählen.

Eine Zusage, danach nur noch Absagen. Ich habe mein Leben sozusagen als alternativlos betrachtet. Und das funktioniert ganz gut. Ich erkläre Ihnen auch, wie.

Da ist zu Beginn eine Art von Selbstermächtigung. Später dann wächst die Macht mit dem Erfolg. Das Problem dabei ist aber: Geben Sie einem einigermaßen klugen Menschen Macht, dann wird er damit seine Überzeugung entwickeln, mit der er gut vorankommt. Aber geben Sie einem dummen Menschen Macht, so wird er daraus eine Selbstüberschätzung entwickeln, an der er scheitern wird. Früher oder später.

Ich durfte durch meine Mentees viel lernen, denn ich dachte immer, es ist selbstverständlich, sich ganz hinzugeben, sich ganz dieser einen Sache zu verschreiben. Nun durfte ich erkennen, dass es für die meisten Menschen nicht so ist. Sie haben zu viele Optionen zu prüfen und zu sehen. Umstände oder Bedingungen, die erfüllt werden müssen. Ich dagegen scheine da etwas blind zu sein, ich sehe die Bedingungen und Umstände gar nicht. Es ist, wie es ist – und ich gehe in diesem Augenblick einfach weiter. Egal, wo ich stehe.

Es spielt keine Rolle, wie nah Sie an der Hölle stehen, es ist nur die Frage, in welche Richtung Sie gehen.

Fragen wir Johann Wolfgang von Goethe.

Der wusste es:

In dem Augenblick,
in dem man sich endgültig einer Aufgabe verschreibt,
bewegt sich die Vorsehung auch.
Alle möglichen Dinge,
die sonst nie geschehen wären, geschehen,
um einem zu helfen.
Ein ganzer Strom von Ereignissen wird in Gang gesetzt
durch diese Entscheidung
und sie sorgt zu den eigenen Gunsten
für zahlreiche unvorhergesehene Zufälle,
Begegnungen und materielle Hilfen,
die sich kein Mensch vorher je erträumt haben könnte.
Was immer du kannst oder dir vorstellst,
dass du es kannst,
beginne es.
Kühnheit trägt Genie,
Macht und Magie in sich.
Beginne jetzt!

HABE ICH DAS ZEUG DAZU?

Wenn mich jemand fragt: »Scherer, glaubst du, ich habe alles, um das Ziel zu erreichen?«, dann gebe ich zur Antwort, dass es zum einen eine Frechheit ist, mich so etwas zu fragen. Denn damit dokumentiert der Frager ja nur, dass er nicht an sich selbst glaubt, sondern andere Menschen dazu hernimmt, über ihn zu urteilen, ob er etwas im Leben wird oder nicht. Damit versucht er, die Verantwortung für seinen Erfolg und sein Scheitern abzudelegieren.

Und zweitens ist es Humbug, von einer aktuellen Momentaufnahme auszugehen und daraus zu schließen, ob das, was einer jetzt draufhat, genügen wird, um ans Ziel zu kommen. Jeder hat die Chance, auf seinem Weg alles aufzusammeln, alle Dinge, Ressourcen, Kontakte, alles Wissen und Können, das nötig ist, um ans Ziel zu kommen. Wir alle werden nackt geboren. Niemand braucht alles sofort, wenn er losläuft. Insofern ist so eine Frage grober Unfug und gehört durch Nichtbeantwortung bestraft.

Der Traum steht über dem Unwissen. Und die Willenskraft steht über dem Talent. Wenn Sie das nicht glauben, werden Sie vermutlich nicht loslaufen, und wenn Sie nicht voller Enthusiasmus und mit Entschlossenheit loslaufen, dann werden Sie nicht ans Ziel kommen, egal wie viel Wissen, Talent, Können und Intelligenz Sie zu Beginn haben. Erfolgreich ist, wer mehr Träume hat, als die Realität zerstören kann.

Und Scham ist ganz fehl am Platze: Sie müssen tanzen, als würde Ihnen keiner zuschauen. Und wenn Sie das noch toppen wollen, dann tanzen Sie, als würde Ihnen niemand zusehen, wohl wissend, dass Ihnen doch alle zusehen. Geben Sie sich ganz hin!

DES JUCKT UNS NET

Genau dieser Zauber vergeht auch in der Wirtschaft. Und das macht vielen Leuten schon im Vorfeld Angst. Es gibt mittlerweile kein Unternehmen mehr, das nicht mit der Digitalisierung aller Lebens- und Wirtschaftsbereiche zu kämpfen hat. Denn um heute nicht von den sich rasch wandelnden Märkten untergepflügt zu werden, müssen Unternehmen und alle, die in Unternehmen arbeiten, etwas tun, was auf den ersten Blick jeder Vernunft widerspricht: Anstatt an dem, was in den letzten Jahren und Jahrzehnten erfolgreich war, festzuhalten, müssen sie es zerstören. Unternehmer sind verpflichtet, ihre bisherigen Geschäftsmodelle selbst anzugreifen und zu zerstören, bevor es die Konkurrenz tut.

Ja, wirklich, wir müssen die eigenen Geschäftsmodelle, also das, auf das wir zu Recht stolz waren, angreifen und zerstören. Wir dürfen sie nicht versuchen zu bewahren. Wir brauchen die Selbstzerstörung, um überleben zu können.

Ich erkläre Ihnen gerne mit einem Beispiel, was ich meine: Vor etwa zwei Jahren fuhr ich mit dem Taxi von Freising zum Flughafen. Das Taxi war von der Taxizentrale, und das interessierte mich. Ich fragte den Taxifahrer: »Was sagen Sie zu MyTaxi?«

Er lachte spöttisch und sagte: »Jo, i woiß scho, wos Sie moana. Aber des is für uns gar nix. Des spuit koi Rolln neda. Wissens, mia san a Traditionstaxizentraln, die wos scho dreißg Joar gibt, und uns werds a no in dreißg Joar imma no gebn. Des juckt uns net.«

Heute gibt es die Traditionstaxizentrale Freising nicht mehr. Alle Taxen fahren mit MyTaxi. Und die haben bereits die nächsten

145

Schwierigkeiten, denn jetzt gibt es Uber, ein Online-Vermittlungs-dienst für Fahrdienstleistungen, und vielleicht werden bald Taxis gar nicht mehr gebraucht. Wir werden sehen.

Aber wenn Sie sich klarmachen, dass es das weltgrößte Taxiun-ternehmen vor zwei Jahren noch gar nicht gab und dass es über-haupt keine eigenen Taxis mehr braucht, dann verstehen Sie, was die Wirtschaftsexperten meinen, wenn sie Situationen oder Märkte oder Technologien »disruptiv« nennen: zerreißend, zerstörend.

Wenn wir nicht selbst und freiwillig den Erfolg von gestern aus dem Weg räumen, eben geradezu sabotieren und unsere Arbeit oder unser Unternehmen neu erfinden, dann kann es ganz schnell gehen, und wir stehen vor dem Aus. Und wenn Sie denken, die Taxibran-che sei ein Sonderfall:

Der größte Beherbergungsanbieter besitzt keine Häuser: Airbnb.

Der größte Telefonanbieter besitzt keine Telefoninfrastruktur: Skype.

Einer der größten Händler der Welt hat kein Stück Inventar: Alibaba.

Das bekannteste Medienunternehmen kreiert selbst keinen Con-tent: Facebook.

Die am schnellsten wachsende Bank besitzt kein Geld: Society-One.

Der weltgrößte Kinofilmanbieter hat überhaupt keine Kinos: Netflix.

Der größte Softwareverkäufer hat keine eigene Soft-ware: AppleStore.

LASSEN SIE ES WEG

Es ist noch gar nicht so lange her, da durfte ich gemeinsam mit den Vorständen einer Sparkasse deren zukünftige Strategie herausarbeiten. Wir alle waren tief in dem Thema versunken, und ich spürte auch die große Begeisterung der Vorstände über meine vorgetragenen Thesen. Irgendwann, so mitten im gedanklichen Gefecht, fragte einer: »Herr Scherer, wenn wir Dinge infrage stellen müssen, ja Dinge in Zukunft weglassen, sogar sabotieren werden müssen, was wäre denn Ihr Vorschlag, worüber sollte eine Sparkasse einmal nachdenken, wenn sie etwas weglassen wollte?«

Und da ich gerade so richtig in Fahrt war und wir uns auf hohem Niveau und mental hoher Flughöhe befanden, antwortete ich, fast wie aus der Pistole geschossen: »Wie wäre es mit Geld?«

Und ob Sie es nun glauben oder nicht: Dieser gedankliche Freiraum, einmal – wenn auch nur als gedankliches Experiment – nicht das Geld als zentralen Bestandteil zu sehen, eröffnete uns und damit dieser Sparkasse neue, wirkungsvolle Strategien, von denen sie heute schon und auch in Zukunft noch profitieren wird. Aber das ist ein anderes Kapitel ...

Wenn Sie Vorlesungen über Innovationsmechanismen besuchen oder Forschungsabteilungen befragen, dann gibt es eine ganze Menge von sogenannten Innovationsprinzipien, die helfen sollen, Dinge zu verbessern, zu verändern oder Ideen zu verwirklichen. Das besondere Prinzip dabei ist übrigens das Letzte.

Dieses Prinzip stellt die Frage, ob man die Dinge dann überhaupt noch braucht. Statt sie zu verbessern oder zu verändern, könnte man sich eben fragen: Muss das Ding überhaupt in dieser Art und Weise vorhanden sein?

So untersucht die Stiftung Warentest seit Jahrzehnten die Leistung von Rasierapparaten mit objektiven Messverfahren. Unter anderem wird das Gewicht der pro Zeiteinheit abrasierten Haare ermittelt. Bemerkenswert ist, dass sich die Rasierleistung der getesteten Apparate seit Jahren nicht mehr erhöht. Haben die Entwickler versagt? Die originären Probleme, die Rasierleistung, die sich nicht mehr steigern lässt, wurden gelöst. Mehr als vollkommen glatt zu rasieren, ist nicht möglich. Aber das ist nur ein Teil: Was hindert uns daran, den Rasierapparat mit zusätzlichen, über den Grundnutzen hinausgehenden Funktionen zu versehen: eine Digitaluhr, einen Rasierwasser- oder Rasierschaumspender, die Selbstreinigung des Rasierers verbessern, die Haltbarkeit der Batterien steigern oder das Design verändern. Oder eben warum überhaupt Rasieren? Das Prozedere der Rasur, so stilvoll das für manche Männer auch sein mag, bleibt ein gewisser Arbeitsschritt.

Während die Nassrasierer sich gerade mit dem Klingenwahn begegnen und mittlerweile Gillette nicht mehr den Fünf-, sondern den Sechs-, den Sieben- oder den Acht-Klingen-Rasierer entwickeln wird, gibts ja längst schon andere Wege, um den Bart zu verlieren: die Rasierroboter, den Bart weglasern oder ihn so behandeln, dass er gar nicht mehr von alleine wächst, Tabletten gegen Bartwuchs oder sonstige Zaubermittel.

Übrigens, all diese potenziellen Technologien wurden schon längst von Procter und Gamble, dem Mutterkonzern von Gillette, aufgekauft. Man wird sich doch keine Geschäfte durch innovativere Problemlösungen kaputt machen lassen. Wenn die Disruption schon stattfinden muss, dann mag man die doch bitte selbst gestalten. Das ist auch zeitlich gesehen schlau, denn je länger man eine Zerstörung der Geschäftsmodelle hinauszögern kann, umso länger kann man mit den alten Geschäftsmodellen noch Geld verdienen.

Das alles ist sehr beängstigend. Unser Leben kommt uns zunehmend vor wie eine große Portion Spaghetti: ziemlich unaufgeräumt.

SPIEL GUT

Wahrscheinlich wusste der dänische Tischlermeister Ole Kirk Christiansen schon 1932 von der Kraft der Selbstzerstörung, als er das Unternehmen LEGO als Abkürzung für »leg godt«, dänisch für »spiel gut«, gründete und damit den Grundstein für den weltgrößten Spielzeughersteller legte. Wir konnten doch ständig als Kinder disruptiv und selbstzerstörerisch handeln, indem wir, kaum war etwas aufgebaut, es wieder mit großem Geschrei zerstörten, um etwas Neues, noch Besseres zu erschaffen. Sehr zum Nachteil von LEGO, denn mit dieser Einstellung reichte eine einzige Großpackung LEGO, um sich die Welt immer wieder neu aufzubauen. So macht man keinen Umsatz. LEGO war schlau genug, denn es gab immer weniger Bausteine für alles, sondern immer mehr Bausätze, um eben ein bestimmtes Modell, ein Raumschiff, einen Traktor oder was auch immer vorgegeben war, zu bauen.

Dazu kam, dass viele LEGO-Steine nur für diesen Zweck gut geeignet waren und Kinder immer häufiger das fertig gebaute Spielzeug aufheben, bewahren und nicht mehr zerstören wollten.

Zum Vorteil für die Kasse von LEGO, zum Nachteil unserer Kinder, die heute mehr denn je über Zerstörung und den Neuanfang lernen sollten. Denn für einen Menschen, der sich im Leben nicht neu erfinden kann, ist das Leben wie ein Bungee-Sprung ohne Seil – mit der Hoffnung, dass uns bis zum Aufprall Flügel wachsen. Dabei ist eines sicher: Der Aufprall kommt sowieso. Und in der Zwischenzeit besteht die Kunst darin, in all dieser turbulenten Zeit mit all den Umbrüchen und manchmal direkt im freien Fall dennoch den Flug zu genießen. Es lohnt nicht, über das Leben zu jammern, wenn man dessen Gestalter ist.

DAS WICHTIGSTE IST GETAN

Und genauso mache ich es: Heute nehme ich dankbar all die guten Dinge an, die zu mir kommen. Heute ist ein Tag voller Begeisterung, Liebe, Energie, Gesundheit und Wohlstand. Heute kommen die Menschen zu mir und bitten mich, ihnen mit meinen Diensten zur Seite zu stehen. Und ich werde das Allerbeste geben, dessen ich fähig bin.

Heute denke und praktiziere ich Gesundheit in meinem Leben und weigere mich, etwas Geringeres als vollkommene Gesundheit zu akzeptieren.

Heute nehme ich den Reichtum und den Wohlstand an, der mir gehört, und teile ihn bereitwillig mit anderen.

Heute konzentriere ich mich auf den Augenblick und verwende

keine Gedanken auf die Vergangenheit oder die Zukunft, sondern lebe achtsam an diesem Tag.

Heute begegne ich dem Tag voller Freude über das, was ich tue.

Heute fülle ich den Tag mit liebevollen Gedanken und Handlungen gegenüber anderen Menschen und mir selbst.

Heute, diese Stunde, diese Minute, dieser Augenblick ist alles, was ich habe, und ich nutze ihn voller Dankbarkeit.

Alles, was ich tue, klappt. Es gibt keinen Grund und keine Ursache, warum etwas nicht funktionieren sollte.

Die Dinge sind nun mal so, wie sie sind, und ich werde keine Zeit und keine Energie darauf verschwenden, den Ist-Zustand zu bejammern, ihn als falsch, unglücklich oder ungünstig zu sehen. Es ist, wie es ist.

Ein Optimist weigert sich nicht, die negativen Seiten zur Kenntnis zu nehmen. Er weigert sich lediglich, sich diesen Seiten zu unterwerfen.

Die Frage wird jedoch sein: Was kann ich jetzt tun, oder wie sollen die Dinge ab jetzt erscheinen? Um die Dinge so zu drehen und zu wenden, dass sie für mich günstig sind, bin ich in der Lage und habe alles, um das zu erreichen. Es ist nicht schwierig, denn wenn ich behaupte, dass es schwierig ist, dann mache ich es in meinen Gedanken schwierig, und das ist es nicht.

Was wir können oder nicht können, was wir als möglich oder unmöglich betrachten, ist weniger ein Resultat unserer Möglichkeiten als vielmehr ein Resultat unserer Gedanken.

Es ist nicht so, dass ich mir vorwurfsvoll sagen muss, dass es lange dauern wird. Es ist keine bestimmte Zeitdauer nötig. Es wird so lange dauern, wie es eben dauert.

Und möglicherweise ist auch kein bestimmter Weg nötig. Wenn ich einen Weg habe, werde ich ihn einschlagen. Wenn ich aber keinen Weg habe, dann werde ich einen finden. Und wenn ich keinen finde, dann werde ich einen machen.

Es fehlt mir nichts, um mein Ziel zu erreichen.

Und am Ende eines Tages liege ich im Bett und höre meine Kinder atmen. Das ist für mich das größte Glück auf dieser Welt. Es erfüllt mich mit größtmöglicher Dankbarkeit, dass ich das erleben darf. So blöd das klingen mag, aber: Wenn ich meine Zwerge atmen höre, dann weiß ich: Das Wichtigste ist getan. Das Größte ist erreicht.

KAPITEL 6

ALS KÄTZCHEN HIN, ALS TIGER ZURÜCK

New York gilt als eine der aufregendsten Städte der Welt. Wer daran noch Zweifel hegt, der ist noch nicht mit der Scherer Academy dort gewesen. Bei unserer letzten Master Class hatten wir im Big Apple 29 Veranstaltungen in nur fünf Tagen. Wir hatten die außergewöhnlichsten Locations gebucht und ein Programm geplant, das keinen Schlaf vorgesehen hat.

Voller Vorfreude und Aufregung trafen wir uns an den Check-in-Schaltern der Scherer Academy am Flughafen Frankfurt. Mit unserem Kooperationspartner Lufthansa PartnerPlusBenefit gab es die Möglichkeit für unsere selbstständigen Teilnehmer, den Flug nicht nur mit Meilen, sondern auch mit Lufthansa-PartnerPlusBenefit-Punkten zu bezahlen oder aber auch ein Upgrade wahrzunehmen. Vom Gate aus konnten wir den beeindruckenden Riesenvogel A380 sehen, der schon für uns zum Borden bereitstand.

Pünktlich um 11 Uhr hoben wir ab nach NYC, mit über 100 vorfreudigen Teilnehmern in bester Stimmung und gleichzeitig voller Spannung. Nach achteinhalb Stunden Flug wurden wir vom Kennedy-Airport ausgespuckt und direkt von monströsen Hummer-Stretchlimousinen in Pink und Gelb unmittelbar vor der Eingangshalle des Airports aufgenommen. Durch die ewig langen Hummer in Bonbonfarben waren wir nicht nur Touristen, sondern gleich schon eine Touristenattraktion. Ein Korso von knallbunten Hummer-Stretchlimos ist weltweit kaum zu sehen und zu übersehen und auch im bunten New York eine Seltenheit. So wurden wir also zum Mittelpunkt des geschäftigen Treibens.

Kaum Platz genommen, blinkten Disco-Lichter in den lederverkleideten Limos, und der Champagner floss. Cheers! Alle freuten sich, drehten Handy-Videos, die direkt nach Deutschland gepostet

Als Kätzchen hin, als Tiger zurück

wurden, wir fuhren in der Rushhour und bewegten uns Block für Block in Richtung Manhattan, genossen dabei die volle Aufmerksamkeit von drei Profi-Fotografen an Bord.

Vor unserem 4-Sterne-Luxus-Hotel mitten im Herzen der Stadt wurden die Autotüren von livrierten Dienern geöffnet und unser Gepäck nach oben getragen. Die Zimmer erhielten wir am Welcome Desk mit Welcome Drink der Academy. Die Warnung wurde ausgegeben, gar nicht erst groß zum Duschen zu gehen, denn manch einer sei vom Duschen nach dem Flug nicht mehr wiedergekommen und habe sich dem Jetlag hingegeben.

Die Zeit drängte, in die High Heels zu schlüpfen. Das Broadway-Musical »Kinky Boots«, die Küche Japans im »Morimoto« im Meatpacking-District und die MET, die Metropolitan Opera, wartete mit Giuseppe Verdis Oper *Rigoletto* auf uns. Ein spätes Dinner im italienischen Hip-Restaurant »Lavo«, das nach dem Essen in eine Diskothek umgewandelt wurde, ließ den ersten Abend nicht ausklingen, sondern machte die Nacht zum Tage.

Am nächsten New Yorker Morgen starteten die zwei Busse der Academy mit eigenem deutschsprachigen Guide zur Stadtrundfahrt. Im Grand Café Lafayette stoppten wir zum exklusiven Quick-Lunch mit einem speziell für uns zubereiteten Menü. Vorbei an Times Square, Empire State Building und Central Park und all den anderen Must-sees in der Stadt, die niemals schläft, wandelten wir über die High Line und sprangen mit vielen Impressionen auf die Staten Island Ferry, vorbei an der majestätisch über uns thronenden Freiheitsstatue. Mittlerweile Abend geworden, begrüßte uns die Bar des W-Hotels am Union Square zum Pre-Opening in Erwartung einer außergewöhnlichen Show. »Fuerza Bruta«, übersetzt »wilde Leidenschaft, pure Kraft«, im Daryl Roth Theatre ließ uns aufgekratzt zurück, und wir waren jetzt schon sicher, dass diese Show durch nichts getoppt werden konnte – doch die weiteren Tage bewiesen das Gegenteil. Der Aufstieg in der Prime Line zur oberen Plattform des Empire State Building und der sagenhafte Ausblick über die nächtliche Skyline New Yorks raubten uns den letzten Atem des Tages mitten in der Nacht.

Am nächsten Tag begrüßte uns Susan Batson, die laut Wikipedia als »one of the most significant coaches in the world« gilt, in ihren legendären Schauspiel-Studios direkt am Times Square, in denen sich Dutzende von Schauspielern und Oscar-Gewinnern wie beispielsweise Nicole Kidman oder Juliette Binoche die Klinke in die Hand gaben. Sie lehrte uns, unseren persönlichen »Need« zu ergründen, indem wir uns eine der Situationen wieder in unsere Gedanken riefen, in der uns etwas gefehlt hat. Um nochmals zu spüren, wann, wo und was uns damals gefehlt hat, welche Person und was wir dazu gebraucht hätten, um diesen Mangel nicht zu spüren. Um dann genau diesem Mangel einen Zweck zu geben, sich mit diesen Gefühlen neu in Verbindung zu bringen, um Kraft zu schöpfen, genau wie Schauspieler sich dadurch ganz in eine Rolle hineinversetzen.

Wir lernten auch, welche Dinge wir bisher getan hatten, um mit diesem Schmerz – wenn wir ihn spürten – unprofessionell umzugehen. Denn wir alle haben uns ganz individuelle Muster angelegt, mehr unbewusst als bewusst, um Schmerzen zu vermeiden, wenn unsere Bedürfnisse nicht in Harmonie sind: Sabotagemuster, Reaktionsmuster, Selbstpeinigung bis hin zu Klassikern der Schmerzvermeidung wie Alkohol und Co.

Als Kätzchen hin, als Tiger zurück

Susan schaffte es mühelos, alle 100 Teilnehmer in ihren Bann zu ziehen, sie zu fesseln, zum schallenden Lachen und zu tiefen Tränen zu bewegen. Wir waren benommen und ergriffen. Von den Studios ging es direkt zum intimen und persönlichen Astor Place Theater, in dem die »Blue Man Group« bereits darauf wartete, uns in ihren Bann zu ziehen. Ob es an New York, der faszinierenden Location oder an den großartigen Künstlern lag: Die Farben, die Musik, alle Eindrücke prasselten ungefiltert auf uns ein. Einer unserer Member erlebte alles noch intensiver, denn er wurde Teil der Show.

Wir gönnten uns eine Pause im Restaurant »Buddakan«, bekannt aus TV-Serien. Prunkvoll aufgemacht, erwartete uns das Dinner an der langen Tafel im Meatpacking District. Das Nachtleben genossen wir bei einem Drink im angesagtesten Nightclub der Stadt, dem »Le Bain«, mit Blick über das nächtliche NYC. Während gefühlt 300 Menschen Einlass beim Türsteher begehrten, konnten wir direkt den Express-Lift benutzen, um über den Dächern der Stadt zu wilden Beats zu tanzen.

Die nächsten zwei Tage durften wir die Ehre genießen, von den berühmten Schauspiellehrern des Lee Strasberg Theatre and Film Institutes in der Lee Strasberg Street in Manhattan zu lernen, unter anderem von Lola Cohen, dem Kopf der Schule, die ebenfalls berühmte Absolventen hatte wie James Dean, Marlon Brando, Dustin Hoffman, Paul Newman, Robert De Niro, Al Pacino und Angelina Jolie. Laute Lacher und pure Emotionen schallten durch die Proberäume, die ein unglaublich intensives und mitreißendes Lernerlebnis dokumentierten.

In einem ehemaligen Pferdestall erhob sich über uns der riesige Buddha des »TAOs« – dort schwebten wir in der exklusiven Skybox über den anderen Gästen und dinierten feinste asiatische Fusionsküche. Doch auch das in aller Eile, den Nachtisch im Yellow Cab einnehmend, denn »Sleep no more« im sogenannten »McKittrick Hotel« mit über 60 Räumen, in denen wir uns schweigend mit weißen Masken frei bewegten, war mehr als außergewöhnlich, ein Meisterwerk des Theaters. Aus einem Aufzug einzeln in einem Stockwerk abgesetzt, war man sich oftmals nicht mehr sicher, ob man schon Protagonist oder noch Zuschauer war. Die Show gilt als die weltweit verrückteste, bizarrste und mutigste Theaterinszenierung.

Tief beeindruckt und voller hautnah erlebter Geschichten aus dem verrückten Hotel, kehrten wir ein im »Pink Elephant«, einem der hipsten Nightclubs von Manhattan, und tanzten dort, bis die Wolken lila wurden.

Genauso wie schon Scarlett Johansson und Chris Evans durch die rote Tür gingen, so checkten wir am nächsten Tag wieder im Lee Strasberg Institute ein und waren überaus glücklich darüber, einen weiteren Tag die Schauspielkunst von erfahrenen Lehrern lernen zu dürfen. Beim Sushi-Lunch im »Haru« in der Park Avenue tauschten wir uns rege über die legendären Unterrichtseinheiten aus. Das »Beauty & Essex« empfing uns zum Dinner mit einem köstlichen Menü in der Lower East Side. Gleich darauf durften wir im Orpheum Theater in der Show »Stomp« staunen.

Doch auch damit nicht genug: Nach der Show gab es exklusiv für die Member der Academy eine Privat-Audition bei »Stomp«, die in einen wilden, mitreißenden Workshop ausartete.

Da noch eins draufsetzen? Klar! Eine unscheinbare Tür in Chinatown öffnete uns die Welt des Nightlife in der »Apotheke« in der Doyers Street mit Cocktails, die nach exotischen Essenzen und Kräutern schmeckten. Diese Bar lag so tief in den dunklen Gassen der Stadt direkt hinter dem Staatsgefängnis in Chinatown, dass allein die An- und Abreise einem Abenteuer glich und filmähnliche Szenarien barg.

Sonntags machten wir uns auf den Weg ins »Waldorf Astoria« zum Speaker Slam, übrigens nach unseren Speaker Slams in Deutschland und Österreich der erste Speaker Slam überhaupt in Amerika. Natürlich organisiert durch die Scherer Academy. Das machte uns stolz. Insbesondere, da es mittlerweile neun Nachahmer weltweit gibt, die sich erfolglos bemühen, das Konzept zu kopieren. Eine hochkarätige Jury bewertete die Speaker auf der Stage, ein Filmteam sicherte das Material und Profifotografen rückten die Speaker bei der Reception ins rechte Licht.

Unser großes Gala-Dinner im Waldorf Astoria begann. Feierlich wurde der Gesamtsieger des Slams gekrönt, der Verlags-Award durch führende Buch- und Medienverlage überreicht, der Agentur-Award durch Redneragenturen aus mehreren Ländern und der Publikums-Award durch das Publikum und zusätzlich wurden viele Aufträge durch die extra mit angereisten Multiplikatoren und Veranstalter vergeben. So suchten sich beispielsweise Redneragenturen Redner für die nächsten Firmenevents, und die in Monaco ansässige Luxusreederei Silver Sea suchte Speaker für die nächsten Weltreisen aus.

All das wurde getoppt durch den Überraschungsact von Nina Burri, eine weltberühmte Kontorsionistin, die uns bei ihrer James-Bond-Performance den Atem raubte. Über 100 Teilnehmer erhielten NYC-Teilnahmezertifikate und den NYC-Award, unterzeichnet

von Susan Batson und Victoria Krane, der Präsidentin von Lee-Strasberg, in einer feierlichen Zeremonie unter Blitzlichtgewitter, von mir ausgehändigt. Es gab zahlreiche Interviews mit den anwesenden Film- und TV-Machern, und wir schossen Fotos mit der Click-it-Fotobox. Dann feierten wir bis tief in die Nacht, um dann mit einem morgendlichen Helikopterflug über die Stadt Abschied zu nehmen von New York zu den Klängen von Alicia Keys Song »Empire State of Mind«.

GLAUBE DIR SELBST

Doch was ist das eigentlich, das in nur fünf Tagen die Welt eines Menschen so sehr verändern kann? Klar, das ist einerseits diese außergewöhnliche, mitreißende Stadt, deren Pulsschlag auf einen selbst übergeht und das Blut mit einem anderen Rhythmus durch unsere Venen schießen lässt. Es ist aber außerdem die Arbeit auf der Bühne. Denn meine Arbeit hat immer mit der Bühne zu tun oder hat den Zweck, Menschen auf eine Bühne zu bringen. Ich stelle sogar Teilnehmer auf die Bühne, die von Berufs wegen gar nicht sprechen müssen. Sie könnten nun berechtigterweise fragen, warum.

Das hat schlichtweg zwei Gründe. Der zweite Grund, warum ich Menschen gerne auf die Bühne stelle, ist, dass sich fast jeder Mensch heute in irgendeiner Weise auf der Bühne des Lebens mehr oder weniger öffentlich präsentieren muss, überzeugen, sich verkaufen und Meinungen vertreten darf.

Doch der erste, noch viel signifikantere Grund ist die Geschwindigkeit, mit der wir auf der Bühne eine Selbstwirksamkeitsüberzeugung bekommen.

Selbstwirksamkeitsüberzeugung? Das ist wichtig! Nun, der erste Schritt liegt darin, dass wir wirksam werden. Also etwas bewirken. Nirgends können wir schneller wirken und damit wirksam werden als mit dem gesprochenen Wort. Mit dem gesprochenen Wort können wir sofort auf andere wirken, direkt ohne Umwege, ohne Zeitverzug, sofort. Das schafft kein Text oder keine geplante Aktion. Damit wirken wir immer. Überall. Und nirgends lässt sich der Erfolg oder Misserfolg schneller erkennen. Wir sehen direkt, ob wir etwas vermittelt oder ob wir unser Gegenüber oder Auditorium gar inspiriert haben. Denn die Vermittlung von Inhalten ist eine Transformation von der inneren Bühne zur äußeren Bühne.

Wenn man das Innere nach außen trägt, dann hält man einen Schatz in Händen, einen Schatz, der all die Dinge, die Relevanz besitzen, auf einen Punkt bringt: Authentizität, Menschlichkeit, Verständnis, Respekt. Wir spüren es sofort, schon bevor wir alle Worte ausgesprochen haben. Wir spüren, ob wir wirken und damit etwas bewirken. Und das ist genau der Punkt: Wir merken es. Und damit merken wir nicht nur die Wirksamkeit, sondern genau genommen die Selbstwirksamkeit, weil wir selbst es waren, der ebendiese Wirkung verursacht hat.

Und Wirkung erzeugt Zuspruch. Wir brauchen Zuspruch, um uns zu entfalten. Und Zuspruch gibt uns Mut. Mut, um uns noch mehr zu entfalten. Und damit bekommen wir noch mehr Selbstwirksamkeit. Und damit die Überzeugung, dass wir selbst wirksam sein können, also eine Selbstwirksamkeitsüberzeugung.

Selbstwirksamkeitsüberzeugung ist das bessere Wort für Erfolg oder Erfolg ist das schlechtere Wort für Selbstwirksamkeitsüberzeugung. Die meisten Menschen sind nicht oder zumindest nicht wirklich selbstwirksamkeitsüberzeugt. Das größte Geschenk, das wir unseren Kindern machen können, ist genau das. Ihnen die Gelegenheit zu geben, die Überzeugung zu bekommen, sie die Erfahrung machen zu lassen, dass sie selbst, ganz allein etwas bewirken können. Wenn uns das gelingt, dann ist uns die Erziehung im besten Sinne gelungen, und wir haben ein Fundament für selbstwirksamkeitsüberzeugte und im besten Sinne machtvolle Menschen gelegt.

ACTION DRIVES ACTION

Und woher kommt der Glaube an die Selbstwirksamkeit? Na, aus dem Ergebnis vom letzten Mal, als Sie etwas gewollt und schließlich gemacht haben. Jeder Erfolg ist das letzte Glied einer Kette von Erfolgen. Und bei jedem neuen Glied der Kette schaffen wir es trotz aller Ängste vor allem möglichen Zeugs wie Scheitern, Tod, Trennung, Krankheit, Blamage, Ruin und so weiter, jedes Glied ein klein wenig größer zu machen. Erfolg wächst durch Erfolg.

Das Geheimnis, das in der Praxis kaum einer begreift, liegt am Ursprung der Kette. Das erste Glied der Erfolgsreihe ist eine ganz kleine Tat, ein erster kleiner Schritt, eine Initiation, ein Impuls. Wir dürfen und müssen als kleines Kind und als großes Kind immer wieder Schritte gehen, die uns diese Erkenntnis berechtigt bestätigen.

Und Städte wie New York sind in Kombination mit so außergewöhnlichen Aufgaben außerhalb der Komfortzone der beste Acker, um diese Haltung nachhaltig zu erreichen. Wir müssen die Geschichten unseres Lebens selber schreiben. Und dazu sind unsere Veranstaltungen – verzeihen Sie mir, wenn ich unbescheiden bin – einfach gut.

Angestellte sind häufig nicht selbstwirksamkeitsüberzeugt – zumindest nicht in Bezug auf eine selbstständige, unternehmerische Arbeit. Möglicherweise rührt diese Denke vom Vergütungsmodell her, durch das wir im Regelfall unser Einkommen beziehen: Es basiert auf Anwesenheit.

Arbeitgeber bezahlen in der Regel Arbeitszeit, im schlimmsten Fall sogar nur für die Zeit der Anwesenheit Geld – unabhängig von den Ergebnissen. Lediglich das schlichte Bemühen wird honoriert, nicht der Erfolg.

Stellen Sie sich vor, ein Selbstständiger würde sich Wochen oder monatelang um einen Auftrag bemühen, jedoch schlussendlich nicht erfolgreich sein. Er bekäme keinen einzigen Cent. Angestellte sehr wohl. Deshalb gilt es, dieses Modell grundlegend zu überdenken. In diesem Fall plädiere ich für ein anderes Modell. Und dabei habe ich gar nicht die Arbeitgeberbrille auf.

Tatsache ist, dass mit der Vergütungsmethode »Geld gegen Anwesenheit« die Mitarbeiter um die wichtigste Fähigkeit überhaupt gebracht werden: die Selbstwirksamkeitsüberzeugung.

Das Gleiche passiert auch Selbstständigen oder Unternehmen, die nach Stundenlöhnen und Tagessätzen abrechnen. Unter der Lupe der Wirksamkeit betrachtet sind Stundenlöhne und Tagessätze genau genommen grundsätzlich unethisch, da sie ja – ob nun bewusst oder unbewusst, gewollt oder ungewollt – den Auftragnehmer weniger dazu verleiten, den Erfolg zu generieren, sondern vielmehr dazu motivieren, die benötigte Dauer und damit das Honorar zu verlängern. Denn ein schneller Erfolg steht ja im direkten Gegensatz zu der Zeitlänge, die man dafür veranschlagen könnte.

Zurück auf die Bühne und hin zu einem anderen Aspekt: In all den Bühnensituationen gilt es natürlich, echt zu sein. Und das ist leichter, als man glaubt, wenn Sie sich gestatten, ehrlich und aufrichtig zu sein – auch und vor allem zu sich selbst. Es zählen die von uns – wenn auch subjektiv – wahrgenommenen Fakten und nicht die Geschichten, die wir uns erzählen.

Eben kein Storytelling, sondern Realitytelling! Jedes Unternehmen, jeder Bewerber, jedes Ereignis versucht doch heutzutage mittlerweile krampfhaft, die Dinge, Situationen und Stationen, die so ganz rein zufällig geschehen sind, in eine Geschichte, in ein scheinbar logisches Muster zu stecken.

Jeder noch so peinliche Ausrutscher im Lebenslauf eines Bewerbers wird mit einer scheinbaren Erfahrungs- und Ausbildungslogik begründet. Man möchte glauben, dass es den Zufall, das Ausprobieren, das Fehlerhafte, das Menschliche nicht mehr gibt.

Ich glaube, über 90 Prozent dieser Storys sind gelogen, um einem Zweck oder gar einer Romantik, einer Karriere-Romantik zu entsprechen. Das ist doch selbst bei vielen Liebesbeziehungen so. Fragen Sie doch bitte einmal Eltern, wie sie ihren Kindern erzählen, wie diese zustande gekommen sind. Fast jeder Zeugungsakt scheint Teil einer romantischen Saga zu sein. Da hört man so Geschichtsbruchteile von »sich Zeit genommen, einen ganz besonderen Tag ausgesucht, sich gegenseitig bekocht, verwöhnt und geliebt zu haben«. Dann hätte der Mann noch frische, selbstgezupfte Rosenblätter auf das Bett gestreut und somit den Weg zur Frucht der Liebe gebahnt.

Mir scheint, es gibt kein einziges Kind, das ohne Rosenblätter oder einem Äquivalent davon gezeugt worden ist. Kein einziges Kind erzählt solche Geschichten wie: »Mein Zeugungsakt war ganz einfach, meine Eltern waren auf einer Party, Mutter war angeschickert, Vater voll besoffen. Mein Vater konnte kaum noch stehen, ließ Mutter aber einfach nicht in Ruhe, so bin ich gezeugt worden«. – Und zu Recht hören wir solche Geschichten nicht, denn sie gehen uns ja gar nichts an! Aber sie lassen uns ahnen, wie banal das Leben bisweilen ist.

Die Bühnen also geben uns die Möglichkeit, die Dinge, die uns bewegen, ehrlich und authentisch zum Ausdruck zu bringen. Dazu gerne ein Beispiel aus New York: Bei über 100 Teilnehmern könnte ich über 100 Beispiele erwähnen, aber eines, ein ganz normales Beispiel, genügt:

Eine Teilnehmerin war gerade im Beruf stark angespannt und verfolgte schon seit längerer Zeit den nächsten Schritt in ihrer Selbstständigkeit. Sie war erfolgreich, aber eben auch nur das. Was sie schon seit längerer Zeit anstrebte, war ein Quantensprung, der ihr allerdings bis dato noch nicht gelungen war. Trotz Fleiß und viel Energie schien es, als ob sie mit angezogener Handbremse agierte. Vereinfacht ausgedrückt war ihre angezogene Handbremse nichts anderes als der mangelnde Glaube an ihren großen Erfolg. Sie trug unausgesprochene Zweifel in sich. Ja, sie gönnte sich selbst den großen Erfolg, das große Geld gar nicht so richtig. Und dadurch sabotierte sie sich unbewusst selbst.

Diese Kombination aus Aufregung, New York City, Inspiration, Wow-Effekten und auch dem Mut, der in New York irgendwie in vielen Formen an jeder Straßenecke zu sehen ist, wurde kombiniert mit ihren Vorträgen auf der Bühne. Und das machte etwas mit ihr. Nicht nur, dass andere ihr zuhörten und der Vortrag für andere wichtig war. Nicht nur, dass sie andere überzeugte, dass sie andere inspirierte und begeisterte. Nicht nur, dass sie nach ihrem Vortrag gutes Feedback, Wertschätzung und zusätzliches Interesse bekam. Es war vor allem etwas anderes: Sie spürte selbst, dass sie mit ihrem Vortrag anderen Kraft gab – und sie spürte selbst den Zuwachs ihrer eigenen Kraft, den sie dadurch bekam. Sie wurde sich ihrer Selbstwirksamkeitsüberzeugung auf einem höheren Niveau bewusst. Und das war der Schlüssel.

Diese Erkenntnis – durch Bühnenarbeit gezielt herbeigeführt – war es, die ihr Leben zu einem anderen machte und die sie mehr an sich selbst glauben ließ. Sie stoppte alle Erfolgsverhinderungsprogramme und leitete die Konsequenzen all ihrer Erkenntnisse schon in New York und auf dem Rückflug in die Wege. Als wir in Deutschland landeten, erreichte uns eine Dankesmail von ihr mit den Worten »Als Kätzchen hin, als Tiger zurück«.

KAPITEL

7

GRENZEN, DIE ES GAR NICHT GIBT

Grenzen, die es gar nicht gibt

Auch wenn Sie aus manchen Problemen gleich neue Unternehmen machen: Manchmal geht es im Leben dennoch nicht weiter. Sie und ich und auch Menschen, die wesentlich erfolgreicher sind als wir beide, kommen ab und zu an ihre Grenzen.

Ach was: Wir kommen ständig an unsere Grenzen, täglich. Und das fühlt sich meistens ziemlich mies an. Mehr geht nicht. Irgendetwas hängt. Hier gehts nicht weiter. Das kann ich nicht. Das schaff ich nicht. Ich weiß nicht, wie das geht. Das kriege ich nicht hin. Ich habe eine Grenze erreicht.

Oft ist es völlig unerklärlich, woher die Grenze kommt und warum sie da ist. Manchmal handelt es sich um reale, physische, von außen gesetzte Grenzen. Sie sind einfach da, da beißt die Maus keinen Faden ab. Sie existieren halt. Oder jedenfalls glauben wir, dass sie existieren, was nicht das Gleiche ist, auch wenn es sich so anfühlt.

Manchmal handelt es sich aber auch um mentale Grenzen, die Sie sich selbst gesetzt haben, oft ganz unbewusst. Dann ist es nicht ganz so klar, ob diese Grenze wirklich so existieren muss. Oder ob Sie sie nicht auch ganz anders hätten setzen können, wenn Sie es bewusst getan hätten.

Und manchmal können Sie die erste Sorte von der zweiten gar nicht so klar auseinanderhalten.

Und trotz dieses Versuchs, die obigen Grenzen voneinander zu trennen, glaube ich, dass es fast gar keine Grenzen gibt, zumindest keine, die wir uns nicht selbst geschaffen haben. Realität ist verhandelbar.

RELATIV ALT

Überlegen Sie doch mal: Dass die Menschen heute bei entsprechendem Lebensstandard reihenweise älter als 80 Jahre werden, ist historisch betrachtet eine Sensation und hätte früher nicht viel mit der Realität zu tun gehabt. Inzwischen fühlt sich das aber ganz normal an für uns, als ob es schon immer so gewesen wäre. Wir machen uns nicht klar, wie alt wir heute alle tatsächlich werden, ja wie alt die meisten von uns heute sind: älter nämlich als die durchschnittliche Lebenserwartung von vor ein paar hundert Jahren – damals wurde kaum jemand über 50.

Aber auch unsere heutigen Greisengesellschaften sind nur eine Momentaufnahme: In den USA arbeitet eine Tochterfirma von Google bereits daran, die Altersgrenze des Menschen systematisch weiter zu verschieben. Es gibt ein offiziell kommuniziertes Ziel: 250 Jahre.

Ich bin mir sicher, das ist ein realistisches Ziel. Früher oder später wird es Menschen geben, die 250 Jahre alt werden. Und dann wird es weitergehen. Übrigens will ich diese Entwicklung überhaupt nicht bewerten, das ist nämlich sinnlos: Wir können solche drastischen Veränderungen nur aus unserer heutigen Zeit heraus für gut oder schlecht empfinden. Wir sind Menschen vom Ende des 20. oder Anfang des 21. Jahrhunderts und können auch nur aus unserem beschränkten Erfahrungshorizont heraus argumentieren. Angesichts der Dramatik dieser Entwicklungen macht das wenig Sinn. Hätten Sie einem gesunden jungen Menschen aus dem 12. Jahrhundert gesagt, dass in acht Jahrhunderten die Menschen dreimal so alt werden, fast alle mit künstlichen Körperteilen herumlaufen, in Sesseln sitzend viele Meilen hoch im Himmel um die Welt flitzen und zu Tausenden zum Spaß eine Stunde lang unter Wasser bei den Fischen herumtauchen, dann hätte er Sie vermutlich mit seinem Schwert erschlagen, um Ihnen eine Grenze zu setzen.

Ach was, 12. Jahrhundert, erst vor 100 Jahren war zumindest in den USA die Lebenserwartung für Männer 47 Jahre, Benzin wurde in Drogerien verkauft, nur 14 Prozent der Häuser hatten eine Badewanne, nur 8 Prozent der Häuser hatten ein Telefon, das Durchschnittseinkommen lag bei 0,22 Euro pro Stunde, ein Zahnarzt konnte 2500 US-Dollar pro Jahr machen, ein Ingenieur circa 5000 US-Dollar pro Jahr, über 95 Prozent aller Geburten fanden zu Hause statt, 90 Prozent aller Doktoren hatten keinen Hochschulabschluss, Zucker und Eier und Kaffee kosteten wenige Cents, die meisten Frauen wuschen ihre Haare einmal im Monat und das mit Borax oder Eidotter, die fünf Haupttodesursachen waren Lungenentzündung, Tuberkulose, Durchfall, Grippe, Schlaganfall und Herzinfarkt, in Las Vegas lebten genau 30 Menschen, es gab noch keine Kreuzworträtsel und kein Dosenbier, es gab weder Muttertag noch Vatertag, 20 Prozent der Erwachsenen konnten weder lesen noch schreiben, und das höchste Gebäude der Welt war der Eiffelturm.

Grenzen sind nämlich generell zeitgebundene Phänomene. Aber in dem Moment, in dem wir an eine Grenze stoßen, halten wir sie für fest, unverrückbar, gegeben. Ganz offensichtlich haben wir Schwierigkeiten, die Natur von Grenzen richtig einzuschätzen. Aber woran liegt das? Und wie wirkt sich das aus?

NATÜRLICHE GRENZEN GIBT ES NICHT

Eine Grenze ist eine wirkliche oder gedachte Linie, die zwei Dinge voneinander trennt. Das eine endet an dieser Linie, das andere beginnt genau dort. Und umgekehrt.

Eine Grenze ist eine Abgrenzung, das Ergebnis einer Trennung. Nach dieser Trennung können wir das eine vom anderen unterscheiden und den beiden getrennten Dingen Begriffe zuordnen. Erst dann können wir sie begreifen. Mit der Definition eines Begriffes begrenzen wir seinen Inhalt. Nur so sind wir in der Lage, über die Welt um uns herum zu kommunizieren und uns über sie zu verständigen. Ja, ohne Grenzen im Kopf könnten wir die Dinge nicht einmal denken. Wir können sie nur dann erkennen, weil wir sie unterscheiden können, sie also voneinander scheiden, trennen, abgrenzen können. Ohne Grenzen wäre nichts wahrnehmbar und nichts erkennbar, es gäbe keine Erkenntnisse.

Auch als Sie dieses Buch gekauft oder aufgeschlagen haben, haben Sie Grenzen gezogen, indem Sie sich gefragt haben: Wovon handelt das Buch? Und damit haben Sie auch die Frage gestellt: Wovon handelt das Buch nicht? Das ist eine Grenze zwischen diesem Buchthema und anderen, auch interessanten, ja sogar verwandten Fragen, die aber ausgeschlossen bleiben. Sie wollten Orientierung und haben diese durch diese Grenzen bekommen.

So wie am ersten Tag der Schöpfung: In der Bibel steht, dass Gott am ersten Tag bereits die ganze Welt geschaffen habe. Aber weil er noch nichts voneinander abgegrenzt hatte, war alles leer.

Das ist, was ich meine: Alles ist zwar da, aber dennoch ist alles leer – weil die Grenzen fehlen. Gott sah das und fand diese Welt reichlich suboptimal. Nach kurzem wie produktivem Abwägen sprach er die erste Grenze in die Welt: »Es soll hell werden!« – Gott sah, dass das Licht gut war. Danach sprach er, dass sich das Licht von der Finsternis trennen soll. Dem Licht gab er den Namen Tag. Die Finsternis, die Dunkelheit nannte Gott Nacht. Dies war der erste Tag.

Genauso läuft der Erkenntnis- und Schöpfungsprozess ab: Zuerst abgrenzen, dann benennen, dann begreifen und erkennen, dann sich freuen. Und weil Gott sah, dass Grenzen eine tolle Sache sind, legte er anschließend erst so richtig los und grenzte ab, was das Zeug hielt. Gott sei Dank, denn so kamen irgendwann als 71. Idee wir Menschen ins Spiel.

Statt abgrenzen können Sie auch sagen: ordnen. Jede Erkenntnis beginnt mit einer Zuordnung oder Neuordnung. Damit jeder erkennen kann: Es ist das eine und nicht das andere. Europa ist Europa. Und eben nicht Asien oder Afrika. Manchmal ist strittig, wo die Grenze verläuft, aber selbst ein Streit über eine Grenze stellt nicht die Existenz der zwei unterschiedlichen Dinge infrage, sondern versucht sie nur präziser voneinander abzugrenzen und ihre Existenz zu unterstreichen. Die Grenzen zwischen Ländern machen sie erst existent. Ohne Ländergrenzen gibt es keine Länder, ohne abgrenzende Bezeichnungen wie rechtsrheinisch oder linksrheinisch gibt es keine Regionen. Es gäbe kein Frankreich, wenn Frankreich keine Grenzen hätte. Klar, die Böden, Wälder, Gewässer oder Berge wären noch da, aber wir könnten das Land nicht bezeichnen, wir könnten es nicht einmal erkennen, es würde für uns nicht existieren. Und damit gäbe es auch keine Identität als Franzose.

Natürliche Grenzen gibt es nicht

Wenn Sie jemandem erklären wollten, dass Sie nach Frankreich fahren, könnten Sie das nur durch den begrenzenden Begriff, der klarmacht, dass nicht Spanien, Italien, Holland, Belgien, die Schweiz oder Deutschland gemeint sind, sondern eben Frankreich, das Land jenseits der französischen Grenze. Gut, Sie könnten sagen, dass Sie nach Westeuropa in Urlaub fahren, aber erstens ist das unpräzise, und zweitens ist Westeuropa ja auch schon wieder ein begrenzender Begriff.

Deswegen streiten sich Menschen ja auch selten darüber, ob es eine Grenze gibt, sondern eher darüber, wo sie genau verlaufen sollte und ob sie sinnvoll gezogen ist. Gut, die Grenze zwischen der Bundesrepublik und der DDR war ein Sonderfall. Da haben noch andere, nämlich ideologische Grenzen eine Rolle gespielt. Sehen wir davon erholsamerweise einmal ab.

Wichtig dabei zu sehen ist aber, wie die durch Todesstreifen, Mauer und Stacheldraht allzu deutlich markierte Grenze zwischen den beiden deutschen Staaten nach der Wiedervereinigung durch eine deutliche Grenze in den Köpfen ersetzt wurde. Jeden Tag wird diese Grenze betont, vor allem von Politikern und Journalisten; die Statistiken beklagen, dass zwischen Ost und West noch immer ein Unterschied bestünde: im Lohn- oder Rentenniveau, im Wohlstand, in der Arbeitslosigkeit, ja sogar in der Lebenserwartung und in vielem mehr.

Indem diese Abgrenzung tagtäglich verbal vorgenommen wird, bleibt die DDR beziehungsweise Ostdeutschland kollektiv unbewusst erhalten. Keinem fällt so deutlich auf, dass es zwischen Hamburg, München, Gelsenkirchen, Saarbrücken und Berlin ebenfalls erhebliche Unterschiede in Lohn- und

173

Rentenniveau, im Wohlstand, in der Arbeitslosigkeit, ja sogar in der Lebenserwartung und in vielem mehr gibt. Gleichheit gibt es nirgendwo innerhalb Deutschlands. Aber Gleichheit zwischen Ost- und Westdeutschland wird unisono gefordert. Warum eigentlich? Na, ganz einfach: Um unter der politisch korrekten Oberfläche unbewusst an der deutschen Teilung festzuhalten. Das Gegenteil vom Geforderten wird manifestiert. Dieses Thema ist noch lange nicht erledigt…

So scheinbar real manche Grenzen auch sind – so real, dass um sie Kriege geführt werden –, dennoch sind sie nur symbolische Markierungen, die bereits existierenden sozialen Einheiten einen Rahmen geben und dadurch allseits sichtbar abgrenzen. So wird ein Wir geschaffen und vom Ihr abgetrennt.

Diese identitätsstiftende Funktion von Grenzen ist auch jenseits der großen politischen, ethnischen und sprachlichen Grenzen zu sehen: Beispielsweise geht es dabei um äußerliche Codes wie Kleidungsstücke beziehungsweise Mode, Dialekte, Jugendsprache, Slangs und branchenspezifische Jargons oder untereinander geteilte oder konträre Ansichten, Formen des Humors oder Wertvorstellungen. Lassen Sie mal einen achtzehnjährigen Bauarbeiter mit einem sechzigjährigen Vermögensverwalter zusammen ein oder zwei Stunden in einem Aufzug stecken bleiben. Sie erleben dann alle genannten interpersonalen Grenzen.

Grenzen trennen nicht nur, sondern sie halten auch zusammen. Sie halten zum Beispiel Ehen zusammen, Familien, Freundschaften, Vereine, Milieus, gesellschaftliche Schichten und politische Gemeinschaften. Auch Völkergemeinschaften. Die Europäer können sich entscheiden, ob sie die Grenzen zwischen den Regionen wie Bayern, Andalusien und Südtirol betonen wollen oder lieber die Grenzen zwischen den Nationalstaaten oder lieber die europäische Außengrenze. Eine Frage der Balance. Wenn sie aber dem Irrweg verfallen, einfach alle genannten Grenzen zu schwächen, werden sie zusehen müssen, wie sich das soziale Gebilde auflöst und in seine Einzelteile zerfällt – damit sich die Einzelteile dann wieder voneinander abgrenzen können. Das könnte hitzig werden. Grenzenlosigkeit ist wider die menschliche Natur. Und der ideologisch motivierte Versuch der Abschaffung aller Grenzen ist brandgefährlich.

Grenzen wirken nicht nur nach innen, sondern auch nach außen: Früher dokumentierte alleine schon die Kleidung einer Frau deutlich, ob sie verheiratet war – jeder Mann wusste sofort, ob es okay war, mit ihr zu flirten oder nicht. Und eine befestigte Grenze wie eine Stadtmauer symbolisierte: Fremde Horden, ihr könnt hier nicht einfach einfallen und uns alle Reichtümer wegnehmen! Das bedeutet aber umgekehrt auch: Grenzen schränken ein. Die Bewegungsfreiheit, das Verhalten, die Sprache. Und vor allem: das Denken.

Mein Punkt ist nun folgender: Ich habe gar nichts gegen Grenzen. Ich will auch auf keinen Fall irgendwelche Grenzen abschaffen! Was ich dagegen sehr wohl will: Ich möchte die Frage aufwerfen, ob Sie Ihre Grenzen im Kopf immer sinnvoll gezogen haben. Es könnte doch sein, dass es sinnvollere und besser funktionierende Möglichkeiten gibt, Grenzen zu ziehen. Denn viele unserer Grenzen beschränken unser Leben. Sie schränken es ein, machen es klein, durchschnittlich und mittelmäßig.

Das klingt logisch und einfach. Aber darin steckt eine tiefe

Macht! Und es kommt noch schlimmer: Ich will Ihnen zeigen, dass es, wenn Sie konsequent weiterdenken, in Wahrheit gar keine Grenzen gibt!

KRIEGSFREI!

Das Leben einschränken. Hm. Nun, der deutlichste Beweis, dass das Leben seine Grenzen hat, ist der Tod, richtig?

Ich habe aber vorhin geschrieben: Grenzen trennen Dinge voneinander, beenden das eine und lassen das andere beginnen. Was ist dann der Tod? Ist er wirklich eine Grenze?

Wenn es kein Danach gibt, also kein Leben nach dem Tod, dann ist der Tod keine Grenze. Denn wenn er eine Grenze wäre, dann würde er etwas vom Leben abgrenzen. Das heißt, es müsste dieses Etwas geben.

Nur wenn Sie als gläubiger Mensch an das Leben nach dem Tod glauben, ist der Tod tatsächlich eine Grenze, eine lebensbegrenzende Maßnahme des Schöpfers. Im christlichen Glaubensbekenntnis ist das ein wichtiger Punkt: »Ich glaube an den Heiligen Geist, die heilige christliche Kirche, Gemeinschaft der Heiligen, Vergebung der Sünden, Auferstehung der Toten und das ewige Leben. Amen.«

Aber wenn Sie den Tod als absolutes Ende verstehen, dann ist er keine natürliche Grenze, sondern ein Schlusspunkt: Wenn ich sterbe, dann ist alles vorbei. Punkt!

Und nun glauben Sie bitte nicht, dieser gravierende Unterschied in der Interpretation des Todes sei ohne Auswirkungen auf das

Leben! Der Mensch schafft Grenzen, um die Welt begreifen zu können und daraus Möglichkeiten des Denkens, Handelns und Lebens zu gewinnen. Was hat die Vorstellung, dass der Tod kein absolutes Ende ist, sondern nur eine weitere Grenze zwischen verschiedenen Daseinsformen, für Vorstellungen freigesetzt – von Paradiesen bis Höllen! Und zu was hat er Menschen auf Erden schon zu Lebzeiten in die Lage versetzt! Ich meine damit nicht nur den Kölner Dom: Hätte sich die moderne Zivilisation über Jahrhunderte entwickelt, wenn niemand an ein Leben nach dem Tod geglaubt hätte? Wenn jeder gedacht hätte: Nach mir die Sintflut, ist ja doch alles vorbei!?

Gut, Sie können argumentieren, dass uns das so manchen heiligen Krieg erspart hätte, nehmen wir nur mal den Dreißigjährigen Krieg, mit dem wir Europäer uns vor etwa vierhundert Jahren fast selbst ausgerottet hatten. Und ein »moderner« Dschihad, den Islamisten gegenwärtig gegen »den Westen« führen, wäre ohne die Vorstellung von einem Leben nach dem Tod auch nicht möglich.

Aber gerade beim Thema Krieg können Sie die Veränderlichkeit von unbewusst gezogenen Grenzen und ihrer Bedeutung sehr gut nachvollziehen. Ich meine damit nicht nur solche Wunder wie die Beziehungen zwischen Frankreich und Deutschland, die als Völker in sehr kurzer Zeit von Todfeinden zu engen Freunden geworden sind. Nein, ich meine die Grenze zwischen Krieg und Frieden an sich: Frieden, so wie wir ihn heute kennen, gab es nämlich bis vor kurzem noch gar nicht. Frieden war historisch gesehen kein Zustand, den man aktiv beeinflussen konnte. Man konnte nur Krieg führen. Frieden war nichts Eigenes, Gestaltbares, sondern einfach die Abwesenheit von Krieg. Also eher etwas Zufälliges, Passives.

Grenzen, die es gar nicht gibt

Nachdem nun aber im Laufe der historisch belegten Menschheitsgeschichte knapp 14 500 Kriege geführt worden sind, was ungefähr 3,5 Milliarden Menschenleben gekostet hat, und nachdem bislang schätzungsweise gut 100 Milliarden Menschen gelebt haben, ist statistisch klar: Jeder dreißigste Erdenbürger fällt kriegerischen Handlungen zum Opfer. Was für ein Aufwand, welch immense Kosten!

So dumm ist keine andere Spezies auf Erden.

Das haben einige Menschen auch erkannt. Insbesondere die UNO ist darum im Lichte des letzten großen Weltkriegs dazu übergegangen, die Grenze zwischen Krieg und Frieden deutlicher zu ziehen und den Frieden nicht nur als zufällige Abwesenheit von Krieg zu definieren, sondern als aktiv gestaltbaren, herbeiführbaren, anzustrebenden Zustand.

Wird ja mal Zeit, dass wir da die Grenzen verschieben! Und die Lehrbücher neu schreiben. Das machte auch Prof. Thomas Thiemann, Quantenphysiker an der Friedrich-Alexander-Universität Erlangen-Nürnberg mit knapp 200 Wissenschaftlern aus aller Welt bei der Konferenz »Loops '15« und meinte: »Eine der Hauptstoßrichtungen, in die die Forschung geht, ist die Quantenkosmologie. Das ist der Versuch, die Quantentheorie mit der Physik des gesamten Universums zu verbinden. Ein Aspekt dabei ist der Urknall und die Theorie, dass es ihn gar nicht gegeben hat. Diese Aussage wird ständig weiter untermauert. Das Universum hat es nach dieser Theorie schon vor dem Urknall gegeben. Es hat sich zusammengezogen auf ein endliches Volumen und sich dann wieder ausgebreitet. Allerdings sind noch viele Fragen offen, sodass noch nicht endgültig gesagt werden kann, ob es den Urknall gegeben

178

hat oder nicht. Wenn sich die Theorie bewahrheitet, dass es den gar nicht gegeben hat, dann müssen die Lehrbücher umgeschrieben werden.« Und schon ist es geschehen, im Februar 2015 wurden die Gravitationswellen bewiesen. Die Druckereien für Lehrbücher können schon einmal die Druckmaschinen anwerfen – oder zumindest die E-Book-Versionen neu schreiben. Würde Gutenberg heute leben, hätte er ja auch keine Druckmaschinen, sondern das iPad erfunden.

ZUTRITT NUR FÜR PIONIERE!

Grenzen sind als menschengemachte Konventionen eben nie absolut und für alle Zeiten zementiert. Das Verschieben von Grenzen und die Grenzüberschreitung sind prinzipiell immer möglich.

Eine Grenze sendet auch immer ein freches implizites Signal: Dahinter ist noch was anderes! Warum gehst du nicht auf die andere Seite? Versuchs doch!

Darum reizen Grenzen die menschliche Neugier und kitzeln den Trieb weiterzugehen. Mit Faust gesprochen: Herauszufinden, was die Welt im Innersten zusammenhält.

Dieses Pionierverhalten beschreibt letztlich den Kern der menschlichen Entwicklung. Menschen haben zu allen Zeiten die Grenze zwischen Wildnis und Zivilisation bearbeitet: verändern, hinausschieben, entschärfen, erobern, siedeln, urbar machen, gestalten.

Darin drückt sich die ambivalente Haltung des Menschen zur Freiheit aus: Grenzen sind die Bedingung von Freiheit. Denn wie

179

soll sich ein Mensch als frei erleben, wenn er den Unterschied zur Unfreiheit nicht empfinden kann? Gleichzeitig bekämpft der Freiheitswille stets Grenzen. Jedes menschliche Streben nach Freiheit drückt sich durch das Überwinden bestehender Grenzen aus.

Doch einerseits verspüren wir den Drang, Grenzen zu überwinden, wir wollen frei sein, um unsere eigenen Gedanken, Vorlieben und Lebensentwürfe, aber auch unsere Aggressionen zu leben. Andererseits gelingt es in den seltensten Fällen, diese Freiheit anderen gegenüber durchzusetzen und selbst auszuhalten.

Das ist auch einfach nur logisch, wie es der amerikanische Arzt und Schriftsteller Oliver Wendell Holmes im 19. Jahrhundert so schön auf den Punkt gebracht hat: »Das Recht, meine Faust zu schwingen, endet dort, wo die Nase des anderen beginnt.«

Grenzen sind weder gut noch böse. Aber sie sind immer ein Balanceakt. Sie sind ein instabiles, temporäres Gleichgewicht. Ein vergänglicher, veränderbarer Zustand. Eine mehr oder weniger sinnvolle Übereinkunft.

Wenn Sie einen Witz erzählen, kommt es sehr auf das Jahrhundert und die Weltgegend an, ob die Menschen Sie verwirrt anschauen, ob sie lachen oder ob sie Sie verprügeln und einsperren oder Schlimmeres.

Wenn das aber nun so ist, dann sollten Sie doch einfach nur darauf achten, Ihre eigenen Grenzen nicht so zu ziehen, dass Sie sich und Ihr Leben auf ein Minimum einschnüren.

Ob Sie nun an ein Leben nach dem Tod glauben oder nicht – ich jedenfalls glaube lieber an ein Leben vor dem Tod. Und offenbar grenzt mich das heutzutage von vielen Zeitgenossen ab.

Denn so wie der Glaube an ein Leben nach dem Tod viele Menschen hat Berge versetzen lassen, so kann der Glaube an ein Leben vor dem Tod die Menschen zu Großartigem motivieren!

Wenn Sie sich vor diesem Hintergrund die Mittelmäßigkeit um uns herum anschauen, dann wissen Sie: Die meisten Menschen haben nicht begriffen, dass vor dem Tod das Leben kommt und dass »leben« ein Verb ist, ein Tu-Wort. Sie schränken ihr Leben auf ein Minimum ein, indem sie sich im Kopf engste Grenzen setzen. Und vergessen haben, dass sie genau dafür angetreten sind, die ein oder andere Grenze zu verschieben.

DIE WURZEL DES HASSES

Überall lassen sich Grenzen in Köpfen zum allseitigen Vorteil verändern. Am meisten bedrücken mich dabei die bestehenden Grenzen, die zwischen Menschen gezogen werden. Das bedrückt mich nicht nur, das bringt mich tatsächlich zum Weinen. So ging es mir zum Beispiel in New York im Museum of Jewish Heritage. Ich kann Ihnen den Besuch des Museums nur empfehlen, möchte Sie aber warnen: Wer mit ein wenig Zeit und offenem Herzen dort hineingeht, der kommt anders wieder heraus. Und ich befürchte, man kann dann seines Lebens nicht mehr ganz so froh sein, insbesondere das Verhältnis zur restlichen Menschheit kann leiden.

Und zwar spätestens dann, wenn Sie Exponate wie das Spiel »Juden raus!« sehen. Dieses Spiel wurde in der Nazizeit tatsächlich verkauft. Es war sogar ein Bestseller, jedenfalls sollen 1938 über eine Million Stück davon verkauft worden sein.

Das Spiel ist eine Mischung aus »Mensch, ärgere dich nicht!« und »Fang den Hut!«. Das Ziel des Spiels ist es, sechs als Juden deklarierte, schwarze Hüte tragende Holzfigürchen auf dem Spielplan vom Judenhaus innerhalb mittelalterlicher Stadtmauern zu einem Sammelplatz außerhalb der Stadt zu bringen, der als »Palästina« bezeichnet wird.

Ich stand vor dem aufgebauten Spielplan, starrte die Figuren an und stellte mir vor, wie deutsche Kinder dieses Spiel 1938 unter ihrem Weihnachtsbaum fanden, vor Freude in die Hände klatschten, es auspackten und begeistert zusammen mit den Eltern spielten.

Es ist klar: Das war die geistige Vorbereitung für die Vergasung der Juden in den Konzentrationslagern im Rahmen der »Endlösung«. Die Nationalsozialisten wollten dieses Spiel auch in der Realität gewinnen.

Doch dann kam mir noch ein anderer Gedanke, und der ging mir sehr zu Herzen: Wir lästern ja immer über die Generation unserer Großväter und Urgroßväter. »Wie konntet ihr nur!« Wir stellen uns allzu gerne vor, dass wir damals ganz aufrechte Widerstandskämpfer gewesen wären. Wir identifizieren uns mit Anne Frank, mit Georg Elser, mit Graf Schenk von Stauffenberg, den Geschwistern Scholl oder Oskar Schindler – oder jedenfalls mit den Helden in den zugehörigen Romanen und Spielfilmen. Uns ist klar: Wir wären nicht mitgelaufen. Wir hätten nicht »Heil Hitler!« geschrien. Wir hätten Goebbels nicht zugejubelt, als er uns gefragt hätte: »Wollt ihr den totalen Krieg?«

Ich aber stand vor diesem Spielbrett im Museum in New York, die Tränen sprangen mir aus dem Gesicht, und ich wusste in diesem Moment: Wenn ich schon als kleines Kind im Spiel Juden rausgeschmissen und »getötet« hätte, vermutlich wäre ich dann auch ein Judenhasser geworden.

Darüber, dass wir in der Lage sind, im Kopf mühelos derart irrsinnige Grenzen zwischen Menschen zu ziehen, bin ich sehr traurig. Zuerst zogen wir sie um die eigene Religion und verachteten die anderen Religionen, dann um unsere Rasse und verachteten die anderen Rassen, heute um unsere Kultur und verachten die anderen Kulturen – Fremdenhass ist alles drei. Viel weiter als zu Zeiten des Dreißigjährigen Krieges haben wir es in dieser Hinsicht also nicht geschafft. Und noch trauriger macht mich, dass wir Menschen uns offenbar so schwertun, unsinnige Grenzen im Kopf zu verändern, selbst wenn es dringend angezeigt wäre.

WIE VIEL GELD WOLLEN SIE VERDIENEN?

Manchmal sollten Sie Grenzen nicht nur so verschieben, dass es für alle besser passt, sondern auch so, dass es für Sie persönlich besser passt. Nehmen Sie ganz banal die Zugehörigkeit zu einer bestimmten Bevölkerungsschicht. Das ist nichts anderes als eine Grenzdefinition. Die an der Bekleidung sichtbare Grenze zwischen Arm und Reich verläuft beispielsweise sehr deutlich zwischen Blaumann und Anzug. Nirgendwo gibt es dazu eine schriftliche Regel oder ein Gesetz, aber dennoch ist klar: Menschen mit überwiegend körperlicher Tätigkeit haben in der Regel ein deutlich geringeres Einkommen, während Menschen mit überwiegend geistiger Tätigkeit ein höheres Einkommen haben.

Genauso können im Allgemeinen Menschen mit weisungsgebundener Arbeit, also Arbeitnehmer und Angestellte, nur ein finites, also endliches und relativ gesehen recht moderates Einkommen erreichen, während Selbstständige und Unternehmer ein deutlich infiniteres, also nach oben prinzipiell offenes und deutlich höheres Einkommen erzielen können. Es gibt in Deutschland eine Million Millionäre, die meisten davon sind Unternehmer. Natürlich um den Preis des Risikos und ohne Arbeitszeitgrenzen und so weiter, aber das ist jetzt nicht der Punkt.

Weil diese Grenzen in unserer Gesellschaft gelten, ist der Schritt des Blaumannträgers in die Selbstständigkeit auch ein Grenzübertritt in eine größere potenzielle Einkommensdimension. Schließlich hat das Handwerk noch immer goldenen Boden. Aber eben noch mehr für die selbstständigen Handwerksmeister. Und klar ist auch: Zwischen den edlen Juwelieren mit den Schweizer Uhren und den billigeren Juwelieren, die Ohrlöcher stechen, gibt es ebenfalls Grenzen.

Aber dennoch gilt: Sobald Sie als junger Kerl den Blaumann anziehen, anstatt die Krawatte umzubinden, haben Sie eine Grenze gezogen. Wenn Sie dem jungen Mann aber klarmachen würden: »Junge, du begrenzt mit dieser Entscheidung gerade das Einkommen deines restlichen Lebens, und du wirst dich signifikant limitieren«, würde er diese Entscheidung dann trotzdem treffen?

Geben Sie bitte mal einem Golffahrer, der es gewohnt ist, Golf zu fahren, einen Porsche zur Hand. Er wird immer noch fahren, als hätte er einen Golf. Aber das Umfeld wird nicht mehr auf ihn reagieren, als hätte er einen Golf – es wird auf einen Porsche reagie-

Wie viel Geld wollen Sie verdienen?

ren. Und unser Porschefahrer, der gedanklich immer noch im Golf sitzt, wird sich wundern, wieso er manchmal bevorzugt wird und wie andere Autos schon mal auf der Autobahn nach rechts fahren, wenn sie ihn im Rückspiegel sehen. Und umgekehrt wird er auch spüren, wenn er eine Missachtung erfährt, die er so vorher nicht kannte. Er wird sich wundern, solange er sich der Grenzen nicht bewusst ist, die längst in den Köpfen gezogen wurden.

Um eines klarzustellen: Einkommen hat grundsätzlich erst mal nichts mit Intelligenz oder Bildung zu tun. Es gibt viele Menschen mit sehr begrenzten geistigen Talenten und Fähigkeiten, die dennoch beruflich sehr erfolgreich sind. Neulich habe ich ein Interview mit einem Fußballprofitrainer gehört, der auch als Spieler schon Bundesliga gespielt hatte. Der Mann ist sicherlich Millionär, aber einen korrekten deutschen Satz oder einen vernünftigen Gedanken konnte ich nicht heraushören.

Und gerade deswegen habe ich Hochachtung vor solchen Leuten. Cleverer Grenzverlauf im Kopf! Denn wer einigermaßen schlau ist, kann das Geldverdienen ja eigentlich kaum noch verhindern. Dann ist es keine große Kunst.

Wer aber schlau ist und trotzdem arm bleibt, der hat offensichtlich die Grenzen im Kopf ungeschickt gezogen. Und beeinflusst sich darum ständig selbst negativ: Wir unterscheiden ja zwischen Sonn- und Werktagen und ziehen uns dementsprechend anders an. Viele ziehen sonntags ihre schönen Sachen an. Gut. Aber was ist dann unter der Woche? Sollen wir da rumlaufen wie bei Jepsens unterm Sofa?

Und warum überhaupt? Ich will doch jeden Tag, den ich vor meinem Tod habe, genießen! Also mache ich doch am besten jeden

185

Tag zum Festtag. Ich will doch nicht, dass der Pfarrer bei der Beerdigung sagt: »Er lebte etwa jeden siebten Tag einigermaßen glücklich und zufrieden ...«

Da kann es nur eine Entscheidung geben, die Grenzverläufe nachhaltig verändert: Die alten Werktagsklamotten wegwerfen und ab sofort nur noch in Sonntagsklamotten rumlaufen! Denn das Leben ist eindeutig zu kurz, um in schlechter Kleidung herumzurennen.

Wie meinte dieser Tage ein Mann zu seiner Partnerin: »Behalt das Lächeln an. Den Rest gehen wir shoppen!« – Der hat es aber verstanden und sprach sicher nicht vom Festgewand zum Tode. Wir sollten uns zu Lebzeiten etwas Gutes tun!

DAS GEHT ZU WEIT!

Wo wir überall Grenzen setzen! Und verschieben ... Bei Kindern zum Beispiel. Eine Mutter hat mir mal erklärt, dass Kinder ganz, ganz unbedingt feste Rituale und die dazugehörigen festen Zeiten benötigen. Also beispielsweise Mittagessen um Punkt 12 Uhr. Oder Abendessen um 18 Uhr. Das hatte ich sofort verstanden.

Doch dann erklärte sie mir mit leicht entschuldigender Miene, dass »Ausnahmen die Regel bestätigen«. Das habe ich auch verstanden, aber nur schweren Herzens.

Möglicherweise war das mit den Ausnahmen der Grund, warum sie in den letzten Jahren nur gefühlte zwei Mal zur richtigen Uhrzeit gegessen haben. Aber immerhin, auch das ist ja dann wieder ein festes Ritual.

Das geht zu weit!

Preisgrenzen zu verschieben, kann auch eine sehr lohnende Sache sein. Bei Matt Bercovitz in Chicago zum Beispiel können Sie Popcorn kaufen. Aber eben nicht irgendein Popcorn, sondern das Popcorn, von dem der kleine Matt schon als Vierjähriger geträumt hatte: Das beste, teuerste, wertvollste Popcorn der Welt! Die kleine Büchse dieses Edelstoffes kostet 250 Dollar. Und sie ist jeden Cent wert, denn die Zutaten sind gemeinsam mit der zubereitenden Liebe vom Feinsten: Das unter geheimnisvollen Umständen gewonnene Salz stammt von der dänischen Insel Laeso und ist mythologischen Ursprungs. Und nicht zuletzt gehört zur Zutatenliste echtes 23-karätiges Gold – »Berco's Million Dollar Popcorn« geht wie geschnitten Brot. Und das wundert mich nicht.

Wenn so etwas in der Popcorn-Branche möglich ist, dann ist so etwas in jeder anderen Branche auch möglich! Preisgrenzen gibt es nur in Ihrem Kopf. Sie dürfen sich fragen, ob Sie sie nicht woandershin versetzen sollten.

Nicht immer geht das konfliktfrei, keine Frage. Aber genau das ist ja mein Standpunkt: Die meisten Menschen haben ihre Standpunkte verloren, weil sie um der Harmonie willen auf einen zünftigen Streit verzichten, an dessen Ende eine Grenze anders verlaufen könnte als an dessen Anfang.

Wobei: Zwar beteuern viele konfliktscheue Menschen ihr Harmoniebedürfnis, aber ich befürchte, dass in den meisten Fällen eher Faulheit dahintersteckt. Es bedarf nämlich gewisser Anstrengungen, seine eigene Meinung zu vertreten und seine eigene Position einzunehmen und zu verfechten. Insbesondere Menschen, die Reden halten, brauchen Standpunkte. Ansonsten sind ihre Reden nämlich verzichtbar.

187

Einige meiner Mentees wundern sich manchmal, dass sie als Redner kaum Aufträge haben. Aber ein Grund ist oft, dass es ihren Reden an Standpunkten mangelt. Viele Reden, aber übrigens auch viele Bücher sind keineswegs inhaltsfrei, aber häufig standpunktfrei und damit sterbenslangweilig.

Ich bin ja selbst manchmal faul und harmoniesüchtig, aber zumindest weiß ich: wischiwaschi und immer schmerzfrei geht es nun mal nicht. Wenn Sie zu etwas kommen möchten, müssen Sie sich im Konflikt zwischen guten Emotionen und zielführendem Handeln eben auch mal für das zielführende Handeln entscheiden.

HEILE, HEILE, SEGEN

Ganz deutlich wird das in folgendem Bild: Stellen Sie sich bitte zwei Szenen vor. In der ersten spielt Ihr Kind. Es stürzt und stößt sich ein bisschen am Knie an. Das Kind sagt »Aua« und verzieht das Gesicht ein wenig. Was werden Sie tun? Die meisten Eltern drehen die Emotionen auf, tun aber nicht wirklich was. Das heißt, sie sagen so etwas wie: »Oh, Schatzilein! Halb so schlimm. Das wird wieder.« Sie nehmen das Kind vielleicht kurz auf den Arm, knuddeln es ein bisschen, dann blasen sie Zauberpuste auf das Aua oder rubbeln vielleicht mit der Heilehand ein wenig darüber. Das alles ist natürlich ein Placebo, reine Symbolik. Der emotionale Anteil des Trostes ist sehr hoch. Zu tun gibt es aber nichts.

So, und jetzt die zweite Szene: Sie beobachten, wie Ihr Kind spielt. Plötzlich sehen Sie, wie es einen Schraubenzieher in der

Heile, heile, Segen

Hand hält. Es stolpert, fällt hin und schreit. Sie springen auf und rennen zu Ihrem Kind. Der Schraubenzieher liegt auf dem Boden. Sie heben Ihr laut weinendes Kind hoch und bemerken: Am Auge, da ist was. Der Schraubenzieher muss da irgendwie drangekommen sein. Ins Auge? Oder daneben? Am Augenlid? Sie sehen kein Blut, aber das Auge tränt stark und ist gerötet. Und Ihr Kind schreit fürchterlich.

Zwei Fragen: Wie hoch ist Ihr Grad an Emotionalität, in den Arm nehmen, rubbeln, Zauberpuste, habdichlieb und so weiter?

Und: Wie hoch ist Ihr Grad an rationaler Lösungsorientiertheit? Also: Kind packen, ins Auto springen, ins Krankenhaus fahren oder Ähnliches?

Na klar: In einem solchen Fall verläuft die Grenze zwischen beidem anders. Die Macht des Faktischen gewinnt die Oberhand, die Emotionalität nimmt drastisch ab, und die Zielorientierung übernimmt das Ruder: Wo und wie gehts hier am schnellsten ins Krankenhaus?

Empfindungen und Emotionen sind gut und wichtig, aber manchmal einfach fehl am Platze. Wenn es um die Gesundheit Ihres Kindes geht, verzichten Sie sofort und unmittelbar auf Trost und Pustepuste, denn der Faktor Zeit wird plötzlich augenfällig wichtig. Sie wollen keine Zeit vertrödeln, sondern das Ding voranbringen.

Je wichtiger der Einsatz, je dringender der Handlungsbedarf, desto geradliniger wird auch gehandelt.

Vieles wird auch als unmenschlich empfunden, obwohl es das nicht ist. Standpunkte sind nicht unmenschlich. Viele Menschen können nicht unterscheiden zwischen einer Drohung, Erpressung oder einfach einem Leben mit Konsequenzen. Ein Beispiel: Kein

Mensch käme auf die Idee, zu behaupten, es wäre eine Drohung, wenn jemand sagt: »Wenn es morgen regnet, dann nehme ich meinen Regenschirm«. Das ist keine Drohung und keine Erpressung, und kein Regen dieser Welt würde sagen: »Hey, du erpresst mich«, sondern beschreibt einfach den Zustand der Dinge, die man tut, wenn ein gewisser Fall eintritt. Wenn man zu jemandem sagt: »Wenn du noch einmal ›Blödmann‹ zu mir sagst, dann verlasse ich dich«, dann ist das weder eine Drohung noch eine Erpressung, sondern einfach ein klares Beschreiben seiner Werte und der damit verbundenen Handlungen, die daraus resultieren. Nicht mehr, aber auch nicht weniger.

So, und jetzt bilden Sie mal den Rückschluss auf Ihr Leben. Gehen Sie mit aller Vehemenz dem nach, wofür Sie angetreten sind? Oder zum Beispiel in Ihrem Beruf. Gilt das auch dort?

Sind Sie in Ihrem Unternehmen wirklich in der Lage, bei dringendem und wichtigem Handlungsbedarf auch dringend zu handeln? Oder nimmt dort der Grad an Emotionalität und die Diskussionen um Befindlichkeiten gerade dann auch noch extrem zu?

Ich spreche da aus Erfahrung: In den meisten Unternehmen wird ausgerechnet dann über die Bedingungen der Arbeit diskutiert, wenn dringend gearbeitet werden sollte. Das entspricht der Zauberpuste und dem Heileheilesegen, während der Insolvenzverwalter sich bereits die Schlüssel aushändigen lässt oder der Gerichtsvollzieher an die Tür klopft.

Und stellen Sie sich nur vor, in Ihrem Unternehmen würde dringlich gehandelt und hart gearbeitet werden, noch bevor irgendeine faktische Dringlichkeit herrscht! Grandioser Unternehmenserfolg wäre so ja kaum mehr zu verhindern!

Heile, heile, Segen

Im Ernst: Sie müssen sich schon fragen lassen, ob die allzu komfortablen Verhältnisse in der Wirtschaft Ihr Unternehmen nicht haben verweichlichen lassen. Das Schlimmste, was man manchen Unternehmen wünschen kann, sind fünf fette Jahre. Jahre, in denen sich vieles verweichlicht und die Trägheit sich einschleicht.

Ich habe mal eine Firma besessen, die außerordentlich erfolgreich war, manchmal wussten wir gar nicht, wohin mit unseren Erfolgen und Umsätzen. Es war so grandios, dass wir uns mit solchen Fragen beschäftigten, wie man das viele überschüssige Geld auf dem Girokonto sinnvoll anlegen kann, und zu diesen Fragen kamen neue dazu, genauso wie die Beschäftigung mit Dingen, die nicht mehr den Kern des Unternehmens behandelten. So schlich sich ganz langsam und gemächlich der Misserfolg ein, und plötzlich waren wir schon an der Profitabilitätsgrenze. Alle wussten Bescheid, es war offensichtlich, dass es so nicht mehr weiterging. Und was taten die Führungskräfte und Mitarbeiter? Oh, oh, oh. Sie saßen sich gegenseitig auf dem Schoß und tauschten ihre verletzten Befindlichkeiten miteinander aus. Sie leckten sich die Wunden und rutschten fast in die Pleite, waren aber pünktlich am Feierabend und am Wochenende zu Hause. Das Pleitegehen darf schließlich nicht das Privatleben stören!

Wenn so eine Firma sich zusammenreißen und gemeinsam beschließen würde: Wir haben jetzt mal sechs Monate lang keine Zeit für Geschichten, Drumrumerzählerei und Geplapper, sondern jetzt packen wirs an und ziehen uns am Schlafittchen selbst aus dem Sumpf. Dann würden die das schaffen! Wenn ...

Die einzige Branche, die mir gerade einfällt, in der es kaum Befindlichkeiten gibt – zumindest nicht im Einsatz –, sind die Notärzte. Da erzählt keiner Belanglosigkeiten oder Geschichten. Dort spielt nichts eine Rolle, außer dem Leben des Verunfallten. Wie es heute gerade geht? Wurscht. Wer heute wem auf den Schlips getreten ist? Egal. Wer was hätte auch anders sagen können? Uninteressant. Selbst der Unfallhergang ist im Vergleich zu den Fakten oft kaum relevant. Stattdessen: Hier ist eine Fraktur. Hier braucht es Beatmung, dort wird gespritzt. Und zwar schnell und präzise. Die haben keine Zeit für nutzlosen Kram. Und keine Zeit, sich über Nebensächlichkeiten auszutauschen, geschweige denn sich über irgendwas aufzuregen.

Ein bisschen Notarztgeist würde ich mir für jede Firma wünschen! Normalerweise müsste in jedem Unternehmen am Eingang ein Teflonkotzbecken stehen, wo die Mitarbeiter schon am Eingang ihre Befindlichkeiten und alles, was keine Relevanz oder Signifikanz besitzt, loswerden können. Damit sie arbeiten können. Übrigens nicht nur zum Schutz des Unternehmens oder des Arbeitgebers, auch zum Schutz der anderen Mitarbeiter und deren Mentalhygiene.

Ich erlebe das tausendfach, auch bei Selbstständigen: Sie jammern über mangelnden Erfolg. Dabei haben sie einfach nur eine Grenze schlecht gezogen: Zum Beispiel die zwischen relevant und irrelevant. Oder die zwischen privat und geschäftlich. Oder die zwischen Selbstwahrnehmung und Fremdwahrnehmung.

ÄRZTE, DIE NICHT HEILEN

Inkompetente Menschen neigen dazu, das eigene Können zu überschätzen und die Kompetenz anderer zu unterschätzen. Das ist keine Behauptung von mir, sondern der sogenannte Dunning-Kruger-Effekt. Er geht auf Studien und eine Publikation der Wissenschaftler David Dunning und Justin Kruger von der Cornell University aus dem Jahr 1999 zurück. Die beiden schrieben: »Wenn jemand inkompetent ist, dann kann er nicht wissen, dass er inkompetent ist. [...] Die Fähigkeiten, die man braucht, um eine richtige Lösung zu finden, [sind] genau jene Fähigkeiten, die man braucht, um eine Lösung als richtig zu erkennen.«

Dunning und Kruger hatten festgestellt, dass bei vielen Tätigkeiten Unwissenheit oder mangelndes Können oft zu mehr Selbstsicherheit verleitet als Wissen oder Können.

Wenig kompetente Menschen neigen ganz konkret dazu, ihre eigenen Fähigkeiten zu überschätzen, überlegene Fähigkeiten bei anderen nicht zu erkennen und das Ausmaß ihrer eigenen Inkompetenz zu verkennen. Dagegen steigert Bildung und Übung nicht nur die eigene Kompetenz, sondern nachweislich auch die Fähigkeit, sich selbst und andere besser einschätzen zu können.

Wenn ein Könner Ihre Arbeit kritisiert, sollten Sie also wesentlich genauer zuhören, als wenn irgendwer Ihre Arbeit kritisiert. Und wenn ein sehr kompetenter Mensch Ihre Leistungen beurteilt und Sie einen Widerstand gegen die Kritik verspüren, dann könnte es sehr gut sein, dass der Dunning-Kruger-Effekt am Werk ist und Sie Ihre eigenen Fähigkeiten überschätzen.

Grenzen, die es gar nicht gibt

Jedenfalls können Sie nicht ohne Weiteres Ihren selbst gezogenen Grenzen zwischen »guter Arbeit« und »schlechter Arbeit« vertrauen. Gerade wenn Sie schwache Leistungen bringen, dürfte Ihre Selbstüberschätzung umso größer sein, wie Dunning und Kruger nachgewiesen haben.

Darum möchte ich Sie warnen: Gehen Sie Ihre Grenzen an! Rütteln Sie an den eingebildeten Gitterstäben Ihres imaginären Erfahrungsgefängnisses! Verändern Sie Ihre Welt! Ziehen Sie neue, bessere Grenzen! Aber bitte, bitte: Vergessen Sie dabei nicht die Selbstkritik und Ihre grundsätzliche Bescheidenheit. Sonst könnte Ihnen nämlich das Leben einen peinlichen Tiefschlag versetzen.

So wie den Ärzten, die 1973 in Israel streikten. Um ihre Forderungen durchzusetzen, bestreikten sie die Krankenhäuser und reduzierten die Zahl der behandelten Patienten pro Tag von 65 000 auf 7000, fuhren also das absolute Notprogramm. Dieser Streik dauerte 29 Tage. Das ist ganz schön heftig, finde ich.

Nun, was würden wir in so einem Falle erwarten? Die medizinische Versorgung in Israel war ja damit für fast einen ganzen Monat drastisch eingeschränkt: Weniger Diagnosen, weniger Operationen, weniger Nachsorge, weniger Visiten, deutlich weniger Kompetenz jeden Tag vor Ort in den Krankenhäusern. Eigentlich eine unverantwortliche Katastrophe, die mit Sicherheit viele Menschenleben gekostet hat.

Oder?

Nun, die Zahlen lügen nicht: Die Jerusalemer Beerdigungsvereinigung begann zu murren und beschwerte sich, denn die Zahl der Todesfälle in Israel ging während des Streikmonats um 50 Prozent zurück! Seit zwanzig Jahren, nämlich seit dem

194

Ärzte, die nicht heilen

letzten großen Ärztestreik, hatte es in Israel keinen so drastischen Rückgang der Sterblichkeitsrate mehr gegeben.

Auch in Bogotá in Kolumbien haben einmal die Ärzte gestreikt, und zwar gleich 52 Tage lang. Auch hier meldeten die Leichenbestatter einen Rückgang der Sterblichkeit, und zwar um 35 Prozent.

Weniger Ärzte gleich weniger Todesfälle? Ist das immer so? Nun, das weiß ich nicht. Ich weiß nur, dass es 1976 in Los Angeles einen Rückgang der Todesfälle um 18 Prozent gegeben hatte, als dort die Ärzte streikten.

In 17 der größten bestreikten Krankenhäuser im gesamten County führte Dr. Milton Roemer darum eine Untersuchung durch. Er war damals Professor für Gesundheitsfürsorge an der Kalifornischen Universität von Los Angeles. Er stellte fest, dass es in der Zeit des Streiks 60 Prozent weniger Operationen gegeben hatte.

Weniger Operationen gleich weniger Tote? Interessant.

Und peinlich.

Gilt der Spruch von Eugen Roth: »Was bringt den Doktor um sein Brot? a) die Gesundheit, b) der Tod, drum hält der Arzt, auf dass er lebe, uns zwischen beiden in der Schwebe.«

Es könnte ja sein, dass viele Ärzte nicht so kompetent sind, wie sie selbst von sich behaupten – und dass sie wegen des Dunning-Kruger-Effekts aufgrund ihrer mangelnden Kompetenz gar nicht einschätzen können, wie inkompetent sie sind.

Da ich medizinisch sehr inkompetent bin, kann ich das natürlich überhaupt nicht beurteilen. Ich mache mir nur so meine Gedanken ... und schließe daraus, dass Sie und ich den wahrgenommenen Grenzen der eigenen Kompetenz viel öfter und fundamentaler misstrauen sollten. Oft ist es nämlich so, dass Sie im

195

aktuellen Moment viel weniger können und bewirken, als Sie glauben. Gleichzeitig gilt aber auch, dass Sie meistens vollkommen unterschätzen, wie weit Sie Ihre eigenen Grenzen in der Zukunft verschieben können. Sie ahnen gar nicht, wie groß Ihr Potenzial ist! Sie überschätzen sich oft, denken aber dennoch in Bezug auf Ihre eigenen Möglichkeiten meistens viel, viel zu klein!

Und auch dieser Blickwinkel sei erwähnt: Möglicherweise spielt die Kompetenz der Ärzte – ob nun falsch oder richtig eingeschätzt – nur einen Teil der Rolle. Wenn überhaupt. Was passiert mit den Patienten in einer solchen Notlage? Würden sie, wenn sie sich selbst aufgegeben hätten – schutzlos auf Gedeih und Verderb als Opfer ausgeliefert in den Händen der streikenden Ärzte – nicht wegsterben wie die Fliegen?

Wahrscheinlich.

Aber anscheinend ist genau das Gegenteil passiert: Sie wussten, sie sind sich selbst überlassen und haben wohl das einzig Richtige unternommen, besser gesagt übernommen, nämlich wieder die Eigenverantwortung für das eigene Wohlergehen, Selbstverantwortung für das Leben. Sie haben sich selbst damit wieder etwas genommen: die Ohnmacht über das Leben. Und haben sich damit etwas gegeben: die Macht über das eigene Leben. Und genau das haben sie den Ärzten vice versa genommen: nämlich deren Macht ausgeliefert zu sein, was den Ärzten die eigene Ohnmacht zumindest retrospektiv aufgezeigt hat. Ja, das war geradezu eine Rückdelegation der Verantwortung über das eigene Leben. Sie sind angetreten für das eigene Leben. Weil sie spürten, wenn jetzt keine Eigeninitiative, kein Überlebenswille, keine eigenen Reserven mobilisiert würden, dann wäre es das gewesen, game over. Rien ne va plus – nichts geht mehr.

MACHEN SIE SICH AUF DIE REISE!

Und das gilt auch für die Menschheit. Wie sehr überschätzen wir uns und unsere ach so wertvolle Kultur und sind kleinkariert und empfindlich, wenn mal ein paar Millionen Flüchtlinge ins Land kommen?

Damit will ich nicht die Probleme beschönigen oder von dem möglichen Verdrängungskampf ablenken. Im Gegenteil – eine solche Situation zu meistern, ist auch langfristig komplexer, als die meisten glauben.

Aber grundsätzlich finde ich Wirtschaftsflüchtlinge großartig! Überlegen Sie mal: Da macht sich einer auf, um seine Zukunft besser zu gestalten. Das sind Menschen, die noch Hoffnung und Träume haben. Die ihre Grenzen versetzen. Solche Menschen brauchen wir doch!

Ich denke an die USA in den letzten 200 Jahren: Ein Land, das heute aus 300 Millionen Wirtschaftsflüchtlingen besteht! Auf Ellis Island kamen täglich Tausende neue Asylanten an. Und was wurde daraus? Eine Supermacht! Wissenschaftler haben schon vor Jahrzehnten vorausgesagt, dass die Menschheit immer den Kapitalströmen folgen wird, sofern sie Bewusstsein und Möglichkeiten dazu haben.

Gott schenkte uns die Welt als Paradies. Warum sollten wir nicht dorthin ziehen, wo das Wasser ein wenig sauberer ist? Die Luft ein wenig besser ist. Das Leben ein wenig angenehmer ist. Wer hat gesagt: Hier ist die Grenze, du darfst nicht weiter? Wer hat uns erlaubt, Menschen ein- oder auszusperren, wie wir es mit den Indianern und vielen Ureinwohnern gemacht haben?

Denken Sie mal etwas größer!

Zehnmal mehr, zehnmal größer, zehnmal weiter – der Faktor 10 klingt so unendlich groß und vermessen. Dabei bedeutet zehn nur, dass Sie ein Komma um eine einzige Stelle verschieben. Ein Klacks. Das sagt mein Kollege Heinz Meloth immer. Und das gefällt mir.

Was ich mit all dem hier sagen will: Ich glaube, es gibt auf der Welt keine einzige Grenze, die wir nicht selbst gesetzt haben. Alle Grenzen wurden von Menschen erschaffen. Die Grenzen zwischen Ländern, Kulturen, allem anderen und die in unserem Kopf. Eine Grenze ist das, was der Mensch dazu gemacht hat – egal, ob bewusst oder unbewusst. Bis auf wenige physikalische Grenzen haben wir uns alle Grenzen selbst gesetzt. Und wie sehr wir in der Lage sind, die physikalischen Grenzen zumindest auszudehnen oder gerade neu zu schreiben, habe ich geschildert.

Konrad Paul Liessmann, Professor am Institut für Philosophie der Universität Wien, antwortete in einem Interview auf die Frage: »Gibt es Grenzen, die nicht menschengemacht sind?« mit »Nein. Es gibt keine natürlichen Grenzen.«

DER BLICK DARÜBER

Schauen Sie über den eigenen Tellerrand: Das eigene Essen ist nur eines unter vielen, auf dem Tisch sind viele Teller, und die ganze Familie wird satt. Ihr einzelner Teller ist dann auf einmal nicht mehr so wichtig.

Schauen Sie über die Grenzen Ihrer Heimatstadt hinaus. Die

Der Blick darüber

Probleme mit dem Nachbarn, die Baustelle am Ortseingang, ein ungepflegter Garten, ein untätiger Bürgermeister... plötzlich ist das nicht mehr so wichtig.

Schauen Sie über die Grenzen Ihres Heimatlands hinaus. Vieles verliert an Bedeutung. Benutzen Sie die Tagespresse besser, um den Biomüll einzuwickeln – oder was auch immer.

Schauen Sie über den Rand Ihres Kontinents hinaus auf die anderen Kontinente. Ihre Sorgen verblassen.

Schauen Sie über die Erde hinaus ins Sonnensystem, so wie einige Astronauten es schon getan haben. Plötzlich ist es völlig unverständlich, warum sich die Menschen da unten bekriegen und ihre Ökosysteme zerstören. Der Blick richtet sich auf den Mars, wo schon bald Menschen landen und eine Kolonie errichten werden. Bald werden die ersten Menschen auf dem Mars sterben, und bald werden die ersten Menschen auf dem Mars geboren werden. Wie wird das unsere Perspektive auf unsere Grenzen verändern?

Schauen Sie über das Sonnensystem hinaus auf unsere Galaxie, die Milchstraße. Unser Universum ist groß. Wir leben aber nicht in einem Universum, sondern in einem Multiversum. Die Menschheit ist klein. Und sehr wahrscheinlich sind wir nur eine Zivilisation unter vielen.

Wenn Sie sich Sorgen machen, dass wir von Aliens besucht werden, dann kann ich das nachvollziehen. Aber wenn Sie Angst vor Syrern haben oder wenn Sie berufliche Risiken scheuen oder wenn Sie das Leben vor dem Tod nicht leben, weil Sie die Grenzen in Ihrem Kopf zu eng gezogen haben: Ach, kommen Sie!

Stehen Sie auf, und erinnern Sie sich, wofür Sie angetreten sind!

KAPITEL

8

DIE INFLATION DES JAS UND DIE WERTBERICHTIGUNG DES NEINS

Die Inflation des Jas und die Wertberichtigung des Neins

Ich glaube, nein: Ich weiß, wir müssten viel, viel öfter Nein sagen. Ich lerne das gerade, und es fällt mir schwer.

Was es schwer macht, ist der Zwiespalt, in dem wir leben: Ständig werden wir zur Folgsamkeit erzogen, ein klares, eindeutiges »Ja!« zu formulieren. Hausaufgaben machen? Ja! Pünktlich zum Essen erscheinen? Ja! Lernen, Ausbildung, Studium? Ja! Herausforderungen? Ja! Verantwortung? Ja! Für andere und die Gemeinschaft da sein? Ja! Dem Kunden dienen? Ja! Steuern zahlen? Ja! Wählen gehen? Ja!

Und nicht nur einfach ein Ja! Sondern bitte ein JA mit Freude, Verbindlichkeit, Entschlossenheit! Mit der mentalen Haltung: Gib mir ein Problem, und ich zeige dir in einer Sekunde, wie klein das Problem ist, wie schnell es gelöst ist, weil ich es beherzt anpacke und Ja sage! Und das Problem zu gar keinem Problem mehr mache, sondern zu einer Lösung, zu einem Nichts, zur Vergangenheit. Ja, ich mache das! Ja, wir schaffen das! Yes, we can!

Ja, ja, ja, als guter Sohn oder gute Tochter, als guter Schüler oder gute Schülerin, als guter Partner oder Partnerin, als guter Staatsbürger oder Staatsbürgerin, als guter Mensch oder gute Menschin sind Sie gefälligst ein Ja-Sager oder eine Ja-Sagerin! Und seien Sie obendrein ruhig stolz darauf! Denn bezogen auf einen gesunden Pragmatismus, auf eine hilfreiche Lösungsorientierung, eine konstruktive Veränderungsbereitschaft und allgemein auf einen positiven Beitrag zum Großen und Ganzen dürfen Sie ja auch wirklich stolz darauf sein, stets für ein verbindliches Ja zu haben zu sein.

Und dennoch: Wohin führt denn die Ja-Sagerei? Am Ende sagen Sie unbemerkt viel öfter Nein, als Sie denken. Denn beim Entscheiden gilt genau das Gleiche wie das, was Paul Watzlawick für

Die Inflation des Jas und die Wertberichtigung des Neins

das Kommunizieren herausgefunden hat: Man kann nicht nicht kommunizieren. Auch ein Schweigen ist beredt. Auch ein Pokerface spricht Bände. Auch eine unausgefüllte Steuererklärung führt zum Steuerbescheid. Analog: Man kann nicht nicht entscheiden. Sie entscheiden immer. Und wenn Sie nicht entscheiden, dann werden Sie entschieden – und auch das ist eine Entscheidung. Manchmal sogar eine ganz entscheidende Entscheidung.

Wenn Sie also glauben, es wäre mit dem Ja zum aktuellen Lebenspartner getan, dann blenden Sie dabei doch nur all die Hundertschaften anderer potenzieller Lebenspartner aus, auf die Sie zugunsten des einen verzichten, den Sie haben. Sie haben, wenn Sie es ganz nüchtern betrachten, für ein einziges Ja mit hundertfachem, mit millionenfachem Nein bezahlt.

Und wer weiß schon, welche Menschen heimlich ineinander verliebt sind und es voreinander verschweigen, damit das Leben geordnet bleibt.

Und so geht das die ganze Zeit: Rund 20 000 Entscheidungen treffen wir täglich. Die meisten davon blitzschnell und reichlich unbedacht. Das fängt mit dem Aufstehen an: Kaum piept der Wecker, landet Ihr Zeigefinger auf der Snooze-Taste. Sie haben sich entschieden, leugnen ist zwecklos: noch mal fünf Minuten Dämmerschlaf. Doch das sind eben keineswegs gewonnene fünf Minuten: Sie bedeuten weniger Zeit für das Frühstück. Sie verpassen es, die Sonne durchs Küchenfenster hereinscheinen zu sehen und die Amsel auf dem Baum vor dem Fenster zwitschern zu hören. War es das wert?

Und auf die zweite Tasse Kaffee verzichten Sie auch. Die nächste Entscheidung, die eine Folge der ersten Entscheidung ist. Und

203

Die Inflation des Jas und die Wertberichtigung des Neins

nebenbei: Haben Sie Ihre Lieblingskrawatte oder Ihre Lieblingsstrümpfe ausgewählt oder einfach nur blindlings das Erste gegriffen, was Sie greifen konnten? Aber dennoch haben Sie entschieden, Sie sind verantwortlich für Ihren Look und damit auch für die hochgezogenen Augenbrauen des modebewussten Kollegen im Aufzug. Das eine Ja stößt das nächste an und zieht eine ganze Schleppe von Neins hinter sich her.

Sie entscheiden, ob Sie nach links oder rechts abbiegen, ob Sie etwas aussprechen oder es nur beim Ausdenken belassen, und wenn Sie es aussprechen, wie Sie die Worte wählen und die Betonung setzen. Sie entscheiden sich, ob Sie sich an der Nase kratzen, sich anders hinsetzen, ins Bett gehen oder noch zwischen den gefühlten 999 TV-Kanälen zappen. Viele dieser Entscheidungen laufen völlig unbewusst ab – und angesichts des Ausmaßes Ihrer täglichen Optionen können Sie von Glück sagen, dass viele davon trivial sind. Aber es sind eben nicht alle trivial. Von den mehreren hundert Millionen Entscheidungen, die Sie in Ihrem Leben treffen, bevor die letzte davon umgesetzt wird (verbrennen oder verbuddeln!), sind einige große dabei.

Ob Sie heiraten und wenn ja, wen und wie oft. Ob Sie gemeinsam in den Urlaub fahren, und wenn ja, wohin. Ob Sie, wenn Sie nun schon im Urlaub sind, sich scheiden lassen und wenn ja, warum und wozu? Es sind Entscheidungen, die Sie an genau diese Stelle in Ihrem Leben gebracht haben, an der Sie stehen. Und wenn Sie gerne in Ihrem Leben ganz woanders stehen würden, dann haben Sie einige wichtige Entscheidungen nicht so getroffen, wie Sie sich das wünschen.

So, und jetzt kommts! Egal, was Ihnen die Leute erzählen: Die

204

Die Inflation des Jas und die Wertberichtigung des Neins

Qualität Ihres Lebens hängt weniger von den Jas ab, die Sie bereitwillig eingegangen sind, sondern in viel höherem Maße von den Neins, die Sie der Welt entgegengeschmettert haben! Wenn Ihnen eine Situation in Ihrem Leben nicht gefällt, dann erinnern Sie sich bitte daran, dass Sie selbst es waren, der die Tür dorthin geöffnet hat. Meist mit einem unbedachten Ja. Ein falsches Ja kann alles zugrunde richten. Das eine Ja von Volkswagen in Sachen Abgaswert, bei dem VW die Augen ein wenig zugedrückt hat, hat VW in einer Woche 30 Milliarden gekostet.

Und das ist meine Frage: Müssten wir nicht viel, viel öfter Nein sagen? Nein zu all dem Durchschnitt, Nein zu all dem Mittelmaß, Nein zu dem Macht-man-so, Nein zu dem Ist-doch-ganz-normal, Nein zu dem Haben-wir-schon-immer-so-gemacht, Nein zu dem Ist-halt-grad-so-passiert?

Wir leben ein Leben im Mittelmaß. Solange Menschen oder Unternehmen nur das bieten, was alle bieten, werden sie auch nur das bekommen, was alle bekommen: durchschnittliche Erlöse, durchschnittliche Anerkennung, durchschnittliche Aufmerksamkeit. Und all das ist letztlich nicht viel wert! Dort, wo alle sind, ist wenig zu holen. Jeder sucht die goldene Mitte, und wer sie gefunden hat, der wundert sich, dass sie verstopft ist. Und versinkt im Mittelmaß. Das Gegenteil davon ist Exzellenz, und Exzellenz ist ein Lebensprinzip, das von uns selbst verlangt, ständig Resultate zu erzielen, die außerhalb des Gewöhnlichen stehen. Exzellenz ist damit ein Produkt der ständigen Überwindung von Grenzen. Wenn sich Menschen diesem Prinzip verpflichten und sich nur mit Exzellentem umgeben, dann wird sich ihr Leben extrem verändern. Denn Mittelmaß und Durchschnitt sind Wegelagerer, Bedrohun-

205

gen der Qualität, Diebe des Besseren. Ein falsches Ja kann alles zugrunde richten. Ein Nein bringt vor allen Dingen eines: Qualität in viele Facetten des Lebens. Nur ein gefälliges, feiges Nein ist fast noch schlimmer. Wie meinte Hildegard Knef: Ich bin nie der Meute hinterhergaloppiert, deshalb bin ich oft an Orten gelandet, an denen die Meute nie gewesen ist.

FÜHLST DU SCHON ODER DENKST DU NOCH?

Neulich knallte mein kleiner Sohn mit dem Kopf gegen die Kante des Glastischs. Die Einzelheiten will ich Ihnen (und mir) ersparen, aber so viel sei gesagt: Das Blut spritzte nur so, und es war eine Fahrt ins Krankenhaus angezeigt.

Das Krankenhaus ist ja ein Ort, den man ansonsten meidet. Aber wenn du schon mal da bist, sagte ich mir, dann kannst du dich ja neugierig umschauen. Das tat ich, und mir fiel einiges auf.

In so einem Krankenhaus, wo die gestählten Top-Profis der Gesundheit arbeiten, müsste es doch eigentlich die allerbesten Materialien geben. Um alle Patienten so schnell wie möglich gesund zu machen, müsste es die bestgestalteten Räume, die besten Betten, die beste Luft, das beste Licht, die besten Verbandsmaterialien, die weichsten Tücher, die besten Pflaster und Kleber und so geben. Dachte ich.

Aber wo ich nur hinsah: Alles war billiger Schrott. Es muss ja keine Schmetterlinge und Bärchen auf den Pflastern geben (obwohl ich selbst dafür Argumente finden würde), aber dass alles, wirklich

206

alles, was da angefasst, verwendet und verbraucht wird, von allerbilligster Qualität ist, kann unmöglich dem Zweck eines Krankenhauses entsprechen.

Ein Gesundheitssystem darf nicht auf Sparsamkeit ausgerichtet sein. Es muss auf Top-Qualität ausgerichtet sein. Und wenn es so teuer ist, dass es nötig geworden ist, am Allernötigsten zu sparen, dann kann das nur daran liegen, dass die entscheidenden Leute bei den entscheidenden Fragen vermieden haben, Nein zu sagen. Mangelnde Qualität geht immer auf billige Ja-Sagerei zurück. Und hohe Qualität hat ihren Ursprung immer im mutigen Nein: Wer jeden unnötigen Arztbesuch und jede unnötige Behandlung und jede unnötige Operation bezahlt, weil er sich nicht traut, Nein zu sagen, der hat eben kein Geld mehr für die nötige Qualität in den wirklich nötigen Fällen.

Sie können das auf Firmen übertragen: Zu wenig Mut zum Nein bedeutet zu viele Produkte, zu viele Vertriebskanäle, zu viele Mitarbeiter, zu viele Baustellen und so weiter. Sobald dann die Berater und die Banken kommen, beginnt das große Kaputtsparen: Runter mit der Qualität, runter mit den Ansprüchen, runter mit den Risiken, hoch mit dem Mittelmaß, bis die Firma zu Tode gespart ist.

Sie können das auch auf Staaten übertragen, aber lassen wir das. Viel entscheidender ist, dass Sie das auch auf Ihr Leben übertragen können: Viele Menschen sparen sich tot. Sie nehmen ihre Ansprüche zurück, sagen zu einfachen Lösungen Ja, damit es irgendwie weitergeht, senken das Risiko und landen im Mittelmaß.

Ein solches Leben ist arm. Vor allem arm an Gefühlen. Denn schwache Entscheidungen hängen mit schwachen Gefühlen zusammen. Jedes kleine billige Ja macht Ihr Leben ein klein wenig unemotionaler.

Diesen so entscheidenden Zusammenhang zwischen Entscheidungen und Emotionen fand der portugiesische Neurologe Antonio Damasio 1982 heraus. Damals saß ein besonderer Patient vor ihm. Er hatte eine Hirnoperation hinter sich, bei der ihm ein kleiner Tumor aus dem Kopf entfernt worden war. Der Krebs war weg, aber das bezahlte der Patient teuer: Er war ein entscheidungsunfähiger Zögerer geworden. Selbst die kleinsten Entscheidungen waren ihm unmöglich geworden. Wenn zwei Stifte auf dem Tisch lagen, war er bereits unfähig, seinen Namen zu schreiben, weil er sich zwischen den beiden Stiften nicht entscheiden konnte. Wie Buridans Esel, der sich zwischen zwei großen Heuhaufen nicht entscheiden konnte und verhungert ist.

Der Mann war kein Idiot geworden, sein Intelligenzquotient war genau der gleiche wie vor der Operation. Aber er war komplett alltagsuntauglich geworden, weil er keine Wahl mehr treffen konnte.

Doch woran genau lag das? Ein »Entscheidungszentrum« im Gehirn, das bei der Operation womöglich beschädigt worden sein könnte, gibt es ja gar nicht. Insofern rätselte Damasio, was genau hinter der Stirn des Patienten vorging und was ihm das Ja und das Nein aus seinem Leben tilgte.

Der Forscher stellte diverse Testreihen mit seinem Patienten an. Und er kam auf eine überraschende Erklärung: Der Mann war emotional völlig erkaltet. In all den Stunden, in denen er sich mit ihm beschäftigte, zeigte er nicht die Spur einer emotionalen Regung. Er war niemals traurig, niemals fröhlich, niemals ungeduldig, niemals frustriert, er fühlte überhaupt nichts mehr. Bei der

Fühlst du schon oder denkst du noch?

Operation war sein Gehirn so geschädigt worden, dass er einfach keinerlei Emotionen mehr produzieren konnte.

Aber was hat das mit der Entscheidungsunfähigkeit zu tun?

Da fiel bei Damasio der Groschen: Wenn sich alles gleich anfühlt, dann gilt das auch für zwei Alternativen. Wenn aber zwei Alternativen emotional völlig gleichwertig sind, dann gibt nichts mehr den Ausschlag für die eine oder die andere Alternative. Ja, sie sind für den Patienten überhaupt nicht mehr unterscheidbar. Der Unterschied zwischen zwei Möglichkeiten hängt an der Unterscheidbarkeit der beiden Möglichkeiten. Wenn aber die emotionale Bewertung fehlt, dann verschwimmen die beiden Möglichkeiten zu einem ununterscheidbaren Fakten- und Informationsgewirr.

Sackgasse.

Damasio suchte nach ähnlichen Fällen und fand tatsächlich Menschen, die alle ihre Emotionen verloren hatten – und damit auch ihre Fähigkeit, sich zu entscheiden.

Das war damals ein völlig neuer Zusammenhang. Seit jeher hatten alle Wissenschaftler geglaubt, Entscheidungen würden rational getroffen. Nun stellte sich heraus: Homo sapiens, der scheinbar »vernünftige« Mensch, trifft alle Entscheidungen ausschließlich emotional. Ohne Emotionen ist der Verstand völlig hilflos.

Damasio schrieb ein Buch mit dem Titel *Descartes' Irrtum,* das ein Bestseller wurde und die Sicht von Wissenschaft, Wirtschaft und Gesellschaft auf menschliche Entscheidungen revolutionierte.

Seitdem ist klar, jedenfalls mir: Wer seinen Emotionen nicht traut oder sie unterdrückt, kommt auf Dauer immer zu schlechten Entscheidungen. Und umgekehrt: Wer es sich angewöhnt, Ent-

209

scheidungen im Leben zu vermeiden, der entscheidet sich damit implizit für ein emotionsarmes, belangloses, graues, durchschnittliches Leben.

AUTORENNEN, BRENNENDE BOHRLÖCHER UND PUCCINI

Aber was heißt das konkret? Das heißt konkret, dass jedes mutige Nein das Herz klopfen und die Wangen rot werden lässt, jedes Nein schlägt Wellen. Jedes Nein ist ein Ja zur Qualität.

Ich kenne Redner, die auf ihrer Website sieben Vorträge zur Auswahl anbieten. Aber ein Veranstalter kann doch ohnehin nur einen Vortrag buchen. Wäre es da nicht sinnvoll, einen einzigen guten, ja den besten Vortrag anzubieten, anstatt sieben mittelmäßige im Programm zu haben?

Ich kenne Verlage, die haben ein breites, immer breiter werdendes Verlagsprogramm. Aber es gibt ohnehin schon viel zu viele mittelmäßige Bücher. Wäre es da nicht sinnvoll, nur einige wenige, besonders gute Bücher auszuwählen und die anderen Buchangebote konsequent abzusagen? Lieber ein schmales handverlesenes und hoch qualitatives Programm statt regalweise Mittelmaß?

Ich kenne Menschen, die gerne Autor sein wollen. Gleich sieben Ideen für sieben Bücher schwirren ihnen durch den Kopf. Wäre es nicht ein grandioses Gefühl, mal wenigstens ein einziges richtig gutes Buch zu schreiben statt sieben durchschnittliche Werke? Ich glaube, ein gutes Buch macht nur unwesentlich mehr Arbeit als ein schlechtes. Aber ein schlechtes Buch mit all den Mühen und Qualen und Frustrationen ist doch für den Autor mit Sicherheit eine viel größere Belastung als ein gutes Buch.

Viele meiner Rednerkollegen bilden sich für alle Eventualitäten aus: Sie machen Rhetorik-, Moderations- und Schlagfertigkeitstrainings, sie besuchen Humorkurse und lernen Visualisierungstechniken und was weiß ich noch alles. Sie wollen für diesen oder jenen Sonderfall gewappnet sein. Sie bereiten sich für den schlimmsten Fall vor, um gegen Einwände, Kritik und Unzufriedenheit gewappnet zu sein – anstatt gut vorbereitet zu sein, um ihr Bestes in die Welt zu bringen.

Ich dagegen halte lieber den bestmöglichen Vortrag, den ich halten kann. Darum sage ich einfach lieber einmal Nein, wenn es darum geht, sich um Dinge zu kümmern, die weder Relevanz noch Signifikanz besitzen. Ich habe ja auch gar keine Zeit dafür, denn jede Minute Vorbereitung, die ich habe, stecke ich in den Vortrag selbst. Die Frage »Was tue ich, wenn etwas schiefläuft?« ist die falsche Frage. Die richtige Frage lautet: »Was tue ich, damit nichts schiefläuft?«

Ich frage Sie: Wie wollen Menschen gut werden in dem, was sie tun, wenn sie sich dauernd um das Drumherum, die Beilagen kümmern statt um ihre Kernkompetenz, das Hauptgericht?

Lieber sage ich zu fast allem Nein, um ein klitzekleines, aber umso deutlicheres und erfolgreicheres Ja übrig zu behalten. So wie Michael Schumacher, der in vielen Sportarten, von Fußball über Tischtennis bis Kartfahren, herausragend gut war. Irgendwann in seiner Jugend hat er alle Sportarten weggelassen bis auf das Rennfahren. Denn so wurde er Weltklasse darin und konnte Millionen von Menschen inspirieren.

Die Inflation des Jas und die Wertberichtigung des Neins

Mir fällt da noch einer ein, der fokussierteste Feuerwehrmann der Welt: Red Adair. 1962 wurde er bekannt, als er es schaffte, eine seit sechs Monaten brennende Gasquelle in der algerischen Sahara zu löschen. Seitdem spezialisierte er sich mit seiner Firma auf das Löschen von Bränden bei der Öl- und Gasförderung. Das ist vermutlich das kleinste Betätigungsfeld, das es im Feuerwehr-Business überhaupt gibt. Aber die Spezialisierung erlaubte es Red Adair, so herausragend gut darin zu werden, dass er der berühmteste Feuerwehrmann der Welt wurde. Wenn irgendwo auf der Welt eine Öl- oder Gasquelle brannte oder leckte, rief man nicht den Feuerwehrmann Sam, sondern Red Adair.

1980 schossen in Frankenthal in der Pfalz nach missglückten Bohrarbeiten große Mengen Erdgas unter hohem Druck aus einem Untergrundspeicher – extrem gefährlich. Red Adair schloss das Leck. Die Ölbohrplattform Piper Alpha entzündete sich 1988 unter großen Verlusten von Menschenleben. Red Adair bekam das Inferno in den Griff. Am Ende des zweiten Golfkriegs brannten 1991 in Kuwait 117 Ölquellen, angezündet von den Irakern. Red Adair löschte sie.

Über 2000 Brände löschte er in seiner Karriere. Er entwickelte und beherrschte dabei völlig neue Löschmethoden, wie zum Beispiel das Löschen durch Sprengstoffexplosionen, womit Bränden kurzfristig der Sauerstoff entzogen werden kann. Wenn man es kann. Löschte Red Adair Wohnungsbrände? Nein. Fabrikbrände? Nein. Waldbrände? Nein. Tausendmal Nein. Und dafür einmal Ja, wenn es einen Brand gab, den keiner außer Red Adair löschen konnte. So erlangt man selbst als Feuerwehrmann Weltruhm und das vor 9/11.

Dieses Michael-Schumacher-Red-Adair-Prinzip können Sie auf jeden Beruf anwenden.

Ich habe mal einen Klempner, pardon, Sanitärmeister betreut, der es so machte: Wolfgang Pagany. Er begann, Zielgruppen zu definieren, und pickte sich die oberste heraus: Ab sofort baute er nur noch wunderschöne Luxusbäder-Wellness-Tempel für die zahlungskräftigsten Kunden. Und das war noch in einer weißgekachelten Zeit, in der die beheizten Handtuchgitter noch nicht in die Otto-Normalbürger-Bäder Einzug gehalten hatten. Seine Monteure arbeiteten mit weißen Samthandschuhen und schwarzer Fliege. Das drückte aus: Wir arbeiten nicht wie Gas-Wasser-Scheiße-Monteure, wir arbeiten wie Gentlemen. Pagany lehnte es auch ab, Raucher einzustellen. Auf seinen perfekten Baustellen war es undenkbar, eine Raucherpause einzulegen, die Luft zu verpesten und irgendwo Kippen zu hinterlassen. Aber er hatte größte Probleme, nichtrauchende Handwerker zu finden.

Ich sagte irgendwann einmal in Verzweiflung zu ihm: »Mensch, is doch egal. Dann rauchens halt a Zigarettl…«

Aber er war resolut: »Nein! Kommt nicht infrage!«

Und ich muss gestehen: Er hatte vollkommen recht! Durch seinen kompromisslosen Hochqualitäts- und Hochpreisanspruch wurde er unheimlich erfolgreich. Er bekam große Presse als der Sanitärmann mit der Fliege und wurde in großem Umkreis immer dann geholt, wenn es um extrem schöne und teure Bäder ging. Besser positionieren kannst du dich gar nicht.

Seine größte Leidenschaft waren aber gar nicht Bäder, sondern die Oper. Die Gerüchte besagen, dass er irgendwann einen weiteren Schritt machte: Immer wenn ein Bad fertig war und die Situation es erlaubt, ließ er Wasser in die Wanne, legte sich hinein und sang aus Giacomo Puccinis *La Boheme*, eine der weltweit am häufigsten aufgeführten Opern, deren Protagonist Rodolfo in den moderneren Inszenierungen nicht auf dem Diwan, sondern in einer Zinkbadewanne liegt. Konsequenterweise verkaufte er seinen Laden irgendwann und singt heute nur noch Opern.

NO CORNERING

Eigentlich wissen die meisten, was sie wollen. Und wenn sie es nicht wissen, dann wissen sie zumindest, was sie nicht wollen. Und dieses Wissen hat einen Wert, einen großen Wert!

Viele wissen zwar, was sie nicht wollen, machen es aber trotzdem! Und wenn sie machen, was sie nicht wollen, bleibt kein Raum für das, was sie wollen. Das ist Frust! Wie lange stehen Sie schon in der Ecke Ihres Lebens und schauen auf das Spielfeld des Lebens? No Cornering! Wer Ja sagt und Nein meint, der hat Stress, weil er tut, was er nicht will. Wer Nein meint und Nein sagt, der hat Frieden. Und manchmal einen Freund weniger, was auch friedvoll sein kann.

Wer Nein zu Fastfood sagt, hat Raum für gutes Essen, wer Nein zum Fernsehen sagt, hat Zeit für ein Abenteuer. Ein Abenteuer ist eine gute Alternative. Abenteuer sind das Salz in einem geschmacklosen Leben. Wer Nein zu hässlichen, dummen Freunden und Partnern sagt, der ist ungebunden und offen für schöne und intelligente Freunde und Partner. Wer hässliche Frauen küsst, braucht sich nicht zu wundern, wenn die schönen keinen Kuss mehr haben wollen. In der Weinstadt Bernkastel-Kues stehen folgende Verse über einem Hauseingang:

Küss beizeiten schöne Mädchen
Trink beizeiten guten Wein
Bald zerreißt dein Lebensfädchen
Und ein anderer küsst die Mädchen
Und ein anderer trinkt den Wein

Genau! Denn das Leben vor dem Tod ist endlich.

Wer Ja zu Kleinaufträgen sagt, obwohl ihm Großaufträge lieber wären, hat meistens genau dann keine Kapazitäten für Großaufträge, wenn sie kommen. Es dauert eine Sekunde, und es ist leicht, Ja zu einem kleinen Auftrag zu sagen. Aber es kann Jahre dauern, um sich aus dieser Falle wieder herauszuarbeiten.

Wer Ja zu Rabatten sagt, obwohl seine Preise gut kalkuliert sind, verdirbt sich den Ruf, um mit rabattfreien Aufträgen auf eine gute Marge zu kommen. Es dauert eine Sekunde und es ist leicht, einen Rabatt einzuräumen. Aber es kann Jahre, ja manchmal Generationen dauern, die Erwartung eines niedrigen Preises aus den Köpfen der Kunden wieder zu tilgen.

Ich hatte einen Lieferanten für Luxus-Weine und Gourmetbedarf, der mir voller Stolz seine Preisliste per Post zukommen ließ mit der Betonung, dass ich als bester Kunde als Sonderkondition die Preisliste eine Woche vor dem Wettbewerb erhielte. Daraufhin rief ich ihn verschnupft an, inwieweit das Sonderkonditionen sind, wenn ich eine Preisliste lediglich eine Woche vorher zugestellt bekomme, und er meinte, dass ich dadurch auch die Gelegenheit hätte, eine Woche vor der offiziellen Preisliste zu bestellen und damit die Chance habe, Dinge zu bekommen, die für den Wettbewerb schon nicht mehr erhältlich sind. Auch cool. Das war ein klares Nein zu Rabatten.

Viele meiner Klienten stellen sinngemäß solche Fragen wie »Was muss ich tun, um zu erreichen, was ich will?«, und meine Antwort dazu lautet manchmal: »Dazu musst du überhaupt nichts tun. Du musst nur aufhören, das zu tun, was dich daran hindert, es zu erreichen.« Wir pflegen so viele Dinge in unserem Leben, die uns daran hindern, etwas zu erreichen. Falsche Gewohnheiten, falscher Fokus, Ablenkungsmanöver, falsche Freunde zum Beispiel. Damit meine ich nicht echte Freunde. Ein echter Freund ist jemand, der mich mag, obwohl er mich kennt. Aber wissen Sie so genau, welcher Freund ein echter und welcher ein falscher ist? Echte Freunde sind Gottes Entschuldigung für unsere Verwandten. Und es sind ja nicht nur unsere falschen Freunde. Mit so vielen Dingen in unserem Leben müllen wir uns zu! Zum Teil aus Versehen, aber möglicherweise zum Teil auch unbewusst absichtlich, um ja klein, dumm, hässlich und erfolglos zu bleiben – denn das ist bedeutend bequemer und mit deutlich weniger Verantwortung beladen.

Mahatma Gandhi meinte: »Der Unterschied zwischen dem, was wir tun, und dem, was wir in der Lage wären zu tun, würde genügen, um die meisten Probleme der Welt zu lösen.« Doch was machen wir? Wir finden Hindernisse. Legen uns Steine in den Weg, verlieren den Grund, wofür wir eigentlich angetreten sind, aus den Augen und wundern uns über unsere fehlende Selbstwirksamkeit. Ja, wir lassen den Erfolg auf uns warten.

No Cornering

Genau, nicht der Erfolg lässt auf sich warten, wir lassen den Erfolg auf uns warten. Das ist, gelinde gesagt, eine unglückliche Situation. Dem Erfolg ist es wurscht, ob wir kommen oder nicht.

Wir machen es uns selbst schwer, weil wir ständig alles Mögliche tun, was uns keinen Millimeter zu unseren Zielen, Wünschen und Träumen voranbringt. Wir haben in unserem Leben von vielem zu viel und von einigem zu wenig. Und zwar ausgerechnet von den wenigen entscheidenden Dingen.

Was sind wir nur für wundervolle Menschen! Und in dem Wort »wundervoll« steckt das »Wunder« doch schon drin.

Ist es nicht ein Wunderwerk, was wir Menschen erschaffen, insbesondere die Frauen, wenn sie stillen? Wenn eine Frau ungefähr zwei Jahre lang stillt, was auch dem ursprünglichen Ideal der Stillzeit entsprach, dann ist das eine Leistung von knapp 1500 Litern Milch. 1,5 Tonnen, die produziert werden und die von einem so kleinen Menschen verzehrt, dann zum Großteil doch wieder ausgeschieden werden, um am Schluss ein noch nicht mal 10 kg schweres Baby zu haben. Noch nicht einmal 1 Prozent der Milch hat sich in den menschlichen Körper umgewandelt. Eine ganz enorme Leistung vom Wunderwerk Mensch.

So kommt es nicht von ungefähr, dass aus dieser außerordentlichen Leistung sogar ein Geschäftsmodell entstanden ist. Manche Mütter stillen mit der Milch kaum ihr eigenes Kind, sondern pumpen die Milch ab, um diese in den Verkauf zu geben. Auch wenn es menschlich schwer nachvollziehbar ist: Bei einem derzeitigen Literpreis von 80 Euro bringt das Umsatzerlöse von 120 000 Euro. Zumindest ein wirtschaftlich sinnvolles Konzept. Und dann braucht dieses Wunderwerk Mensch grob 18 Jahre, um zu lernen, zu wach-

217

sen und zu reifen. Häufig unterstützt durch Radikalität, Entschlossenheit und Commitment einer liebenden Mutter und eines fürsorglichen Vaters, die gemeinsam alles, wirklich alles tun, damit dieses junge Leben einzigartig, außergewöhnlich, geradezu grandios wird. Dann lernen Sie weiter, studieren nochmals 6 oder 8 Jahre, und dann? Dann ist es Ihnen schon ein wenig langweilig geworden. Von Ihren Träumen, Wünschen und Zielen haben Sie bereits in Teilen begonnen, sich zu verabschieden. Die Träume weichen und machen dem Selbstbetrug Platz. Dafür tun Sie bereits jede Menge Zeugs, das Sie in keinster Weise brauchen, um die übrig gebliebenen Träume, Wünsche und Ziele zu verwirklichen. Und jeden Tag wird das Zeugs mehr. Und die Träume weniger. Und dann gehören Sie zu den Menschen, die sich langweilen und sich mit Menschen treffen, von denen Sie gelangweilt sind und die Sie wiederum langweilen, indem Sie sich von Menschen erzählen, von denen Sie gelangweilt sind, um sich nun gemeinsam zu langweilen. Wie langweilig. Dabei sollten wir doch mit jedem Atemzug die Sehnsucht des Lebens inhalieren.

DIE KUNST, SICH SELBST AM EIGENEN SCHOPF AUS DEM SUMPF ZU ZIEHEN

Und in diesem verhinderten Zustand hören Sie dann jemanden sagen: »Think big!« Sie winken zynisch und sarkastisch ab und spotten: Ja, ja, was kostet die Welt! Red du nur!

Aber in unserer grenzenlosen Beschränktheit verstehen wir das »Big« eben leider ganz falsch. Denn wenn Sie noch einen Funken

Leidenschaft intus haben, dann können Sie das »Think big« doch nur so verstehen, dass Sie bitte schön nur in einem ganz, ganz kleinen Teil der Welt größer denken. Einem kleinen Teil Ihrer Wahl. Ansonsten genau das Gegenteil!

Wer in irgendeiner Hinsicht größer werden will, der muss kleiner werden. Kleiner denken. Fokussierter sein. Konzentrierter sein. Weniger machen. Sich weniger ablenken lassen. Sich bei allen Vorhaben, und seien sie auch noch so klein, die Frage stellen: »Bringt mich das, was ich jetzt gerade tue, wirklich meinen Zielen näher?« Beginnen Sie, in einigen wenigen Sachen gut, besser, großartig zu sein und nicht in vielen Gebieten diverse Ziele anzustreben. Sofern Sie sich Ihrer eigenen Ziele überhaupt bewusst sind. So ein Leben ist immer ein Verfolgen der eigenen Vision. Aber wenn die schon fehlt, dann ist das ganze Leben ein Schmarrn. Jedes Handeln, das nicht Ablenkung und Verhinderung sein will, kann nur der einen Frage folgen: »Was will ich, was geschehen soll?« Das ist die einzige Frage, die wir uns täglich stellen sollten. Und damit ist es unweigerlich leidenschaftliches Handeln. Denn es geht um das, was wir wollen, das, was den Unterschied ausmacht, der eben den Unterschied ausmacht. Das, was uns ausmacht. Es geht jederzeit um alles oder nichts. Es geht um unser Leben. Es geht um dein Leben. Es ist lebensgefährlich.

Doch für die meisten Menschen ist das Wort »Leidenschaft« nur ein Lippenbekenntnis. Jeder ist gerne genau so lange extra leidenschaftlich, solange es Spaß macht. Wenn aber die ersten Schmerzen auftreten, ist das mit der Leidenschaft schnell vorbei. Leidenschaft allein ist nicht ausreichend, nicht in der Liebe, nicht im Beruf, denn sie ist zu kurzfristig und zu wenig nachhaltig. Ich habe gelernt, dass ungeachtet dessen, wie heiß und feurig eine Beziehung anfangs ist, die Leidenschaft verblasst und man etwas braucht, etwas anderes, das diesen Platz einnimmt. Das ist das Gleiche wie mit der Motivation. Es ist leicht, motiviert zu sein – in guten Zeiten. Aber warten Sie auf die schlechten Zeiten, dann ist es eine Kunst, motiviert zu sein. Dann fahnden Sie nach echter Motivation! In guten wie in schlechten Zeiten. Es ist eine logische Konnotation, dass die meisten Trennungen in schlechten Zeiten stattfinden. Und damit meine ich nicht nur die Trennungen von Menschen. Auch von Ideen, Vorhaben, Projekten, Geschäften und Selbstständigkeit trennt man sich in schlechten Zeiten leichter.

Viele Menschen können doch gar nicht mehr leidenschaftlich sein, zumindest nicht in ihrem Beruf. Denn bei manchen Entscheidungen zur Berufswahl haben sie doch mit Arbeitsvertragsunterzeichnung die Leidenschaft schon abgeschrieben. Wenn Sie sich beispielsweise in einem schlimmen Anfall von Depression und in einem Strudel von Frustration dazu entschlossen haben, Verwaltungsbeamter zu werden, dann haben Sie sich damit schon mit einem Bein ins Grab gestellt. Bitte entschuldigen Sie meine Härte, aber Sie müssen doch zugeben: Das Wort Verwaltungsbeamter ist doch schon die doppelte Negation des Lebendigen. Verwaltung! Und dann auch noch Beamter!

Wie meinte einer meiner Kunden: »Wenn authentische Leidenschaft und Empowerment eine Religion ist, dann ist Hermann Scherer der Pfarrer und die Scherer Academy die Kirche.« Er hat sicher maßlos übertrieben, aber in einem hat er recht: Dort predige ich nicht die Vision eines Lebens als Verwaltungsbeamter!

Wenn Sie herausfinden wollen, was Sie stattdessen im Leben

wirklich, wirklich wollen, gibt es durchaus einige gute Methoden dafür. Ich empfehle Ihnen konkret drei Dinge:

Kommunizieren Sie erstens mehr und besser mit sich selbst. Auch wenn das abgefahren klingt. Hören Sie zweitens gut zu, was Sie mit sich selbst kommunizieren, und fangen Sie dann an, sich selbst zu coachen. Stellen Sie drittens eine neue Timeline auf, und machen Sie sich sofort auf den Weg.

TWEETS

Aber der Reihe nach: Mit sich selbst kommunizieren, das sind die Tweets an sich selbst, die Sie sich ständig senden. Hier geht es mir nur darum, dass 80 Prozent der Selbstgespräche, die Sie mit sich führen, negativer Natur sind. Ja, sie sind Klagelieder. Gejammer. Und dann kommt nur noch heiße Luft.

So wie damals in Ludwigsburg, wo ich vor über 1000 Kunden einer Sparkasse einen Vortrag halten sollte. Wie immer war ich weitaus früher vor Ort und bat die Techniker um den üblichen Ton-Check.

Der eine Techniker forderte den anderen auf, doch zuerst das Pultmikrofon zu testen und einzustellen. Er möge dazu doch bitte erst einmal in das Mikrofon sprechen. Techniker oder Profis wissen, dass es bei der Ersteinstellung der Regler des Mischpultes durchaus ein wenig Zeit braucht, bis jeder einzelne Drehknopf so eingestellt ist, dass das Soundergebnis ein gutes ist. Also wissen wir: Wenn der Check kommt, dann rede lange. Rede irgendwelches Zeugs und

Die Inflation des Jas und die Wertberichtigung des Neins

wenn du im schlimmsten Fall bis 1000 zählst oder 100-mal bis 10, mal ganz zu schweigen von den beliebten und wichtigen Zischlauten, die besonders hilfreich sind beim Einstellen. Irgendwas drauflosquasseln dürfte ja wohl keine Schwierigkeit sein, wenn Sie sich ohnehin den ganzen Tag mit irgendwelchen negativen Bewertungen zuballern, oder?

Aber weit gefehlt! So kam also der Techniker, stellte sich hinter das Mikrofon am Pult und sprach drei Sätze über das aktuelle Wetter … dann noch einen über die Halle, in der wir waren … dann noch einen über die Tatsache, dass er am Mikrofon stand und hineinsprach … dann war er sprachlos.

Und das meine ich wörtlich: Er war nicht mehr in der Lage zu reden. Es kam kein Ton mehr raus.

Sein Kollege bat ihn wiederholt darum und forderte ihn auf, etwas zu sagen. Aber er stand wie angewurzelt da und wusste nichts mehr. Nichts vom Wetter, nichts vom Alphabet, nichts von der Numerologie oder sonst einem Fachgebiet. Aus. Stille. Schweigen. Ende.

Ich staunte: Dieser Mensch war wohl auf irgendeine Art und Weise am Ende angekommen. Was fehlte in diesem Kopf? War da keine einzige Idee mehr? Ist dieser Mensch genauso sprachlos zu sich selbst, wenn er mit sich über seine eigenen Vorhaben, über sein Leben spricht?

Aber bitte, das ist wichtig: Wir müssen doch mit uns selbst sprechen können, da müssen doch Ideen aufkeimen, aufblitzen, wieder zusammenfallen. Da muss sich doch was bewegen, da müssen Wörter, Sätze, Gedankenfiguren hin- und herspringen, kreisen, aufsteigen, absinken. Nur wenn sich zwischen den Ohren noch irgendetwas rührt, können wir uns selbst zum Erfolg führen.

222

PRAKTISCHE INTELLIGENZ

Die Fähigkeit, die es jemandem ermöglicht, sich aus einer Mordanklage herauszureden oder von einem Vormittags- in einen Nachmittagskurs zu wechseln, nennt der Psychologe Robert Sternberg »Praktische Intelligenz«. Dazu gehört laut Sternberg unter anderem, »zu wissen, was man zu wem sagt, wann man es sagt und wie man es vorbringt, um die größtmögliche Wirkung zu erzielen«. Es geht also um ein Verfahren und darum, zu wissen, wie man etwas tut, ohne notwendigerweise zu wissen, warum, und ohne es erklären zu können. Dieses Wissen ist rein praktischer Natur, es ist kein Wissen, das man um seiner selbst willen erwirbt. Es hilft uns, Situationen richtig einzuschätzen und unsere Ziele zu erreichen. Diese Intelligenz hat nichts mit den analytischen Fähigkeiten zu tun, die in einem Intelligenztest abgefragt werden. Um einen technischen Begriff zu verwenden, verhalten sich allgemeine und praktische Intelligenz »orthogonal« zueinander: Wenn eine vorhanden ist, heißt das nicht, dass die andere vorhanden sein muss. Manche Menschen haben viel analytische und kaum praktische Intelligenz, andere haben kaum analytische und dafür umso mehr praktische Intelligenz, und wieder andere haben eine gehörige Portion von beidem. Die praktische Intelligenz verhält sich ähnlich wie die Benutzung eines Computers. Angenommen, Sie bekommen einen neuen Laptop geschenkt und sind zum ersten Mal an der Oberfläche am Arbeiten, dann können Sie mit der Oberfläche allein und mit all den Programmen nichts tun und nichts beginnen. Erst die Dateien und Inhalte darin ermöglichen das Miteinander-Arbeiten.

223

COACH YOURSELF

Und damit bin ich beim zweiten Punkt: Zum Erfolg führen, das sagt heute keiner mehr. Heute nennt man so etwas »Coaching«. Und wir Menschen sind in der Lage, uns selbst zu coachen. Ja, wir *müssen* uns selbst coachen!

Dieses Coaching können und sollten wir an unseren eigenen Reifegrad anpassen. Stellen Sie sich einen guten Bergführer vor: Er rennt nicht voraus und verschwindet hinter der nächsten Kuppe, er trödelt auch nicht, sodass er die ganze Seilschaft aufhält, sondern er passt sein Tempo und den Schwierigkeitsgrad der gewählten Wege genau den Bergsteigern an, die ihm anvertraut wurden.

Insgesamt unterscheiden wir beim Coaching – übrigens nicht nur beim Selbstcoaching, sondern auch beim Coaching von anderen – vier Reifegrade. Bei den ersten beiden Reifegraden 1 und 2 gilt es, mehr mit positivem Feedback zu arbeiten, damit der Coachee Vertrauen bekommt – in diesem Fall auch zu sich selbst: Lob, Bestärkung, Zuspruch, wenn Sie etwas Gutes bemerken. Erst bei den erhöhten Reifegraden 3 und 4 können wir verstärkt mit konstruktiver Kritik und hartem Feedback arbeiten.

Angenommen, Sie sehen, wie ein Mensch mit dem Reifegrad 1 auf dem Weg zu seinem Ziel ist, dann kann einer der ersten Schritte sein, diese Person einfach während dieses Prozesses – ohne sie dabei zu unterbrechen! – mit positiven Gesten oder Aussagen zu bestärken. Bei Reifegrad 2 ist es möglich, dass Sie den Prozess unterbrechen und den Menschen mit präzisen positiven Gesten oder Aussagen bestärken, um ihn dann aufzufordern, mit größerem Mut weiterzumachen und dabei das ohnehin schon Positive zu verstärken. Der Unterschied zwischen Reifegrad 1 und Reifegrad 2 liegt in dem Unterbrechen des gesamten Prozesses, um bestärkend einzugreifen.

Reifegrad 3 dagegen erhält nicht nur positive Verstärkung, sondern auch Kritik und Korrektur, allerdings während des Prozesses, ohne ihn dabei zu unterbrechen.

Bei Reifegrad 4 ist es möglich, dass Sie den Prozess unterbrechen, mit korrigierenden Gesten oder Aussagen für eine positive Beeinflussung und Veränderung oder Richtungsanpassung sorgen, und den Menschen dann wieder ins Rennen schicken. Der Unterschied zwischen Reifegrad 3 und Reifegrad 4 liegt wiederum in dem Unterbrechen des gesamten Prozesses, um korrigierend einzugreifen.

Schätzen Sie nun bitte sich selbst ein: Für wie reif halten Sie sich? Das Problem hierbei besteht darin, dass Sie sich im Allgemeinen besser einschätzen können, je reifer Sie sind. Umgekehrt gilt: Je unreifer Sie sind, desto mehr liegen Sie daneben. Ich rate Ihnen darum, es für den Anfang mal damit zu versuchen, sich immer dann positiv zu verstärken, wenn Sie einmal eine positive Entwicklung bei sich entdecken, einen geraden Gedanken und eine zielführende Tat. Wenn Sie sich dagegen beim Prokrastinieren erwischen oder dabei, Ablenkungen zu inszenieren, mit denen Sie sich selbst mal wieder vom Weg abbringen, dann zucken Sie für den Anfang einfach nur nachsichtig mit den Schultern, und passen Sie lieber auf wie ein Luchs, damit Sie nicht verpassen, wenn Sie mal tatsächlich einen Schritt Richtung Ziel machen.

Alleine schon dieser neue Fokus auf das Gelingende in Ihrem Leben wird Sie mächtig überraschen!

Die Inflation des Jas und die Wertberichtigung des Neins

Aber damit sind Sie noch nicht ganz entlassen. Denn die Frage bleibt, wie Sie unterscheiden, was ein positiver Schritt in die richtige Richtung und was dagegen nur ein Ablenkungsmanöver ist.

TIMELINE

Die Antwort finden Sie im dritten Punkt: Denn wenn Sie nun schon so weit sind, dass Sie erstens mit sich selbst kommunizieren und sich sogar zweitens reflektieren können, dann macht es Sinn, das zu tun, was ich auch für ganze Unternehmen gerne mache: eine zukunftsantizipierende Timeline aufstellen.

Die meisten Menschen oder Unternehmen gestalten die Zukunft als eine Hochrechnung der Vergangenheit, aber genau das ist Mord an der Fantasie. Das geht auch anders und zwar so: Dabei dokumentieren Sie zuerst einmal, wie Sie die letzten Jahre erlebt haben. Dann lassen Sie die Vergangenheit ruhen und springen (am besten mit einigen konkreten Methoden, die hier aber zu weit führen würden) gedanklich in die Zukunft. Dort entwerfen Sie eine Idealposition, ganz unabhängig davon – und das ist das Wichtigste dabei! –, ob Ihr heutiges Leben eine solche Idealposition zulässt oder möglich erscheinen lässt. Dabei gilt der von mir geschätzte Grundsatz meines Kollegen Ronald Hanisch: »Nichts bleibt in Kraft, außer eine genaue Überprüfung rechtfertigt den derzeitigen Zustand!«

Erst wenn Sie so eine wünschenswerte Idealposition gefunden, herausmodelliert und konkretisiert haben, prüfen Sie, ob es einen möglichen Pfad von Ihrem gegenwärtigen Leben zur Idealposition gibt. Und dabei ist vollkommen klar, dass solche Ideen oder Positionen nicht leicht zu verteidigen sind. Eine neue Idee ist immer scharfsinniger Unsinn. Bleiben Sie dennoch dabei, und lassen Sie Ihre Fantasie spielen.

Zusätzlich erfahren Sie, welche Baustellen die dringlichsten sind und was im Augenblick am meisten Sorgen bereitet.

Im letzten Schritt blicken Sie auf die Realität der Gegenwart zurück. Für den Gap zwischen der bestehenden Ist-Situation und der gewünschten Idealposition erarbeiten Sie Umsetzungsszenarien.

Damit entwickeln Sie in kurzer Zeit eine zukunftsgerichtete und nicht vergangenheitsorientierte Ausrichtung. Wenn Sie die haben, können Sie jederzeit prüfen, ob Sie auf Zielkurs sind, und Sie erhalten gleichzeitig neue Inspiration und Szenarien, was in der Zukunft angepasst, neu entwickelt oder komplett anders sein muss. Außerdem erfahren Sie, welche Baustellen die dringlichsten sind und was im Augenblick am meisten Sorgen bereitet. Das mit der Zukunft ist ohnehin so eine Sache, denn es gibt in Wahrheit ja gar keine Zukunft: Wenn Sie sie erreicht haben, dann ist sie schon die Gegenwart, und schwupps, schon ist sie Vergangenheit.

Es ist schwer genug, von seiner Ist-Situation in die Idealposition zu kommen. Wenn dann noch Zweifel, Ängste und Unwissenheit im Weg stehen, dann wird es schwierig, denn dann ist der Protagonist des Erfolges schlicht unmündig. Selbstzweifel und Gegenargumente verdienen häufig ein »Pfeif drauf«. Hier geht es um mehr Radikalität. Ja, es geht sogar um Rücksichtslosigkeit. Nein, nicht dem Vorgesetzten gegenüber, sondern Rücksichtslosigkeit den Umständen gegenüber. Wir müssen den Umständen häufig trotzen.

Rücksichtslosigkeit gegenüber den Umständen lässt Sie Ihre Träume verwirklichen.

Viele von uns sind in Bezug auf einen Lebensplan, auf das Schreiben der eigenen Erfolgsgeschichte in den dunklen Raum der erlernten Hilflosigkeit gerutscht. Als Immanuel Kant im Jahr 1784 die Frage »Was ist Aufklärung?« beantwortete, gab er eine Definition nicht allein der politischen, sondern auch der ökonomischen Selbstbefreiung des Subjektes. »Aufklärung ist der Ausgang des Menschen aus seiner selbst verschuldeten Unmündigkeit«, stellte der Philosoph fest. »Unmündigkeit ist das Unvermögen, sich seines Verstandes ohne Leitung eines anderen zu bedienen. Selbst verschuldet ist diese Unmündigkeit, wenn die Ursache derselben nicht am Mangel des Verstandes, sondern der Entschließung und des Mutes liegt, sich seiner ohne Leitung eines anderen zu bedienen.« Und Kant forderte: »Habe Mut, dich deines eigenen Verstandes zu bedienen!« Ja, den brauchen wir, den eigenen Verstand und eben auch den Mut dazu, ihn zu gebrauchen, auch daran muss man sich gewöhnen, an den eigenen Mut. Nehmen Sie darum jeden Tag ein klein wenig mehr von der wertvollsten Medizin, so lange bis Sie danach süchtig sind: dem Mut.

Und mit diesem Mut entwickeln Sie mit dieser Timeline über die fiktive Zukunft nichts anderes als einen zuverlässigen Kompass für Ihre Entscheidungen in der Gegenwart. Dieser Kompass erlaubt Ihnen wahre Durchbrüche, denn plötzlich geht es nicht mehr um inkrementelle Verbesserungen dessen, was Sie immer schon gemacht haben, sondern um das Einschlagen eines völlig neuen Kurses, um echte Fortschritte oder echte Karriere, nicht nur um so ein wenig Veränderung. Dieses Tool ist viel zu mächtig und zu groß, um damit kleine Veränderungen in Unternehmen oder Karriere oder Leben anzustreben. Und dieses Tool alleine reicht auch nicht aus. Denn jede noch so gute Idee oder jedes noch so gute Tool alleine ist doch langweilig. Viele großartige Projekte sind nicht wegen der genialen Idee dazu so erfolgreich geworden, sondern wegen des Mutes, die Idee umzusetzen.

HÄTTE ER SICH MAL FOKUSSIERT!

Nicht, dass Sie denken, ich habe Ihnen damit einen Tipp gegeben. Das würde ich niemals tun. Was ich Ihnen hier beschrieben habe, ist vielmehr eine ganz besondere Art der Fokussierung.

Nur wer fokussiert denkt, kann auch Großes bewirken. Überspitzt ausgedrückt: Nur wer klein denkt, kann Großes bewirken. Oder wie es eben so schön heißt: Weniger ist mehr. Man könnte auch sagen: Lassen Sie den Unrat vorbeischwimmen!

Less is more – der Ausdruck wurde wohl zuerst 1855 im Gedicht *Andrea del Sarto* von Robert Browning verwendet. Dabei ist »Weniger ist mehr« ein Oxymoron, eine rhetorische Figur, bei der eine Formulierung aus zwei gegensätzlichen, einander widersprechenden oder sich gegenseitig ausschließenden Begriffen gebildet wird. Auch zu den Oxymora gehört zum Beispiel »Eile mit Weile.« Und seitdem haben viele Menschen das Oxymoron »Less is more« auf unterschiedlichste Weise beschrieben: »Mache die Dinge so einfach wie möglich – aber nicht einfacher« (Albert Einstein). »Das Einfache ist nicht immer das Beste. Aber das Beste ist immer einfach«

Die Inflation des Jas und die Wertberichtigung des Neins

(Heinrich Tessenow). »Keep it simple« (Alan Graham Apley). »Perfektion ist nicht dann erreicht, wenn man nichts mehr hinzufügen, sondern nichts mehr weglassen kann« (Antoine de Saint-Exupéry). Sogar Werbeaussagen gibt es dazu: »Reduce to the max.« Natürlich könnte man sich fragen: Wenn weniger mehr ist, ist nichts dann alles?

Ich war einmal beim Käser-Training. Das ist nicht zu verwechseln mit dem Kieser-Training, denn es ging dabei weniger um einen gesunden Rücken als um einen gesunden Geist. Eine der Übungen, die ich dabei lernte, war: Unrat vorbeischwimmen lassen. Wir bildeten dabei Paare. Einer der beiden war dazu angehalten, Negatives, Belangloses, Nicht-Zielführendes ins Gespräch einzubringen.

Der andere, noch ungeübt, stürzte sich natürlich darauf und begann zu diskutieren. Doch genau das lernten wir zu vermeiden. Die Gegenargumente einfach sein lassen. Den Unrat einfach im Raume stehen lassen. Und dann beobachten, wie die Strömung der Zeit ihn langsam, aber sicher wegschwemmt. Wie ein alter Schuh, der im Fluss schwimmt. Fische ihn nicht heraus! Du brauchst ihn nicht! Wenn etwas Schönes vorbeikommt, kannst du es dir gerne nehmen. Aber den Unrat, den lass vorbeischwimmen!

Genauso ist es im Leben.

Mittelmaß entsteht dann, wenn Sie es nicht lassen können, all den Unrat, der im Leben vorbeischwimmt, herauszufischen und anzusammeln. Dabei ist Unrat nichts Schlechtes. So ein alter Schuh ist ja kein böses Ding. Nur ist es einfach so, dass Sie einen alten Schuh nicht gebrauchen können.

Am Ende, wenn Sie die Übung und damit ein Stück Lebens-

Hätte er sich mal fokussiert!

kunst beherrschen, picken Sie viel, viel seltener etwas aus dem Fluss als die meisten Menschen. Hundertmal weniger!

Das heißt im Klartext: Sie lassen Hunderte von Chancen liegen, Sie widerstehen Tausenden von Versuchungen, Sie vermeiden Zehntausende von Ablenkungen. Sie bleiben ruhig und schlagen zu, wenn etwas wirklich Schönes, Seltenes, Wunderbares vorbeigeschwommen kommt. Ich hoffe für Sie, dass Sie dann wach sind und außerdem Platz dafür haben!

Viele Menschen beschreiben mit ihren guten Vorsätzen immer Dinge, die sie zusätzlich tun wollen. Doch das Neue kann erst dann ins Leben kommen, wenn das Alte dafür Platz geschaffen hat. Nur wer loslässt, hat zwei Hände frei. Und wer Neues wagen will, der braucht die Ressourcen dafür, muss also Altes weglegen.

Wir können den neuen Job erst antreten, wenn der alte gekündigt ist. Wir können mit dem neuen Partner erst eine Partnerschaft eingehen, wenn die alte Partnerschaft gelöst ist. Na ja, zumindest sollte es so sein. Aber das ist noch nicht alles. Wir können in Wirklichkeit doch dann erst eine neue Partnerschaft beginnen, wenn wir die alte nicht nur gelöst, sondern auch mental abgeschlossen haben.

Als ich einmal schrecklichen Liebeskummer hatte und in meinem Leben gar nicht so recht weiterkam und unbedingt eine Partnerin haben wollte, weil mein Herz so voller Liebe war und nicht wusste, wohin es all diese Liebe ausschütten kann, da sagte ein weiser Mann zu mir: »Es geht nicht darum, einen neuen Partner zu bekommen, sondern darum, den alten Partner aus dem Kopf zu kriegen.«

231

NOT TO DO

Wir müssen manchmal loslassen können. Nicht nur deshalb stelle ich mir jährlich die Frage, welche Dinge ich im nächsten Jahr nicht mehr tun werde. Ja, wir brauchen nicht nur eine Bucket List, wie die Amerikaner sagen, auf der wir unsere Ziele, die wir noch verfolgen wollen, notieren, sondern wir brauchen auch einen echten Mülleimer, in den wir alle Dinge werfen, die wir nicht mehr weiterverfolgen wollen.

Eine Mülleimer-Liste: Sorgen Sie dafür, dass Ihr Mülleimer mit all den Dingen, die Sie nicht mehr tun wollen, immer randvoll ist! Dann ist es gut.

Es braucht seine Zeit, die alten Dinge loszulassen und damit Raum für die neuen zu schaffen. Ich wollte das nie so ganz glauben, mir waren diese Prozesse immer zu langatmig und zu langwierig. Entweder schnell oder gar nicht, war meine Devise.

Es musste immer alles schnell, einfach und schmerzfrei geschehen, am besten so:

Bist du krank,
geh an den Schrank,
hol Medizin raus
und die Krankheit ist aus.
Bist du unklar,
mach ein Seminar,
kommst du dann heim,
ist der Erfolg dein.

Wenn Sie sich nun wundern: Ja, das Gedicht ist wirklich grauenvoll. Aber dafür habe ich es selbst gereimt! Und ich habe es nur gedichtet, damit Sie jetzt sagen können: »Hätt' er sich mal fokussiert auf das, was er kann!« Und damit haben Sie auch vollkommen recht.

ICH ERLAUBE MIR, VON EINEM TIPP ABZUSEHEN

In der Woche bekomme ich mindestens zwei Anfragen, die sinngemäß so lauten: »Ein Bekannter von mir steckt mit seiner Firma und seiner Vermarktung in Schwierigkeiten. Haben Sie einen Tipp, wie er das mit überschaubarem Aufwand lösen kann?« Oder: »Ich würde gerne Redner werden und wollte mal fragen, ob wir uns auf ein Essen treffen können. Bitte unterstützen Sie mich, und ich beteilige Sie am Erfolg.«

Bei solchen Anfragen gehe ich in die Luft wie ein HB-Männchen. Hier ein Hinweis für alle nach 1980 Geborenen: Ein HB-Männchen ist eine Werbefigur – heute würde man wohl Avatar dazu sagen –, der Zigarettenmarke Haus Bergmann, HB. Früher, als im Fernsehen noch Zigarettenwerbung erlaubt war, ist es immer ganz fürchterlich aufgeregt und im sprichwörtlichen Sinne in die Luft gegangen, nur um uns im Anschluss daran zu zeigen, dass eine Zigarette ein probates Mittel zur Beruhigung ist.

Also, bei solchen Anfragen gehe ich in die Luft wie das HB-Männchen und antworte immer gerne sinngemäß so: »Herzlichen Dank für Ihre Mail und das damit verbundene Vertrauen. Es liegt in meiner Profession, Menschen und Unternehmen in ihrem Fokus zu unterstützen, (Markt-)Chancen zu erkennen und sich und ihr Unternehmen am Markt zu platzieren und erfolgreich zu präsentieren. Im Rahmen dieser Arbeit gelingt es mir – verzeihen Sie meine Unbescheidenheit – meist recht gut, konkrete, erfolgsversprechende Vorgehensweisen oder Ideen zu entwickeln. Dies ist jedoch erfolglos, wenn die mit der Umsetzung betrauten Personen mein Verständnis über die Umsetzung nicht teilen. Eine beratende Dienstleistung ist immer nur so erfolgreich wie die Umsetzungsqualität der zu beratenden Person, oder mit anderen Worten: Die Erreichung der Erfolgsfaktoren von Beratungen steht in direkter Proportionalität zur Umsetzungsintelligenz des Beratenen.

Ich gehe davon aus, dass das geschilderte Ziel Ihrerseits ein wichtiges und ehrgeiziges Ziel ist. Wäre es das nicht, so könnte man die Zielsetzung und damit das gesamte Projekt ja infrage stellen. Ehrgeizige Ziele, das lässt sich aus einer Vielzahl vergangener Projekte ableiten, begrüßen auch ein ehrgeiziges Engagement aller Beteiligten. Deshalb sollten Sie zur Umsetzung mehr als nur einen Tipp von mir verlangen und auch mehr als nur einen Tipp erwarten.

Und damit komme ich zum Punkt. Mir ohne große Kenntnis einen Tipp einfallen zu lassen birgt ein großes Risiko für alle Seiten, denn meine zu geringe Kenntnis über den Sachstand macht es mir nicht leicht, einen relevanten Tipp abzugeben. Und auch der Tipp selbst birgt große Risiken. Einerseits das Risiko, der richtige Tipp für das falsche Problem zu sein, andererseits kann ein solcher Tipp die unberechtigte Hoffnung entfachen, dass dieses Projekt einfach nur durch Umsetzung eines einzelnen Tipps erfolgreich wird. Dies kann, muss aber nicht sein. So kann der Tipp Sie in die falsche Richtung führen und mich dabei meinen Ruf als Ratgeber kosten. Dies birgt für beide Seiten ein hohes Risiko. In der Regel ist die konsequente und nachhaltige Umsetzung einer Vorgehensweise oder einer Strategie erfolgsrelevant. Dies ist jedoch mit einem einfachen Tipp nicht umzusetzen. Deshalb erlaube ich mir – in Ihrem Interesse –, von einem Tipp abzusehen.

Sehr wohl glaube ich, dass Ihre Zielsetzung und Ihr Ansinnen von mir mit erfolgreichen Ideen, Ansätzen und Strategien ausgestattet werden können. Es wäre jedoch ein gutes Stück mehr als nur ein Tipp und damit auch ein wenig Input Ihrerseits und Output meinerseits nötig. Und diese Dienstleitung – und das will ich Ihnen nicht vorenthalten – würde ich meinerseits auch fakturieren.«

Oder, wenn ich in anderer Stimmung bin, auch so:

»Herzlichen Dank für Ihre freundliche Anfrage. Bitte sehen Sie mir das nach, aber ich bin Familienvater und verbringe meine Zeit ausschließlich mit meiner Familie oder Aufträgen. Darum treffe ich mich grundsätzlich nie mit jemandem ›einfach so‹. Auch mit meinen Kunden mache ich das nicht. Wenn ein Kunde mich sehen oder etwas besprechen will, dann machen wir das gerne, jedoch wird das unsererseits fakturiert. Gerne würde ich das mit unserem Treffen ähnlich machen. Wenn Sie konkrete Fragen oder Wünsche haben, dann bin ich gerne – gegen Faktura – für Sie da. Wenn nicht, dann wünsche ich Ihnen viel Erfolg und gehe mit meinen Kindern in den Sandkasten.«

Ach, und übrigens, von wegen »am Erfolg beteiligen«: Das kann und darf nicht sein. Wenn jemand einen anderen um Hilfe bittet und denjenigen rückwirkend am Erfolg beteiligen möchte, dann ist das Risiko viel mehr auf der Seite des Ratgebenden als auf der des

Ratsuchenden. Dabei darf und muss der Ratsuchende doch endlich in die Umsetzung kommen. Mit so einer Regelung wird ihm jeder Druck genommen und damit auch die Notwendigkeit zur Umsetzung ein geringerer. Und wir wissen alle: Der Preis für Erfolg ist stets im Voraus zu entrichten. So funktioniert es also nicht.

DAS GLAUBST DU DOCH SELBST NICHT!

Und noch weniger funktioniert es, wenn Sie einen Menschen sagen hören: »Ich habe doch alles gegeben!«

Ich könnte eine Pickelzucht kultivieren, wenn ich diesen Satz höre. Denn eine scheinheiligere Ausrede verbunden mit einer größeren Lüge gibt es wohl kaum. Die meisten geben diesen Satz doch schon breitbeinig von sich, wenn sie noch nicht einmal außer Atem gekommen sind und noch keine einzige Schweißperle auf der Stirn haben. Haben Sie wirklich alles gegeben, als Sie das letzte Mal behauptet haben, dass Sie alles gegeben hätten? Und wenn ja, woher wissen Sie das?

Nein, das geht nicht. Ich muss Sie das anders fragen. Ich muss das zum allerersten Mal anders fragen …

Schauen Sie, ich bin ein Gegner dieser neumodischen Duzerei. Zumal in Büchern! Ich schätze die deutsche Möglichkeit des Siezens, und als Leser ist es mir immer eher unangenehm, wenn der Autor sich so jovial am Du vergreift. Aber hier beginne ich erstmals zu verstehen, warum der eine oder andere Kollege das so macht. Denn das »Sie« ist mir an dieser Stelle einfach nicht eindringlich genug.

Das glaubst du doch selbst nicht!

Ich möchte Ihnen darum einen pragmatischen Vorschlag machen: Lassen Sie uns bitte mal kurz zum Du übergehen, wir können dann anschließend ja gerne wieder einen Gang zurückschalten.

Also, ich bin der Hermann.

Und damit das klar ist: Ich glaube dir einfach nicht, dass du alles gegeben hast!

Und du? Glaubst du dir selbst?

Sei ehrlich! Du hast in Wahrheit doch noch nie alles gegeben! Und ich meine hier wirklich: alles!

Denn ich glaube, dass mein Verständnis von »alles« nicht deckungsgleich ist mit deinem Verständnis von »alles«.

Was ich Ihnen damit sagen will, ist: Wenn sich einer einen Job sucht und ich frage ihn, wie viele Bewerbungen er geschrieben hat, dann kommt oft eine Zahl wie: 12. Oder 18. Oder 22.

Lächerliche Zahlen!

Selbst wenn einer sagt: 50, dann sage ich: 50 Bewerbungen? Warum nur 50? Warum nicht 500?

Warum gibt jemand, der einen Job sucht, nur ein kleines bisschen Gas, lockert nur ein bisschen die Handbremse, dreht den Motor gerade mal auf zweieinhalbtausend Umdrehungen? Was soll das? Warum gibt er nicht alles und schreibt so viele Bewerbungen, wie er nur kann?

Und warum stellt er sich dann hin, wenn er kein gutes Jobangebot bekommen hat, und lamentiert: Der Arbeitsmarkt ist schwierig, aber ich habe zumindest alles gegeben … Ach was! Gelogen!

237

Alles? Pah.

Genauso klingelt es in meinen Ohren, wenn ich höre: »Ich probiere schon drei Jahre, Redner zu werden …« – Na und? Drei Jahre? Was sind schon drei Jahre? Ich habe es verdammt gut hinbekommen, und sogar ich habe ja schon fast fünf Jahre gebraucht!

Und wenn einer sagt: »Ich probiere es schon drei Jahre« – hat er dann in diesen drei Jahren wirklich seine ganze Zeit dafür verwendet? Oder hat er nicht eher ab und zu mal, alle paar Wochen ein wenig Zeit dafür eingesetzt? Hier einen Tag und da drei Stündchen?

Und dann höre ich sie jammern. Mann, sie kommen einfach nicht an die Aufträge ran! Und ich habe dann sogar noch Mitleid und denke: Mensch, die arme Sau, da fehlen dem ja die Einkünfte, das ist hart.

»Ja, ich habe alles versucht«, sagt der dann.

Oh, denke ich, das ist bitter, ich gönne es ihm so, dass er jetzt endlich mal einen dicken Fisch an Land zieht.

Und dann bin ich auf Facebook und sehe seinen neuen Post: Wie er auf dem Golfplatz steht, schlaue Sprüche klopft und Bälle schlägt.

Schön, das gönne ich ihm, wunderbar. Aber dann hat er doch nicht alles gegeben, um Himmels willen!

Nein, er hat den Ball in 18 depperte Löcher gehauen. Die Energie, die er dafür aufgewendet hat, hat er eben NICHT in seine Karriere gesteckt. Dann hat er doch auch nicht alles gegeben, der Lügner!

Alles heißt eben allesallesallesalles! 24 Stunden!

Die meisten Leute haben doch völlig verrutschte Grenzwerte im Kopf. Da trennt sich ein Paar, und ich höre: Wir haben alles versucht!

Das glaubst du doch selbst nicht!

Alles? Das glaub ich ja nie im Leben!

Nein, wenn sie sich trennen, dann alleine deshalb, weil einer der beiden zu schnell eingeschnappt war und der andere trotzig ist. Denn es ist doch logisch: Wenn einer wirklich alles versucht, dann ist das eben auch wirklich alles. Und alles zu geben, das dauert dann auch sein ganzes Leben lang! Und wenn es ein ganzes Leben lang geht, dann kann ich mich doch schon aus Zeitgründen nicht scheiden lassen! Weil ich bin ja noch gar nicht fertig mit meinem ganzen Leben. Es geht nicht! Da komm ich gleich in Wallungen, da werde ich schon wieder wütend, wenn ich das hier lese und schreibe.

Und dann sagen manche: »Puh, das muss ich jetzt erst mal sacken lassen.«

Das ist die allerschlimmste Aussage.

Also, eigentlich ist es ganz einfach: Zuerst mit sich selbst kommunizieren, dann reflektieren, dann eine Idealposition des Lebens entwickeln. Und anschließend die komplette restliche Lebenszeit damit verbringen, genau diese Idealposition zu erreichen. Nicht mehr und nicht weniger.

Es mag außergewöhnlich und banal klingen, doch genauso läuft das Spiel. Und genauso haben alle gespielt, die etwas Außergewöhnliches im Leben erreicht haben. Wenn Sie es nicht glauben, forschen Sie nach. Lesen Sie Biografien. Fragen Sie Ihre Idole. Und bei all diesen Vorhaben müssen Sie nicht immer den kompletten Überblick behalten. Denn wenn Sie immer den Überblick haben, immer Herr der Lage sind, dann dürfte Ihr Leben langweilig sein. Und wenn Sie nicht den Mut aufbringen, damit anzufangen, wenn Sie glauben, der Berg, der sich vor Ihnen auftürmt, sei zu groß, dann... hmmm.... dann habe ich eine Idee für Sie!

239

SOOO GROSS!

Ich war einmal zu einem Frühstücksbrunch eingeladen. Der war sehr lecker, und es gab Prosecco. Ich ließ mich zu drei Gläschen hinreißen, was zur Folge hatte, dass ich schon vormittags sturzbesoffen war und auf dem Nachhauseweg bedenklich schwankte.

Ich sah auch nicht mehr alles in 3D. Aber als ich an einem Reisebüro vorbeikam, erkannte ich im Schaufenster zumindest den roten Sand und die Kängurus: Australien!

In Australien war ich noch nie gewesen. Das war für mich immer sehr groß und sehr weit weg. Eigentlich zu groß und zu weit weg. Und darum so etwas wie unerreichbar. Wenn man nach Australien fliegt, dann ja gleich richtig, und gleich richtig lange. Also mindestens 3 Wochen, sonst rechnet es sich nicht; besser noch wären 6 Wochen, wirtschaftlich gesehen am allerbesten gesehen wären wohl 3 Monate. Und weil man eben nicht so einfach so lange nach Australien fliegen kann, macht man es meist gar nicht. Gleichzeitig übte Australien auf mich immer auch einen großen Reiz aus. Es war so ein stetiger Wunsch, ein Traum, aber kein wichtiger. Es gab keine große Notwendigkeit, nach Australien zu fliegen.

Australien war der Kontinent, auf den ich immer beinahe geflogen wäre, aber nie geflogen bin. Dabei war ich von der Legende der ersten englischen Siedler, die in Australien an Land gingen, so begeistert. Demnach sahen sie ein komisches Tier, das hoch und weit sprang. Sie fragten mithilfe der Zeichen- und Körpersprache die Einheimischen, was dies für ein Tier wäre. Diese antworteten mit: »Kan Ghu Ru«. Die Engländer machten dann daraus das Wort

Känguru. Was die Einheimischen aber in Wirklichkeit zu sagen versuchten, war: »Wir verstehen euch nicht«, »Kan Ghu Ru«.

Bis zu diesem Vormittag.

In meinem Suff stolperte ich ins Reisebüro und kam 30 Minuten später wieder raus. Mit einem Flugticket für einen Abflug in drei Wochen nach Australien.

Nun, ich war tatsächlich dort. Und es war gar nicht sooo teuer. Und Australien ist gar nicht sooo weit. Und die Aufgabe, nach Australien zu fliegen, war gar nicht so groß. Nur die Hürde in meinem Kopf war sehr hoch gewesen.

Das ist es: Wir machen uns die Aufgaben im Leben immer sehr groß. Aber in Wahrheit sind sie das gar nicht. Darum ist es in den meisten Fällen reichlich sinnlos, wichtige Entscheidungen nicht zu treffen, weil wir Angst vor der Größe der Entscheidung oder deren Konsequenzen haben.

Ich fordere Sie darum auf: Wenn Sie ein Riesenproblem vor der Brust haben und Sie finden nicht die Courage, um es anzupacken – dann gibt es eine ganz einfache Lösung, sozusagen ein Patentrezept: drei Gläschen Prosecco!

KAPITEL 9

SELBSTBETRUG ALS RETTUNG

Gut, aber natürlich gibt es auch mit Prosecco Probleme. Probleme, die unlösbar sind. Die *scheinbar* unlösbar sind. Hm. Vielleicht ja doch irgendwie lösbar sind ... Ich meine damit jene Probleme, die Sie lösen können, ohne sie zu lösen.

Moment, das klingt jetzt zu paradox. Schauen Sie, es gibt Probleme, die nur so lange ein Problem sind, solange Sie in der Welt verharren, wie sie bisher war. Sobald Sie die Welt ändern, in der das Problem bislang existierte, löst es sich plötzlich in Luft auf. Und die Welt zu verändern, das ist eigentlich kein Problem.

Verstehen Sie, was ich meine?

Na gut, auf die Gefahr hin, Eulen nach Athen zu tragen, will ich mich etwas verständlicher ausdrücken.

STARTE MIT DEM MENSCH IM SPIEGEL!

Es war einmal, vor langer, langer Zeit, da war ich ein Dale-Carnegie-Trainer. Dale Carnegie, das war der amerikanische Großmeister der Kommunikation in der ersten Hälfte des 20. Jahrhunderts, der Vater aller Motivationstrainer. Und sein Weltbestseller *Wie man Freunde gewinnt* war sozusagen die Mutter aller Ratgeber mit unheimlichen Auflagen. In Deutschland lief übrigens sein Buch *Sorge dich nicht – lebe!* noch besser. Vielleicht liegt es an der berühmten German Angst, dass hierzulande der Aufhänger »Sorgen« mehr zieht als der Aufhänger »Einsamkeit« ...

Jedenfalls: Es waren damals, 1927, die ersten Bücher dieser Art weltweit, und – man mag es kaum glauben – Carnegie hat welt-

Starte mit dem Mensch im Spiegel!

weit eine größere Auflage als die Bibel erreicht! Ich war Manager of Instruction und bildete die Dale-Carnegie-Trainer für die Dale-Carnegie-Kurse für Kommunikation und Menschenführung in Europa aus.

Einer von vielen Bestandteilen des Kurses war, dass sich die Teilnehmer an manchen Abenden verpflichten sollten, unliebsames Verhalten zu ändern. Wenn nun beispielsweise jemand seine Beziehung verbessern wollte, dann überlegte er sich etwas in der Art wie »Ich werde nicht mehr so viel kritisieren«. In seinen Büchern hatte Carnegie diverse Empfehlungen vorgeschlagen, um einen positiven Effekt in ihrem Leben auszulösen.

Da waren Empfehlungen dabei wie:

»Kritisieren, verurteilen und klagen Sie nicht!

Geben Sie anderen ehrliche und aufrichtige Anerkennung!

Interessieren Sie sich aufrichtig für andere!

Seien Sie ein guter Zuhörer. Ermuntern Sie andere, über sich selbst zu sprechen!

Bestärken Sie andere in ihrem Selbstbewusstsein!

Vermeiden Sie unnötige Auseinandersetzungen. Nutzen Sie Ihre Energie besser, um Lösungen zu finden!

Achten Sie die Meinung anderer. Sagen Sie nie: ›Sie haben unrecht‹!

Wenn Sie unrecht haben, geben Sie es schnell und offen zu!

*Versuchen Sie aufrichtig, die Dinge vom Standpunkt
der anderen aus zu sehen!*

Beginnen Sie mit Lob und aufrichtiger Anerkennung!

*Sprechen Sie zunächst von Ihren eigenen Fehlern,
bevor Sie andere kritisieren!*

Stellen Sie Fragen, statt direkte Anweisungen zu geben!

*Loben Sie jede Verbesserung, auch die geringste. Seien Sie
herzlich in Ihrer Anerkennung und freigiebig mit Ihrem
Lob!«*

Ja, zugegeben, das klingt schon ganz schön banal, und als ich das
erste Mal Zeuge dieser Empfehlungen wurde, wurde mir schon
ganz schön mulmig zwischen den Ohren. Doch wie so oft im Leben
sind es banale Kleinigkeiten, die über große Situationen entscheiden –
manchmal sogar über den Weltfrieden. Die Empfehlungen selbst
waren alle durch und durch löbliche Vorhaben, die sicher niemandem schaden würden. Die Frage war nur, ob sie nützen würden.
Und wenn, wem? Und wie?

Die Teilnehmer wählten also eine Empfehlung aus der Liste aus
und sprachen mir und den anderen Teilnehmern eine Art Selbstverpflichtung aus, diesen guten Vorsatz über einige Wochen hinweg
durchzuhalten, um dann uns allen davon zu berichten.

Bemerkenswert für mich war, dass fast alle ihr Verhalten absichtsvoll ändern und damit etwas Konkretes erreichen wollten. Sie wollten, dass sich in der Welt um sie herum etwas verändert. Darum
waren sie bereit, eigene Mühe zu investieren, um zum Beispiel den

Starte mit dem Mensch im Spiegel!

Ehepartner dazu zu beeinflussen, netter zu ihnen zu sein: Ok, ich bemühe mich täglich, liebevoller mit meinem Partner umzugehen, und hoffe, dass er dadurch weniger schlechte Laune hat und liebevoller mit mir umgeht...

Und nach einigen Wochen berichteten die Teilnehmer von den Ergebnissen, und das war die eigentliche Überraschung. Es war für mich wirklich erstaunlich, was sich tatsächlich verändert hatte. Die Teilnehmer berichteten nämlich nicht, dass sich die Objekte ihrer Taten, also die Ehepartner, die Kinder, die Mitarbeiter oder wer auch immer, geändert hatten. Sondern die meisten sprachen über die Subjekte der Änderung: sich selbst! Und wie sich ihre Weltsicht verändert hatte. Sie berichteten nicht von Änderungen im Außen, sondern von Änderungen im Innen, in ihrer eigenen Persönlichkeit. Zum Beispiel, dass sie ihre Frau jetzt mit anderen Augen sahen, dass sie sich wohler fühlten, wenn sie mit ihren Kindern zusammen waren, dass sie mehr Selbstvertrauen gegenüber ihrem Partner empfanden und dergleichen.

In der Absicht, andere zu besseren Menschen zu machen, hatten sie sich selbst zu einem besseren Menschen gemacht und selbst ein besseres Leben bekommen. Na, ein kleines bisschen jedenfalls.

Damals verstand ich so langsam, was für ein Schlitzohr Dale Carnegie gewesen ist und dass man das von ihm propagierte »positive Denken« nicht so eindimensional und oberflächlich verstehen und kritisieren darf.

Er wusste, wer dir im Weg steht. Wer dein größter Feind ist. Wer dich daran hindert, ein erfülltes und zufriedenes Leben zu führen. Du selbst. Du bist derjenige, der dir das Leben so schwer macht. Du nörgelst ständig an dir herum. Du kritisierst dich, wenn

247

Selbstbetrug als Rettung

etwas schiefläuft, und bist ungeduldig mit dir. Du machst dir das Leben zur Hölle und stehst dir selbst massiv im Weg. Es ging ihm eben nicht um das Ausblenden von Risiken und anderen negativen Dingen, sondern es ging ihm dabei immer um den Prozess, der die Menschen weiterentwickelt. Eben nicht die Schuld ständig auf Wirtschaft, Politik und andere Menschen zu schieben, sondern Eigenverantwortung zu übernehmen. Für den Optimisten ist das Leben kein Problem, sondern die Lösung. Und wenn die Schritte und Vorhaben noch so banal erschienen, die Auswirkungen davon waren das Gegenteil. Jedes Abenteuer beginnt mit einem ersten Schritt. Jede Beziehung lebt nicht von den großen Vorhaben, sondern von den kleinen Taten.

Ich schaute noch mal genauer in sein Werk *Sorge dich nicht – lebe!* Darin gibt er insgesamt 30 Empfehlungen für ein gelungenes Leben. Aber spannenderweise ging es nur in 9 der 30 Empfehlungen darum, Dinge zu ändern und Probleme zu lösen. Die anderen 21 Empfehlungen dienten dazu, die Sache, die Situation oder den Menschen lieben zu lernen, wie er oder sie ist. Nach dem Muster »love it, change it or leave it«. Also: Wenn dir etwas im Leben nicht gefällt, dann ändere deine Einstellung dazu, löse das Problem oder trenne dich davon. Anders gesagt: Carnegie ging es nicht hauptsächlich darum, ein Problem zu lösen, sondern darum, die innere Einstellung zum Problem zu ändern, wodurch sich das Problem in Luft auflöst – oder zumindest erträglicher wird. Wir sollen also nicht gleich die Welt verändern, sondern erst mal besser in der Welt zurechtkommen.

WENN SELBSTBETRUG STRAFBAR WÄRE ...

Nur ist das alles ja nicht so ganz einfach: Besser zurechtkommen ...
uns selbst ändern ... Wir sind doch alle miteinander die allergrößten und allerschlimmsten Selbstbelüger. Und ich marschiere in diesem Umzug der ewig Unzufriedenen direkt vorneweg.

Wir denken immer gerne in der Funktion »Wenn ... dann ...«.
Wenn ich mal eine Frau habe ... Wenn einmal Kinder da sind ...
Wenn ich mal die Schulden abbezahlt habe ... Wenn ich mal eine
Million pro Jahr verdiene ... Wenn ich mal Redner bin ... – Aber
selbst wenn ich geschafft habe, was ich schaffen wollte, stellt sich
bei mir keine Zufriedenheit ein. Ja, ich schaffe nicht einmal den
Pusteblumeneffekt, den kurzen Genuss des Augenblicks auszukosten. Ich erziele zwar Erfolge, aber ich kann sie nicht feiern.

Ich habe nicht mal Lust, eine Flasche Champagner aufzumachen, wenn ich etwas Großes erreicht habe. Manchmal schaffe ich
es höchstens, die Freude mehr oder weniger glaubwürdig zu spielen, damit ich niemandem auf den Schlips trete und ich das Feiern
der Getreuen um mich herum nicht versaue.

Aber eigentlich bin ich gedanklich dann schon immer beim
nächsten Projekt. Im Verschieben des Lebens auf hinterher bin ich
Weltmeister. Und glauben Sie mir, darauf bin ich ganz und gar
nicht stolz.

Allerdings weiß ich ja, dass es Ihnen allen mehr oder weniger
genauso geht.

Nicht nur belügen wir uns mit unseren guten Vorsätzen, in
denen wir beteuern, uns zu ändern, denn wir machen die Vorsätze

ja nur, um sie zu brechen. Sondern wir verschieben auch jede Verbesserung unseres Lebens generell in die Zukunft. Wie sagte Dr. Michel Friedmann einmal so schön zu mir: »Wir belügen uns alle selbst, sonst würden wir unsere Existenz gar nicht ertragen.«

Das ist auch der Grund, warum Fitnessstudios jedes Jahr aufs Neue viele neue Mitglieder aufnehmen, obwohl sie schon voll ausgebucht sind. Sie wissen ganz genau, dass das zu keiner Überfüllung führen wird, denn ein großer Prozentsatz der Mitglieder bezahlt die Jahresgebühr, ohne öfter als ein-, zwei-, dreimal – oder nie – im Studio aufzutauchen. Die innere Schuldzuweisung dieser Selbstbelüger wurde mit der Überweisung des Mitgliedsbeitrags ja bereits beglichen, und so können sie getrost so weitermachen wie bisher. Eine Art Geldbuße wegen innerer Ordnungswidrigkeit. Und ein gutes Geschäft für alle Beteiligten.

Sogar wenn wir uns selbst hoch und heilig versprechen, dass wir künftig damit aufhören werden, alles in die Zukunft zu verschieben, tun wir ab diesem Moment genau das. Denn wenn wir es nicht in die Zukunft verschoben hätten, dann würden wir es bereits tun und bräuchten es uns nicht »vornehmen«. Ist doch logisch.

Es gibt unter anderem drei Gründe dafür, warum wir uns so schwertun, die Welt zu verändern, indem wir uns selbst ändern. Der erste ist, dass wir uns von unseren mentalen Tweets sabotieren lassen. Der zweite Grund ist der, dass wir es vorziehen, in einem egozentrischen Universum zu leben. Der dritte Grund ist, dass wir in einer Kultur des hektischen Treibens leben und uns daran angepasst haben.

Alle drei Wege sind Holzwege, die dazu führen, dass wir das Leben vor dem Tod verpassen. Holzwege waren übrigens Wege im

Wald, die nur das Holz, jedoch nicht den Menschen an sein Ziel gebracht haben, darum hießen sie Holzwege.

Aber der Reihe nach. Wie ist das mit den mentalen Tweets?

WER ZWITSCHERT DENN DA?

Übrigens, und diesen Einschub muss ich an dieser Stelle unbedingt noch machen, ist das folgende Material nicht ausschließlich meines, sondern ich habe es aus unterschiedlichen Quellen eingesammelt.

Einmal habe ich den bemerkenswerten Vortrag von John Kao, einem Professor in Harvard, gesehen, bei dem es genau darum geht: Wie Sie die Welt verändern, indem Sie sich selbst verändern, denn langfristige Verhaltensänderungen sind schwer umsetzbar, wenn Sie es mit purer, brachialer Willenskraft versuchen. Damit richten Sie sogar meistens nur noch mehr Schaden an, als dass es Ihnen nutzt. Entweder Sie haben keinen Erfolg, weil Ihr Wille zu schwach ist – als Resultat wird Ihr Wille sich ein wenig schämen und noch ein Stückchen weiterschrumpfen.

Oder Sie haben Erfolg, haben sich aber unangenehme Nebenwirkungen eingehandelt. Sie haben also zum Beispiel geschafft, signifikant abzunehmen, rauchen aber vor lauter Nervosität die dreifache Menge Zigaretten pro Tag und haben ständig Krach mit Ihrem Partner, weil Sie so schlecht gelaunt sind. Oder umgekehrt: Sie haben sich das Rauchen abgewöhnt und wiegen seitdem zwanzig Kilo mehr und haben keinen Spaß mehr im Bett, weil Sie sich selbst nicht mehr mögen.

Selbstbetrug als Rettung

Die Erfolge durch Lebensänderungen mit dem Willensmuskel sind überschaubar und relativ. Oder sagen wir es deutlicher: Der Preis ist zu hoch, den Sie für Änderungen durch Gewalt bezahlen müssen.

Also muss es mit Schlauheit und Eleganz gehen. Dazu müssen Sie sich erst mal die soliden Hindernisse genauer anschauen, gegen die Sie da eigentlich ankämpfen.

Das erste Hindernis sind ebenjene mentalen Tweets. Das sind die inneren Gespräche, mit denen Sie sich von morgens bis abends begleiten. Sie sind meistens leise und laufen unterhalb Ihrer Aufmerksamkeitsschwelle ab. Nur manchmal hören Sie mit. Und das klingt dann so:

»Oh, der Wecker klingelt. Soll ich aufstehen? Lohnt sich der Tag heute überhaupt zum Aufstehen?«

»Ach du lieber Himmel, bin das ich in dem Badezimmerspiegel? Mann, sehe ich schlecht aus...«

»Hui, das ist aber ein cooles Auto da neben mir vor der Ampel. Das ist teuer. Das ist eine Nummer zu groß für mich. Na, der Typ muss das Geld ja anderen weggenommen haben, der Ausbeuter, sonst könnte der sich das auch nicht leisten. Und außerdem ist das eine Zuhälterkarre...«

»Oh Mann! Dieses Projekt ist heute fällig. Warum hat der Idiot seine PowerPoint nicht rechtzeitig fertig? Warum macht hier keiner seinen Job? Ich bin hier der Depp vom Dienst, der immer die Kohlen aus dem Feuer holen muss!«

»Ui, ist der fett. Warum soll ich dem zuhören? Fette sind faul und dumm. Der hat mir sicher nichts Intelligentes zu sagen.«

»Meine Frau ist bestimmt schlecht gelaunt, wenn ich heim-

252

komme. Und dann gibt es Ärger, ich lasse mir lieber etwas mehr Zeit mit dem Heimkommen.«

»Ich glaube, ich schaffe das alles gar nicht.«

Ja, das sind mentale Tweets. Oft sind sie nicht jugendfrei, und meistens sind sie nichts, was wir laut und deutlich sagen würden. Hören Sie mal einem Menschen mit Tourette-Syndrom zu. Wer unter einer speziellen Form dieser psychischen Störung leidet, verbalisiert einfach ungefiltert seine mentalen Tweets – was zu erheblichen Beeinträchtigungen des sozialen Friedens führen kann, wie Sie sich leicht vorstellen können. Bei gesunden Menschen dringen diese Tweets nicht nach außen, aber ja, sie sind dennoch da! Wir senden sie uns die ganze Zeit. Sie ploppen einfach so hoch und setzen sich in unserer Timeline oben an die Spitze. Und, plopp, schon kommt der nächste. Nahezu 100 Prozent der Menschheit hat diese Tweets – und bei weit über 80 Prozent sind diese negativ. Sie sind ein Teil von uns, und wir haben gelernt, sie einfach zu ignorieren. Doch das ist ein großer Fehler. Es ist ein Unterschied zwischen Denken und Gedanken haben.

Denn ob wir auf sie achten oder nicht, die mentalen Tweets formen uns und unser Leben. Und sie sind eben gerade nicht Ausdruck Ihres Willens. Im Gegenteil ...

Vielmehr basieren die Tweets auf Ihren mentalen Modellen von der Welt. Das sind die Programme, die einst auf Ihre Festplatte geschrieben wurden und die beschreiben, wie die Welt funktioniert – zumindest für Sie. Diese Programme sind nicht die Realität, sondern nur ein Gedankenmodell davon. Und diese Modelle sind nicht richtig oder falsch, gut oder schlecht. Sondern entweder sie funktionieren für Sie, oder sie funktionieren für Sie nicht.

253

Wenn Sie also einen übergewichtigen Vorgesetzten haben und eines Ihrer mentalen Modelle besagt, dass Dicke dumm sind, dann könnte sich dieses Modell als Rohrkrepierer für Ihre Karriere herausstellen. Dann nämlich, wenn es Ihnen nicht hilft, sondern schadet. Ganz einfach. Und wenn Sie zufällig abgespeichert haben, dass Menschen über 1,95 Meter Körpergröße ungeschickte Lulatsche sind, Sie selbst aber 1,99 Meter groß sind, haben Sie ein bedauerliches Problem.

Von diesen mentalen Modellen haben Sie unbewusst Hunderte im Kopf: Wie lenken Sie die Aufmerksamkeit von Menschen auf sich? Wie finden Sie einen Ehepartner? Wie bekommen Sie einen Job? Wie gewinnen Sie einen Freund? Wie bekomme ich mehr Gehalt? Wie schaffe ich es, gemocht zu werden? Wie komme ich durch den Tag? Wie verhalte ich mich in dieser oder jener Situation? Wie bekämpfe ich die innere Leere? – Es gibt für alles ein mentales Modell.

Sie machen uns das Leben einfacher, denn Sie müssen sich nicht jedes Mal aufs Neue eine Strategie ausdenken, sondern können nach Ihren einprogrammierten Mustern vorgehen. Manche von diesen Mustern basieren auf Ihren eigenen Erfahrungen, manche wurden Ihnen anerzogen, viele haben mit der Kultur zu tun, in der Sie leben, wo »man« etwas so oder so macht.

Manchmal jedoch sind diese Programme nicht hilfreich. Und die Tweets, die Sie aussenden, erzeugen Probleme, anstatt Probleme zu lösen.

Gut, jetzt könnten Sie einfach hingehen und das schlecht funktionierende Programm gegen ein besseres austauschen, sodass Sie an der Ampel zum Beispiel den Tweet empfangen: »Oh, wow, was für ein cooles Auto! Ich muss den Mann unbedingt kennenlernen und fragen, wie er so viel Geld verdient hat. Vielleicht kann ich was von ihm lernen.«

Aber so einfach ist das nicht. Denn Sie werden kaum erkennen, dass Ihr Programm schlecht funktioniert und dass die mentalen Tweets destruktiv sind. Ich denke, also bin ich. Ich denke, also bin ich selektiv und subjektiv.

Denn Ihre Wahrnehmung funktioniert immer und jederzeit selektiv und subjektiv. Das geht auch gar nicht anders, denn Sie würden ansonsten verrückt werden: Die große Welt sendet viel zu viele Botschaften an Ihren kleinen Kopf, Sie sind gezwungen, ständig die wichtigen und passenden Botschaften auszuwählen, um einigermaßen alle Tassen im Schrank zu behalten.

Und Ihr Kopf ist ja nicht auf der Brotsuppe dahergeschwommen. Mit der Power von Jahrmillionen Evolution unter der Haube hat er gelernt, immer genau die Botschaften wegzufiltern, die Ihren mentalen Programmen widersprechen, und dafür immer genau diejenigen durchzulassen, die Ihre mentalen Programme bestätigen. Alles andere wäre ja auch viel zu aufwändig, Sie wären ja sonst ständig dabei, an Ihren Programmen herumzubasteln und alles infrage zu stellen. Da könnten Sie es ja auch gleich ganz lassen.

Also streicht Ihr Geist unbemerkt den intelligenten Satz eines gewichtigen Menschen und die gazellengleiche Eleganz eines Zwei-metermanns beim Betreten des Restaurants. Stattdessen hebt er für Sie besonders hervor, wenn ein Moppel besonderen Stuss von sich gibt und wenn ein Großer ungeschickt gegen die Tischkante stößt: Aha! Na also! Wieder ein dummer Dicker! Und wieder ein ungeschickter Lulatsch. Wusst ichs doch! Wir bestätigen uns unsere eigenen Gedanken selbst. Und belästigen uns damit auch noch unbewusst.

DU MUSST DEIN ÄNDERN LEBEN

Letztlich geht es also darum, diese Tweets zu ändern, denn dann ändert sich automatisch Ihr Verhalten. Und indem sich Ihr Verhalten ändert, ändert sich Ihre Welt. Und wenn Ihre Welt sich ändert, löst sich das Problem, um das es Ihnen geht, in Luft auf. Schön und gut. Theoretisch jedenfalls. Und damit sich die Tweets ändern, müssen wir die mentalen Modelle ändern. Aha. Und wie soll das gehen?

Bevor ich Ihnen das verrate, müssen Sie erst noch den zweiten Holzweg verstehen: das egozentrische Universum. Das geht ganz einfach: Sie und ich, wir alle unterliegen meistens der naiven Vorstellung, dass sich die Welt um uns dreht. Wir glauben, die Welt dreht sich um uns wie die Erde um die Sonne. Ganz nach dem Motto: Gott kann nicht überall sein, darum hat er mich erschaffen.

Das bedeutet: Bis auf wenige lichte, erwachsene Momente fragen wir bei allem, was passiert, immer zuerst reflexhaft danach, was das für uns selbst bedeutet: Flüchtlinge strömen zu Tausenden in unser Land – nehmen diese Fremden mir jetzt den Job weg, oder überfallen sie mich abends im Dunkeln? Mein Partner hat ein tolles Jobangebot bekommen – wird das unsere Paarbeziehung verändern? Mein Sohn hat gekifft – was werden nun die Nachbarn von mir denken?

Du musst dein Ändern leben

So agiert die Weltmacht mit drei Buchstaben: I.C.H. – diktatorisch, absolutistisch! Alles, was um Sie herum passiert, wird von Ihnen unter dem Blickwinkel betrachtet, welche Wirkung das auf Sie hat. Überlegen Sie mal, wie viel Zeit Sie damit verbringen, Ihre Lage in Ihrem egozentrischen Universum zu kalkulieren. Überlegen Sie, wie viele Ihrer alltäglichen Emotionen damit zu tun haben, dass irgendjemand irgendwas gemacht hat, von dem Sie sich irgendwie betroffen fühlen. Wie oft fühlen Sie sich beleidigt, düpiert, indigniert, vor den Kopf gestoßen, ignoriert, frustriert, auf den Arm genommen, überfordert und was weiß ich noch alles? Und wie oft finden Sie andere Menschen arrogant, überheblich, rücksichtslos, verschlagen, unfreundlich, aufmüpfig, missgünstig oder scheinheilig?

Ich garantiere Ihnen, all diese schlechten Gefühle und Zuschreibungen haben nichts damit zu tun, was die anderen Menschen oder die böse Welt tut oder lässt, sondern alleine damit, welche Wirkung auf Sie selbst Sie sich einbilden, weil Sie wie ein kleines Kind glauben, dass sich die Welt um Sie dreht.

Im Spätstadium kann das Formen annehmen wie bei der Stammkundin, die ich mal hatte, als ich noch ein Lebensmittelunternehmen hatte. Die Dame kam jeden Tag zu uns in den Laden. Das hervorstechendste Merkmal an ihr war, dass sie sich jeden Tag schrecklich über das Wetter aufregte und darüber jammerte. Jeden Tag, völlig unabhängig vom Wetter! Ihre Worte klangen täglich etwa so: »Ach, ist das kalt! Es ist ja viel zu kalt, es ist ja schrecklich! Ich friere so sehr! Ich sehne mich so sehr nach warmen Tagen!«

Als es dann endlich wieder wärmer war, freute ich mich schon auf den Besuch der Dame und war gespannt, was sie diesmal zu

257

sagen hatte. Sie kam herein, und ich kam ihr schon freudestrahlend entgegen und wollte gerade schon sagen: »Ist das nicht ein herrlich warmes Wetter heute?« Aber so weit kam es nicht, denn sie kam mir zuvor: »Ach, ist das heute wieder heiß! Das ist ja schrecklich, dieses Wetter ist ja enorm warm, viel zu warm.« Nun fragte ich sie, wenn es ihr einerseits immer zu kalt war und jetzt zu heiß, was denn für sie eine Temperatur wäre, die sie ganz gern hätte. Sie meinte, das wäre doch viel angenehmer, wenn es doch so schön in der Mitte wäre, also nicht zu heiß und nicht zu kalt.

Also wartete ich, bis so ein Tag kam, nicht zu heiß und nicht zu kalt, schön in der Mitte. Eben genau so, wie er eben sein sollte, der perfekte Tag, zumindest die Temperatur des perfekten Tages. Sie brauchen sich nicht zu wundern, denn Sie wissen die Antwort ja ohnehin bereits. Sie jammerte: »Ach du liebes Lottchen, das kann doch gar kein gutes Wetter sein. Das ist doch nicht Fisch und nicht Fleisch. Das Wetter weiß gar nicht, was es will. Es ist nicht richtig warm und nicht richtig kalt. Also so gefällts mir gar nicht!«

Nun, jetzt können Sie sich natürlich lustig machen über diese wunderliche alte Dame, aber bitte machen Sie sich klar, dass das, was in Ihrem Kopf abgeht, wenn Sie die Tagesschau im Fernsehen sehen oder morgens am Frühstückstisch oder in der U-Bahn Ihre Zeitung lesen, sich nur graduell davon unterscheidet. Und wenn Sie über Ihren Chef oder über den Fußballschiedsrichter oder über den Lehrer Ihrer Kinder klagen, dann machen Sie sich genauso wie die Dame Ihre schlechten Gefühle selbst: Die Welt stinkt. Und zwar exklusiv für Sie! Wer den Himmel auf Erden sucht, hat im Erdkunde-Unterricht geschlafen.

Das Gute daran ist: Wenn Sie einmal erkannt haben, dass sich die Welt auch ohne Sie genauso weiterdreht wie bisher, dann ist es erstens lustig, wenn Sie sich dabei ertappen, wie Sie sich selbst zum Betroffenen machen, und zweitens ist es leicht zu ändern. Wir machen uns oft zu Betroffenen, obwohl wir nur Beteiligte sind.

Ich mache mich beispielsweise täglich über mich selbst lustig, weil ich so ein Hornochse bin und mich ständig über meinen Pool ärgere. Nicht dass es ein schlechter oder hässlicher Pool wäre, nein, es ist sogar ein schöner kleiner Pool, den wir in unserem Häuschen haben. Aber wenn ich ihn da so nutzlos sehe, während ich dasitze und arbeite, da fällt mir natürlich immer ein, wie teuer so ein Pool im Unterhalt ist. Und das finde ich kaum erträglich. Es gibt ja nichts Unwirtschaftlicheres als so einen Pool – und die Heizkosten. Und weil ich mich dann so ärgere, habe ich so gar keine Lust, mich zu zwingen, ihn zu benutzen. Die Folge davon ist, dass er so gut wie nie benutzt wird. Also ist er noch nutzloser, als er es ohnehin schon wäre. Und dann ärgere ich mich noch mehr. Ja, er ist wahrscheinlich nur dazu da, damit ich mich täglich ärgern kann. Hätte ich keinen, dann würde ich mich nicht mehr ärgern. Mehr als einmal habe ich mit dem Gedanken gespielt, ihn stillzulegen. Und wer weiß, vielleicht werde ich das eines Tages tun …

Natürlich liegt die Lösung auf der Hand: Ich müsste nur ab und zu mal hineinspringen und das großartig finden. Aber dazu müsste ich erst mal über meinen Schatten springen. Und dazu bin ich viel zu faul oder müde. Ich könnte mich kaputtlachen über mich selbst, denn natürlich ist es viel anstrengender, zu faul zu sein, um in den Pool zu springen, als einfach reinzuspringen. Die Opferrolle scheint eine der beliebtesten Rollen auf der Bühne des Lebens zu sein, darum sagen die Amerikaner: Don't choose to be a victim.

Selbstbetrug als Rettung

Bevor ich Ihnen zeige, wie das Über-seinen-Schatten-springen geht, führe ich Sie aber erst noch vom dritten Holzweg herunter, nämlich vom Weg des hektischen Treibens.

JUST DO IT!

In Hektik verfallen wir, weil uns etwas in der Welt nicht gefällt – und dann treiben wir die Dinge voran. Beispielsweise gefällt uns nicht, wie der Baum des Nachbarn zu nah an unserem Grundstück wächst. Die Wurzeln bohren sich unterirdisch unter unserem Zaun hindurch und werden früher oder später das Fundament unseres Hauses beschädigen.

Das ist nur ein flüchtiges Beispiel, Sie können auch jedes andere Ärgernis nehmen. Die Reaktion in unserer Kultur ist nämlich immer die gleiche: Wir müssen etwas dagegen unternehmen!

Nachdem es nichts geholfen hat, den Nachbarn anzublaffen, dass er den Baum gefälligst fällen soll, werden Sie staunen, wie schnell Sie Lösungen bei der Hand haben: Beispielsweise soll es einer urbanen Legende zufolge genügen, heimlich ein unauffälliges Loch in den Stamm zu bohren und es mit Schmelzkäse zu füllen. Das soll Schädlinge anlocken, die durch das Loch den Baum entern und ihn nach und nach genüsslich von innen anfressen und faulen lassen. Dann ist es nur noch eine Frage der Zeit, bis der Baum so krank aussieht, dass er gefällt werden muss.

Ob das stimmt, weiß ich nicht, ich finde diese Methode zu perfide, um sie auszuprobieren. Und am Ende ist es ja Sachbe-

260

schädigung. Übrigens habe ich ja gar keinen aufdringlichen Nachbarbaum.

Ich will damit nur illustrieren: Ein Missstand in unserer Welt fordert reflexartig eine Tat von uns, und sei es auch nur eine noch so kleine Tat. Wir glauben, die Welt ist, was wir daraus machen.

Das Idealbild des tätigen, verantwortungsvollen und mündigen Bürgers ist, dass wir anpacken und ändern, was uns stört. Wir müssen aktiv werden und das Problem beseitigen. Und das, was noch nicht so ist, wie es sein soll, müssen wir irgendwie manipulieren und verdrehen und reparieren, bis alles in Ordnung ist. Getreu dem Motto: »Was nicht passt, wird passend gemacht!« Zum Beispiel der Ehepartner. Oder der Kollege. Oder der Chef. Ich kenne Leute, die haben versucht, ihren Hund im Wesen zu korrigieren: Das gibts doch nicht, dass der Köter Angst im Dunkeln hat. Der soll doch ein Wachhund sein, verdammt nochmal! Wo kommen wir denn da hin?

Wir sind permanent damit beschäftigt, irgendetwas oder besser gesagt irgendjemanden zu korrigieren. Und so führen wir Mitarbeitergespräche, um unsere Angestellten zu erziehen, zu vermessen, zu steuern und zu kontrollieren. Das Handeln, vor allen Dingen das unternehmerische Handeln, wird erstickt. Und privat ist das vergleichbar. So stellen wir den Sohnemann zur Rede, um ihn statt einem Hausaufgabenverweigerer zu einem guten Menschen zu erziehen. Wir heben den falsch in den Mülleimer geworfenen Plastikbecher für abends auf, um den Ehepartner zu erziehen, indem wir ihm beweisen, dass er wieder alles falsch gemacht hat. Und das noch mit einem Beweis in der Hand. Wir treiben die Welt vor uns her, in die Richtung, in der wir sie haben wollen. Das Problem ist

Selbstbetrug als Rettung

nur: Je mehr wir Druck machen, desto schlechter funktioniert das. Denn Druck erzeugt Gegendruck. Oder läuft ins Leere.

Aber Ihr mentales Modell erlaubt es Ihnen nun mal nicht, die Hände in den Schoß zu legen und abzuwarten. Sie suchen einen Job, also setzen Sie Himmel und Hölle in Bewegung. Sie bewerben sich, lassen sich beraten, wälzen Jobangebote, gehen auf zig Vorstellungsgespräche und machen also den ganzen Rummel, den man eben tut, um einen Job zu bekommen.

Der Punkt ist: Wahrscheinlich bekommen Sie irgendeinen Job. Aber mit dieser Arbeit sind Sie vielleicht furchtbar unglücklich, weil sie so stressig ist und eigentlich gar nicht zu Ihnen passt. Ihr Fokus lag ja auch nicht darauf, eine Arbeit zu suchen, die genau zu Ihnen passt, sondern auf Teufel komm raus eine Arbeit zu suchen. Mit dem Modell »hektisches Treiben« liegen Sie eben nie genau richtig, denn um richtigzuliegen, hätten Sie weniger hektisch und weniger treibend sein müssen. Das wäre dann eher das Muster »kommen lassen« oder »cool bleiben« oder so gewesen. Dabei hätten Sie sich darauf konzentriert, was genau Sie haben wollen und warum Sie es haben wollen. Und dann hätten Sie die Sache sich entwickeln lassen, wären aufmerksam, achtsam und wach geblieben. Nicht dass Sie denken, Sie sollten nichts tun, doch sehr wohl, aber nicht hektisch. Sie hätten die Dinge getan, die es wirklich gebraucht hätte und hätten der Sache fokussiert ins Auge geschaut. Schlussendlich hätte Sie jemand im besten Fall früher oder später angesprochen mit genau der Jobchance, die Sie sich erträumt hatten.

Zumindest fast. Na, jedenfalls passiert das in der Theorie. Da ich selbst zur Sorte Macher gehöre, bin ich da womöglich selbst kein glaubwürdiges Beispiel. Die Extraportion Gelassenheit und der

262

genaue Fokus auf das Was, das Wie und das Warum sind sehr viel zielführender als der Druck, den wir permanent auf unsere Umwelt ausüben. Und diese Extraportion Gelassenheit brauchen Sie, um aus Ihrem egozentrischen Universum auszusteigen, Ihre Festplatte neu zu formatieren und die Tweets zu ändern ...

SO TUN ALS OB

Ich war einmal in eine Textilverkäuferin verliebt. Eine der Konsequenzen daraus war, dass ich versuchte, wöchentlich ein anderes Sakko zu kaufen und zu tragen. Unter all diesen Sakkos war auch ein lachsfarbenes.

Nun ist es aber so, dass ich dunkle Haare und eine helle Haut habe. Meistens sehe ich dadurch ohnehin schon etwas blass aus, aber in Kombination mit dem lachsfarbenen Sakko – und da müssen Sie kein Stilberater sein, um sich das Ergebnis vorzustellen – sah ich aus wie ein Münchner am Morgen nach dem Wiesn-Anstich. Und so ging ich damals zu meiner Mutter. Meine Mutter fragte: »Gehts dir nicht gut?« Ich als Hypochonder sagte: »Mensch, Mutter, jetzt, wo dus sagst!«

Und es stimmte, ich fühlte mich gleich ein wenig schlechter. Ich bekam mehrere Bestätigungen für meinen kippenden Gesundheitszustand von unterschiedlichen Leuten, und jedes Mal ging es mir ein kleines bisschen elender. Hatte ich nicht auch schon leicht erhöhte Temperatur? Jetzt, wo ich da so hinfühle. Kein Zweifel: Ich werde krank. Kurze Zeit später war ich mir sicher, krank zu sein.

Selbstbetrug als Rettung

Und das alles nicht wegen eines Virus, sondern wegen meiner Gefühle für eine Textilverkäuferin und dem gesundheitsschädlichen Gedanken, dass ich ein lachsfarbenes Sakko anziehen sollte.

Diese Geschichte erzählte ich einmal in einem Vortrag. Anwesend war auch einer der Chefärzte vom Schwabinger Krankenhaus. Er stand auf und meinte: »Scherer, das kann ich bestätigen! 80 Prozent unserer Betten wären leer, wenn die Menschen bessere Gedanken hätten.« Das wollte eine Frau so gar nicht glauben, stand ebenfalls auf und rief erbost: »Das ist doch gelogen!« Darauf stand der Arzt nochmals auf und sagte: »Ja, das stimmt. Sie haben recht. Ich habe gelogen. Ich bin nämlich sicher, die Zahl ist höher als 80 Prozent, aber ich habe mich nicht getraut, das auszusprechen.«

So ist das nämlich: Wir können auf den Mars fliegen, aber die Gedanken in unseren eigenen Köpfen haben wir nicht im Griff. Wir sind mentale Neandertaler, emotionale Analphabeten, geistige Nichtschwimmer, aber wir maßen uns an, die Welt zu vermessen.

Was wir dringend lernen müssen, ist, unsere Gedanken und unsere Emotionen auf den richtigen Fokus zu richten. Denn sonst werden wir von unseren Gefühlen, unseren mentalen Programmen und unseren Tweets durch die Welt getrieben, während wir gleichzeitig dem Glauben aufsitzen, alles ginge nur gegen uns, und wir müssten endlich etwas dagegen tun.

Dabei müssen wir nur unsere Gefühle und Gedanken ändern. Wie das geht, können wir von den Sportlern lernen: Alle Sportler haben bestimmte Rituale, um sich in einen guten Status zu bringen. Das Warmlaufen vor dem Anpfiff, die Dehnübungen vor dem Start, das gegenseitige Anfeuern.

Und wenn der Körper faul ist, dann geht man trotzdem einfach zum Laufen, und schon kommt er in Schwung, und das Laufen geht schon bald wie von selbst. Man tut so, als ob. Das ist eine Art von Manipulation, ein positiver Selbstbetrug, den William James, Professor für Psychologie und Philosophie an der Harvard University, erforschte. Er erkannte, dass unsere Gedanken unsere Gefühle beeinflussen, und diese wiederum beeinflussen unseren Körper. Wenn wir mit unseren Gedanken also so tun, als ob wir gut drauf wären, dann werden sich auch unsere Gefühle – auch getäuscht – in diese Richtung entwickeln, und dies wird sich positiv auf unseren Körper auswirken – und vice versa.

Im Alltag machen wir das nicht, da bleiben wir lieber schlecht drauf. Dabei wäre es oft einfach. Der Tag beginnt, Sie sind schlapp und fühlen sich mies. Sie müssen ins Bad gehen und können sich kaum aufraffen. Was wäre, wenn Sie sich in diesem Moment sagen würden: »Ich tu mal so, als ob das ein wunderschöner Tag wäre.« Sie spielen happy und pfeifen vor sich hin oder legen eine mitreißende Musik auf, Sie strahlen sich gespielt im Spiegel an. Ganz nach dem Motto: »Ich kenne dich nicht und rasiere dich trotzdem« …, und es wird keine fünf Minuten dauern, bis der Tag sich wirklich toll – oder zumindest besser – anfühlt.

Welche unheimliche Macht wir doch über jeden einzelnen Tag unseres Lebens haben. Und wie sehr wir die tägliche Zukunft und damit unsere gesamte Zukunft verändern könnten. Wäre es nicht schön, in der Zukunft eine bessere Version von sich selbst zu sein?

Ich hasse Zweckoptimismus. Ehrlich wahr. Aber Sie und ich brauchen ihn einfach – zumindest manchmal. Denn nur so können Sie Ihre innere Vorstellung von der Welt ändern: Sie tun einfach so, als ob!

IN DER MATRIX

So, und damit komme ich zur Auflösung: »Ich mache mir die Welt, wie sie mir gefällt«, trällerte schon Pippi Langstrumpf, und genau das meine ich, Sie können sich tatsächlich Ihre Welt so machen, wie sie Ihnen gefällt. Indem Sie ganz bewusst Ihre Vorstellung manipulieren. Da Sie ja ohnehin schon ein notorischer Selbstbetrüger sind, können Sie es auch gleich mit voller Absicht machen.

Sie nehmen sich einfach irgendein Projekt vor. Nehmen wir zum Beispiel Ihren Job. Während Sie bisher beste Übung darin haben, wahlweise über Ihren Chef oder die Kollegen, die Kunden oder die schlechte Bezahlung zu schimpfen, können Sie sich auch genauso gut fragen, welcher Aspekt an Ihrem Job denn positiv für Sie ist. Zum Beispiel ist da diese eine nette Kollegin aus dem Nachbarbüro. Die ist wie Ihr täglicher Sonnenstrahl. Sie könnten sich nun überlegen, wie Sie diesen Aspekt so verstärken und ausweiten, dass nicht nur Sie selbst etwas davon haben – denn die Welt dreht sich schließlich nicht um Sie, wie Sie ja jetzt wissen –, sondern die anderen Kollegen und die Kunden und vor allem das Unternehmen insgesamt ebenso davon profitieren.

Wenn Ihnen ein solcher Aspekt nicht einfällt oder Sie keine Idee haben, was Sie als Projekt angehen könnten, dann können Sie jemanden bitten, für Sie solche Aspekte zu finden oder zu erfinden – das funktioniert genauso gut. Vielleicht kommen Sie dann zu dem Schluss, dass Sie die freundliche und offene Ausstrahlung, die die nette Kollegin hat, übernehmen und sich darin üben könnten, ebenso sonnig auf andere Kollegen im Unternehmen zuzugehen.

In der Matrix

Sie üben das einen Monat lang jeden Tag. Ernsthaft!

Und Sie werden nach diesem einen Monat feststellen, dass sich das Unternehmen total gewandelt hat. Der Chef ist plötzlich viel wohlwollender, die Kollegen sind viel konstruktiver, und vielleicht haben Sie schon eine Idee, wie es zu der Gehaltserhöhung, die Sie wollen, kommen könnte. Oder wenn Ihr Chef Sie immer nur drangsaliert, dann ist es Ihre freie Option zu wählen, dass Sie darunter leiden – oder Sie sagen zu sich, dass es wohl einen Grund geben muss, warum er so hart mit Ihnen umgeht und er Sie dadurch möglicherweise schon auf zukünftige, noch verantwortungsvollere Aufgaben vorbereitet.

Wenn es noch nicht gleich funktioniert mit all diesen Verbesserungen, geben Sie sich einfach noch ein wenig mehr Zeit. Sie müssen ja nichts tun. Es geht von selbst, wenn Sie nur täglich anders denken!

Warum das funktioniert? Die Wirklichkeit, in der Sie leben, ist in Wahrheit gar nicht die Wirklichkeit. Lassen Sie mich das bitte erklären. In Wahrheit leben Sie in einer Matrix. Das heißt, Sie leben in bestimmten Verhältnissen, die Sie als Wirklichkeit bezeichnen. Leider sind viele Teile davon unerwünscht und lästig. Was ich Ihnen hier nun klarmachen will, ist, dass Sie sich diese Wirklichkeit, in der Ihnen vieles nicht gefällt, nur ausgedacht haben. Sie entspringt Ihrem Geist, sie ist nicht real. Dabei ist mir schon klar, dass meine Worte Ihren Geist auf einem Acker treffen, der, sofern er nicht schon mehrfach mit dem Pflug der Selbstreflexion gepflügt wurde, lediglich die Frucht des Zweifels und nicht den Samen der Erkenntnis hervorbringen kann. Und wenn Sie das alles noch nicht so glauben, dann lassen Sie mich hinleiten mit der Geschichte vom Capsula Viola.

267

Selbstbetrug als Rettung

Ich kann mich noch sehr gut daran erinnern: Damals war ich ein engagierter Weinhändler mit über 1700 Sorten Wein. Ein ganz bestimmter Wein von Antinori war damals angesagt und richtig in. Er hieß Capsula Viola. Und nicht nur ich, sondern auch meine Kollegen verkauften diesen Toskana-Wein enorm gut. Wir hatten ihn meistens palettenweise auf Lager. Der Wein machte riesig Freude, sowohl im Gaumen als auch in der Ladenkasse.

Einer meiner Weinlieferanten bat mich dann, auf eine Rheinhessen-Weinprobe zu kommen. Logischerweise lehnte ich diesen Wunsch sofort ab. Rheinhessen! Erstens, wie langweilig und zweitens, wie unsexy! Wer trank schon Wein aus Rheinhessen, wenn sein Gaumen die Genüsse der Toskana erleben konnte? Rheinhessenwein war – nicht wie die Werbung behauptete – kein Edelstein, sondern viel eher ein unverkäuflicher Wein.

Aber nach langem Hin und Her und weil der Mann so nett war, erklärte ich mich dazu bereit, der Weinprobe beizuwohnen.

Ich saß also eines Abends widerwillig in Rheinhessen in einem alten Gemäuer, und rings um mich herum waren lauter Kollegen, die auch nicht erwartungsfroher dreinschauten als ich. Wir waren alle wohl über unsere Zusage erstaunt, oder positiv formuliert, über den Charme des Handelsvertreters, der uns diese Zusagen entlocken konnte, überrascht. Was aber mag aus einem solchen Abend entstehen, wenn ein Dutzend missgelaunter, fast unfreiwillig anwesender Weinhändler einen Abend lang Wein trinkt, den es nicht trinken will?

Zu Beginn der Weinprobe ließ uns der Lieferant zwei Weine kosten. Damit wir vollkommen frei von Vorurteilen waren, gab es beide Weine serviert in Alufolie... also die Flaschen waren

268

In der Matrix

unkenntlich in Alufolie eingewickelt. Wir alle waren schließlich keine Laien und hielten etwas auf unser Urteilsvermögen. Wir konnten einen schlechten Wein von einem guten und einen guten von einem sehr guten unterscheiden, so viel war klar, dachten wir zumindest.

Einer der beiden Weine schmeckte uns hervorragend, ein echter Qualitätstropfen mit reichem Geschmack und echter Klasse. Großartig – ja, so muss Wein sein als echter Edelstein. Während der andere Wein, nun, na ja, ganz schön mittelmäßig, geradezu seicht, der war nix. Wir Händler waren uns schnell einig. Und zwar einstimmig.

Doch dann öffnete der Weinhändler die Aluminiumverpackung, und wir durften feststellen, dass der »gute« Wein ein Rheinhessen-Wein von ihm war und der »schlechte« Wein – wir konnten es nicht glauben, es war geradezu unmöglich und unfassbar, wir trauten unseren Augen nicht – der schlechte Wein war tatsächlich der Capsula Viola.

Da hatten wir uns ein falsches Bild gemacht. Wir waren geschockt. Was hat uns unser Gehirn wohl alles vorgespielt? Klar, Toskana-Wein, Sonne, Florenz, laue Nächte. Also habe ich gleich eine Palette vom Rheinhessen-Wein gekauft, so lecker war der. Ich wollte meinen Kunden ja nicht die eigenen Fehler servieren. Später, zuhause, habe ich dann den wunderbaren Capsula Viola noch mal probiert. Er hat mir nicht mehr geschmeckt. Also war meine große Hoffnung der Rheinhessen-Wein, aber auf dem bin ich sitzen geblieben, der Capsula war nach wie vor ein Umsatzrenner, und ich konnte die Kunden nicht davon überzeugen. Ich hätte das mit der Alufolie machen sollen.

269

Selbstbetrug als Rettung

Der Geschmack wird durch viele Faktoren beeinflusst, auch über die Sexyness oder Unsexyness der Rahmenbedingungen.

Und es war ja auch so.

Ich habe manchmal in meinem Laden Reklamationen von Kunden erhalten, dass sie bei mir exakt den gleichen Wein gekauft haben, wie sie ihn im Urlaub getrunken haben. Gleicher Wein, gleicher Erzeuger, gleicher Jahrgang, eben ganz genau der gleiche Wein – nur, dass ihnen der Wein nicht so gut geschmeckt hat wie im Urlaub, und sie vermuteten, ich hätte ihnen einen anderen Wein verkauft. Meine Antwort war dann sinngemäß immer die: »Mir ist vollkommen klar, dass der gleiche Wein doch ganz anders schmeckt. In der Toskana sind Sie gerade von der Piazza zurückgekommen, haben sich noch ein wenig entspannt, erholt und ausgeruht. Und irgendwann im Laufe des Spätnachmittags hat sich Ihre Frau glücklich vor Sie gestellt, um Ihnen die neue Garderobe für das Abendessen vorzuführen und hat Sie gleichzeitig schon einen Blick auf die hauchfeine Garderobe unter der Garderobe werfen lassen, die Sie nach dem Essen als Desert surprise genießen dürfen. Dann sind Sie glücklich und entspannt zu einem wunderbaren, Ihren Gaumen, Magen und die Sinne verwöhnenden Menü gegangen, sahen das Abendrot in den Augen Ihres Gegenübers untergehen, spürten die ausglühende Hitze des Tages, verbunden mit der berechtigten Hoffnung, auf eine andere Art und Weise eine heiße Nacht zu erleben, haben den Wein getrunken und einen der wenigen Momente in Ihrem Leben mit einer so hohen Intensität spüren und erleben dürfen, den man Glück nennt. Das ist ein Unterschied zu einer – wenn auch gleichen – Flasche Wein, die schnell noch nach der Arbeit entkorkt und zum Wurstbrot gereicht wurde,

270

bevor man erschöpft von der Arbeit – ohne Negligé – müde ins Bett fällt.«

Ja, so ist das mit unserer Wirklichkeit. Alles Einbildung! Der Punkt ist: Wenn Sie sich sowieso alles nur einbilden, wenn Sie also ohnehin in einer Matrix leben, warum bilden Sie sich dann nicht gleich etwas ein, das besser funktioniert als Ihre bisherige Welt?

BIS DASS DER TOD EUCH SCHEIDET

Nehmen wir die Ehe. Im Grunde haben Sie zwei Möglichkeiten. Die eine ist die übliche: Sie gehen von vorneherein mit der Option hinein, dass Sie zur Not ja noch die Notbremse per Scheidung ziehen können. Dann werden Sie mal testen, ob Ihnen das alles so wirklich auf Dauer zusagt. Sie werden feststellen, es gibt gute und schlechte Tage, worauf ja bereits das Ehegelöbnis hinweist.

In den schlechten Tagen werden Sie garantiert feststellen, dass es jede Menge weiterer Menschen des von Ihnen bevorzugten Geschlechts auf diesem Planeten gibt – und ich spreche da von Milliarden!

Die Wahrscheinlichkeit ist sehr hoch, dass es da draußen einen Menschen gibt, der deutlich besser zu Ihnen passt als dieser Mensch, mit dem Sie gerade die schlechten Tage durchmachen.

Sie werden zweifeln, ob diese Entscheidung, die Sie da getroffen haben, wirklich eine so gute war. Und jeder neue Tag wird Ihnen einen weiteren Beleg für Ihre Zweifel liefern. Die Optionen, die

Ihnen über den Weg laufen, werden sich täglich verlockender anfühlen, und eines Tages werden Sie davon kosten.

Außerdem gibt es heutzutage diese Flirtportale im Internet. Sie wissen, es braucht nur ein paar Klicks, und Sie sind mit einem attraktiven Menschen zum Abendessen verabredet. Eine Million Optionen. Buchstäblich. Und dann gehen Sie mit einem heißen Feger zum Essen ... und ist das jetzt die beste Option? Natürlich nicht! Es gibt Millionen bessere! Allein schon statistisch – nur einen Mausklick entfernt. Millionen warten auf Sie – auf Ihren Mausklick. Manchmal scheint das Leben ein endloses Herumirren in einem Wald von Möglichkeiten zu sein.

Was soll also das Theater mit den Millionen Optionen? Also, behaupte ich, lieben Sie Ihren Partner, dann sind Sie Ihres Glückes Schmied. Lieben ist ein Verb! Und Liebe – das Gefühl – ist eine Frucht des Liebens, des Tuns.

Also liebe deinen Partner. Diene ihm. Bringe Opfer. Höre ihm zu. Fühle mit ihm. Schätze ihn. Bestätige ihn.

Die Frucht der Liebe liegt im Tun, nicht im Über-das-Tun-Reden. Non-Kommunikation wird oft unmenschlich empfunden. Viele behaupten, dass der Partner zu wenig spricht. Kommunikation kann auch schädlich sein. Denn je mehr wir kommunizieren, umso mehr können wir Dinge überkommunizieren, und umso mehr steigt die Erwartungshaltung, dass das Kommunizierte Realität wird. Der größte Feind des Glücks ist die Erwartungshaltung. Kommunikation ist ein Grund vieler Missverständnisse. Wir sollten nicht so viel darüber sprechen, wie sehr wir uns lieben, wir sollten es uns zeigen. Es mag glückliche Paare geben, die noch nie zueinander gesagt haben »Ich liebe dich«, dies jedoch mehr tun als manche Verbalakrobaten. Paare sollten sich auf das konzentrieren, was sie verbindet, und nicht auf das, was sie trennt.

Manche Menschen wollen so sehr lieben, und es ist ihnen nicht erlaubt. Viele Menschen tragen so unendlich viel Liebe in sich und in ihrem Herzen und wissen kaum, wohin damit. Unerwiderte Liebe kann schwerwiegende Auswirkungen haben. Manchmal hassen wir, wenn wir nicht die Erlaubnis zur Liebe bekommen.

Wenn ich all das, was ich jetzt in diesem Kapitel geschrieben habe, ernst nehme, dann folgt daraus nämlich, dass die katholische Kirche mit dem Verbot der Scheidung gar nicht so falschliegt. Vielleicht unterschätzen wir ja die Weisheit Roms! Denn die Optionen sind das wahre Problem!

Schalten Sie die aus, und lassen Sie sich das schmecken, was auf dem Teller liegt. Und das ist die zweite Möglichkeit, die heute unübliche: Sie gehen in die Ehe ohne jeden Ausweg. Scheidung oder Ehebruch kommen für Sie nicht infrage. Punkt. Ohne jede Option bleibt Ihnen dann nichts anderes übrig, als Ihren Partner zu lieben, zu achten und zu ehren, bis dass der Tod Sie scheidet – von Freitod war keine Rede! Jedenfalls wenn Sie sich das Leben nicht zur Hölle machen wollen. Und Sie würden sehen: Meistens klappt es!

Ja, so gesehen macht sogar die Zwangsehe Sinn. Ich will sie keineswegs propagieren, doch ich könnte mir vorstellen, dass in einer Gesellschaft, in der die jungen Menschen zwangsverheiratet werden, im Schnitt glücklichere Beziehungen existieren. Erstens ist die Erwartungshaltung geringer, zweitens kann die Liebe hier im Gegensatz zu einer klassischen Beziehung, in der sie meist mehr und mehr schwindet, gut wachsen, und drittens fehlt der Blick auf unsere multioptionale Welt, in der es keiner aushält, zu seinem Eheversprechen zu stehen. Es gibt ja auch schon Fernsehshows dazu, denn bei *Hochzeit auf den ersten Blick* heiraten zwei Menschen, die sich vorher noch nie gesehen haben! Doch, ehrlich wahr! Das ist ja auch gar nicht so weit weg von der nicht nur jüdischen Tradition, Ehen zu stiften. Also warum nicht dazu, zu uns, zu unserer Liebe stehen, in guten und in schlechten Zeiten?

DENK DIR DEIN LEBEN ZURECHT

Jedenfalls brauchen wir die Vernunft, unsere unvernünftigen Gedanken sein zu lassen und uns auf die funktionierenden Gedanken zu konzentrieren. Also einfach auf die Gedanken, die für uns am besten funktionieren.

Doris Dörrie, die Filmemacherin, hat einmal gesagt, dass sie ihr ganzes Leben lang ihren Körper nicht schön gefunden hatte. Irgendwann war sie 50 und schaute Bilder von sich selbst in jungen Jahren an. Da dachte sie: Was warst du damals schön!

Damals. Wie wäre sie mit dieser Einsicht schon 30 Jahre früher durchs Leben gerannt! An dieser Stelle kommt es nun allerdings darauf an, die Konsequenzen zu ziehen und sich endlich ordentlich selbst zu betrügen! Es hilft nichts, wenn Doris Dörrie versteht, dass sie früher einmal schön war, solange sie sich heute noch immer nicht schön finden kann. Wenn Doris Dörrie schlau ist, dann stellt sie sich vor, wie sie mit 70 die Fotos von sich selbst als 50-jährige Frau anschaut – und denkt: Was war ich mit 50 schön! Und dann ist es nur noch ein kleiner Schritt, um zu realisieren: Aha! Ich bin 50, und ich bin schön!

Wenn sie sich das zur Gewohnheit macht, dann wird sie sich auch noch mit 90 schön finden. Und das völlig zu Recht! Ja, wissen Sie was: Uns anderen wird es genauso gehen. Auch wir werden sie mit 90 schön finden, denn es gibt nichts Schöneres als eine Frau, die weiß, dass sie schön ist! Besser gesagt, die weiß, dass sie sich schön fühlt. Denn die Schönheit liegt im Auge des Betrachters.

Zusätzlich gibt es ja noch das Paradoxon der Reife. Junge Menschen glauben, dass sich ältere Menschen auch so alt und vor allem so reif fühlen, aber das stimmt nicht, auch wenn der Körper älter wird, die Seele ist immer noch so jung und unbeholfen – und hat vor allem noch so viel zu lernen, dass wir uns auch dann noch jung fühlen.

Anstatt also, wie so gut wie alle Menschen, ständig Dinge zu tun, die Sie nicht tun wollen, von denen Sie aber glauben, sie tun zu sollen oder zu müssen; anstatt Gedanken zu denken, die Sie nicht haben wollen, und Gefühle zu haben, die Ihnen lästig sind und die keinen Spaß machen; und statt in all dem daraus resultierenden Leid Ihr Leben täglich auf morgen zu verschieben, sollten Sie endlich anfangen, sich so zu belügen und zu betrügen, dass es wenigstens Spaß macht. Der Punkt ist, dass ein Leben ohne Spaß müde macht. So fokussieren wir uns ein Leben lang auf Ergebnisse – und haben keine Erlebnisse.

Kinder sind erlebnisorientiert – Erwachsene sind ergebnisorientiert. Die braven Ergebnisse unserer Pflichterfüllung sind am Ende des Lebens nichts mehr wert. Und die Erlebnisse, die unterm Strich etwas zählen würden, haben wir uns eingespart. So wird aus dem

Leben kein Meisterstück! Und so bleiben wir an den Problemen und ihren kleinkarierten Lösungen kleben, anstatt sie mit Gedankenkraft in Luft aufzulösen. Es gilt, glücklich zu sein, statt glücklich zu werden. Je länger wir auf die Zukunft warten, desto kürzer ist sie. Darum kann ich Ihnen nur einen klugen Rat geben: Fokussieren Sie sich auf das Wesentliche. Führen Sie sich hinters Licht, damit es heller wird! Und ich springe jetzt übrigens mal kurz in den Pool ...

KAPITEL

10

RECHNET SICH MENSCHLICHKEIT?

Ich befürchte, ich gestehe, ich gebe zu: Verloren habe ich sie. Fast ein halbes Leben lang hatte ich sie. Sie gehörte zu mir wie ein Bügelbrett zum Bügeleisen. Nein, das Bild ist zu klein. Ich meine, sie gehörte zu mir wie die Buchstaben zur Buchstabensuppe, wie ein Flügel zum Vogel, wie das Wasser zum Meer.

Und dann ... dann überschlugen sich die Ereignisse, eins kam zum anderen, vieles kam zusammen. Vor allem Schlechtes. Die Macht des Faktischen trieb sie mir aus, und irgendwann, ganz unbeachtet, war sie weg. Sie war weg wie eine Katze, um die sich keiner kümmert und die sich darum irgendwann kurzerhand neuen familiären Anschluss im Nachbarviertel sucht.

Wenn ich es heute betrachte: Es gab genügend frühe Anzeichen dafür, dass sie bei mir schrumpfte und schwand. Beispielsweise hätte ich hellhörig werden können, als mir private Termine mit Freunden immer mehr Last als Freude bedeuteten. Wenn man sich über Freunde nicht mehr freut, dann beginnt wohl eine Form von Erosion.

Alles, was mich damals von meinem Fokus auf meine Ziele ablenkte, empfand ich nicht etwa als Entspannung, sondern ich ärgerte mich über die Zerstreuung, den Zeit- und Energieverlust. Wann immer ich nicht mit unzähmbarer Leidenschaft an meiner Vision, an meinen Projekten arbeiten durfte, sondern mich mit gesellschaftlichen, familiären oder sonst wie »moralischen« oder »sozialen« Verpflichtungen herumschlagen musste, wurde ich ungeduldig, langweilte mich und wurde ungemütlich. Ich wollte mich konzentrieren, wollte selbstvergessen, ja weltvergessen an »meinem Ding« arbeiten und dabei gefälligst nicht gestört werden.

Dazu kamen die Schulden, die ich von meinen Eltern übernahm. Und alles wurde noch viel drängender, wichtiger, kompromissloser. Ich begann, in anderen Menschen nur noch den Nutzen zu sehen, der in ihnen für mich und meine Ziele stecken könnte. Ich fing an, Menschen als Ressourcen für meine Zwecke auszubeuten wie ein Ölfeld unter der Wüste Arabiens. Und ich empfand noch nicht einmal Einsamkeit. Spätestens da war sie weg.

Die Menschlichkeit.

SAM HILFT DIR IN DER NOT

Wir Menschen sind wirklich paradoxe Wesen. Wir sind Menschen, aber wir schaffen es, unmenschlich zu sein. Das muss man sich mal vorstellen. Als ob ein Baum unbäumisch sein könnte! Aber wir, wir schaffen das. Dabei glaube ich fest: Wir zerstören die Menschlichkeit in uns nicht! Ich glaube, das ist unmöglich. Es ist eher so, dass sie verschüttet wird. Wir lassen zu, dass sie unter Trümmern begraben wird, wie die Opfer des Terroranschlags vom 11. September 2001 in New York unter den Überresten des World Trade Centers.

Und Verschüttetes kann nicht mehr so leicht geborgen werden. In New York dauerte es acht Monate, bis die Trümmer weggeräumt waren. Acht Monate mit Hundertschaften von Helfern, um zwei »Häuser« aufzuräumen. Ähnlich mühsam wahrscheinlich und noch viel zeitraubender ist das auch bei verschütteten Seelen – und da gibt es keine Hundertschaften von Helfern. Es ist harte Bergungsarbeit. Zumindest ist das bei mir so. Ich bin noch mittendrin im Bergungsprozess.

Rechnet sich Menschlichkeit?

Ich bin ja ein Arbeitsjunkie. Ohne es zu merken, bringe ich es fertig, schon beim Familienfrühstück aufs Handy zu schauen und die E-Mails zu checken. Mein eingebauter Zielfokus lenkt mich wie einen Roboter automatisch auf das, was zu tun ist, um keine Zeit zu verlieren. Manchmal beginne ich morgens vor der Arbeit noch schnell etwas fertig zu machen und merke dann, dass das ja auch schon Arbeit ist. Und abends, wenn ich fertig bin mit der Arbeit, erledige ich vor dem Zubettgehen auch noch eben etwas, was ich nicht bis zum nächsten Tag liegen lassen will, und merke dann, dass das auch Arbeit war. Zwanzig Stunden am Stück zu arbeiten, das schaffe ich, ohne müde zu werden. Außerdem bin ich schnell, weil ich mir angewöhnt habe, mich extrem zu fokussieren. Auf diese Weise komme ich locker und ohne Not auf Arbeitspensen pro Tag, für die andere Wochen benötigen. Ich behaupte dann einfach, ich wäre fleißig.

Manchmal fährt meine Familie für einige Zeit weg, weil sie es mit mir nicht mehr aushält. Ich bin zu fokussiert. So nehme ich nichts mehr um mich herum wahr. Ich bin zu fleißig. So habe ich keine Pausen und Freiräume mehr, die sich zufällig mit etwas füllen könnten. Ich bin zu zielorientiert. Ich bin im Tunnel. So habe ich keinen Sinn mehr für die Ziele anderer – überhaupt für andere. So weit hätte es nicht kommen dürfen, denke ich dann. Aber Schuldgefühle und Konjunktiv gehen Hand in Hand.

Es ist nicht einfach, mit einem Süchtigen zusammenzuleben, für den sich »Familie« manchmal anfühlt wie kalter Entzug. Und wenn mich meine Frau und die Kinder dann für einige Zeit alleine lassen, bekomme ich plötzlich Angst. Ich bekomme Angst, dass ich meine Menschlichkeit vielleicht nie wieder ausgraben kann.

280

Aber sie ist nicht verloren. Alleine meine Angst zeigt mir ja schon, dass sie noch da ist. Und die Freude, wenn meine Familie dann wieder bei mir ist, zeigt es mir auch. Dann kommt die Demut auf. Es braucht wohl für alles gewisse Schlüsselmomente, für die Menschlichkeit, für die Demut. Demut lernt man wohl am besten, während man im Ungewissen vor einer Krankenhauszimmertür wartet, hinter der ein Mensch liegt, dessen Verlust unser Herz zerteilen würde.

Es gibt noch ein weiteres untrügliches Anzeichen, dass meine Menschlichkeit noch immer in mir ist: Ich bin eine unsägliche Heulsuse. Oft muss ich bei Spielfilmen heulen. Natürlich mache ich das heimlich, still und leise, aber meine Frau bemerkt das immer. »Was hast du denn?«, fragt sie dann schmunzelnd.

Ich hab dann immer Heuschnupfen – auch mitten im Winter.

Oder wenn ich Tatütatas auf der Straße höre und Rettungsfahrzeuge an mir vorbeifahren, steigen mir mit Macht die Tränen in die Augen. Und zwar nicht aus Angst oder weil ich in meiner Kindheit ein Trauma in Verbindung mit Rettungswagen oder Martinshörnern erlitten hätte. Es ist eher aus Rührung. Wenn ich einen Notarztwagen zu einer Unfallstelle oder ein Feuerwehrauto zu einem Brand eilen sehe, dann bin ich tief bewegt, weil da ein Team von Menschen im schlimmsten oder besten Fall Leben rettet. Ich finde es wunderschön, wenn sich eine Gesellschaft so gut organisieren kann, um so viel zielgerichtete Solidarität mit größtmöglicher Effektivität zu leisten. Es geht um Leben und Tod.

Am schlimmsten ist, dass ich ein genauso großer Fan von Sam, dem Feuerwehrmann, bin wie mein Sohn. »Was immer dich bedroht, Sam hilft dir in der Not.« Da muss ich selbst über mich lachen, was für ein kindischer Idiot ich bin.

Ich schaue mit meinem Sohn ein Sam-Video auf YouTube an. Irgendwas passiert. Ein Notruf. Dann kommt die Meldung in der Feuerwache an. Hauptfeuerwehrmann Steele reißt das Telex – oder was auch immer das ist – ab: »Feuer bei Soundso!« Er drückt auf den roten Knopf. Alarm! Die Sirene heult los … und ich heule auch.

Oh, Hermann, wie weit ist es mit dir gekommen, denke ich. Aber ich schöpfe Hoffnung: Da scheint noch was in mir zu glimmen.

BETTELN FÜR PROFIS

Ich habe das Gefühl, wir Menschen rutschen im Moment mehr zufällig als gewollt in eine neue Ära der Menschlichkeit hinein. Vielleicht liegt es daran, dass seit kurzem die Mehrheit der Menschen nicht mehr ums nackte Überleben kämpfen muss. Noch vor 50 Jahren lebten zwei Drittel der Menschen, nämlich alle, die nicht in den Industrieländern lebten, in bitterer Armut von weniger als einem Dollar pro Tag.

Heute, und das ist glücklicherweise ein Segen des als unmenschlich verschrienen Kapitalismus beziehungsweise der freien Marktwirtschaft, heute lebt nur noch etwa ein Siebtel der Menschheit von weniger als einem Dollar pro Tag und das, obwohl es seit damals vier Milliarden Menschen mehr gibt auf der Welt. Die meisten

Menschen sind der Armutsfalle entronnen, haben Arbeit und können ihre Familie mit durchschnittlich zwei Kindern selbst ernähren. Nur noch das unterste Siebtel ist auf Hilfe angewiesen, und deren Familien haben im Durchschnitt fünf Kinder. Wir sind also gerade auf dem besten Weg, die Armut und gleichzeitig die Überbevölkerung in den Griff zu bekommen.

Und das gibt uns den Raum, um erstmals in der Geschichte der Menschheit die Sinnfrage zu stellen. Was der Mensch für die Menschen und zur Menschheit beiträgt, was den Menschen menschlich macht – diese Frage ist neu. Wir leben in der Dekade der Menschlichkeit.

Und nun beschäftigen wir uns damit, zu überlegen, was das denn überhaupt ist und wie das denn geht, das Menschlichsein.

Ja, wie geht denn das?

Ein ernstzunehmender Gedanke dabei ist ein Satz, den Jesus von Nazareth gesagt hat. Er wäre fast verloren gegangen, denn in den vier Evangelien ist er nicht enthalten. Dafür hat ihn der Apostel Paulus aufgeschnappt und in einer seiner Predigten zitiert. Er wurde protokolliert und fand Eingang in die Apostelgeschichte, die bis heute gelesen wird. Luther übersetzte ihn dann so: »Geben ist seliger denn Nehmen.«

Das ist sehr schön formuliert. In heutiger Sprache würde er etwa so lauten: »Leuten was zu geben ist viel cooler, als nur was zu bekommen.« Oder noch besser: Wahre Hilfe ist es nicht, den Reichtum zu teilen, sondern den Menschen ihren eigenen Reichtum zu zeigen.

Aber stimmt das denn auch?

Ich war mal im Augustinerbräu in der Landsbergerstraße in

München. Das ist diese historische Schänke, wo die Tische und Bänke aus Holzbrettern bestehen, die quer über alte Bierfässer gelegt wurden. Dort ein Bier zu trinken macht Freude, und ich war bester Laune. Da sah ich ein etwa zehnjähriges Mädchen, das unschlüssig vor der Theke stand. Ich fragte die Kleine, ob ich ihr helfen kann, und ob sie was braucht.

Na klar, ein Eis wollte sie und strahlte mich aus großen Mädchenaugen an, doch 50 Cent fehlten ihr dazu. Ich gab ihr kurzerhand das fehlende Geldstück, ohne über Jesus oder Paulus nachzudenken, und wartete mit ihr an der Theke, bis sie die Bestellung aufgegeben hatte.

Doch die Quittung kam schon kurze Zeit später. Ich schaute mich um und bekam ein unangenehmes Gefühl. Nicht, dass das irgendwer mitbekommt und meint, ich wär ein Pädophiler! Immerhin kannte ich das Mädchen ja gar nicht. Darf man einem fremden Kind ein Eis ausgeben? Oh weia!

Und dann kam kurz darauf ein Mann zu mir und gab mir wortlos die 50 Cent, die ich dem Mädchen gegeben hatte. Es war der Vater, jemand aus Südeuropa, der sich offenbar schämte und aus Stolz die kleine Spende nicht annehmen konnte. Oder was weiß ich, welche Regel ich damit in seiner Kultur übertreten hatte. Vielleicht gilt es dort ja als Heiratsantrag oder so was, wenn man einem Mädchen ein Eis spendiert.

Was war mir das peinlich! Was man so alles beachten muss, wenn man gibt. Mir ging das weiter im Kopf herum: Was, wenn das Mädchen gar keinen Zucker essen durfte? Was, wenn die Eltern beschlossen hatten, dass ihre Tochter heute kein Eis bekommt, weil sie ungezogen gewesen war? Was, wenn die Situation gestellt gewesen wäre und jemand mich mit versteckter Kamera aufgenommen hätte?

Mir wurde klar: Wenn du gibst, gehst du Risiken ein.

Ich kam mir vor wie Klitschko und Rambo in einem, während ich im Innern den Kampf um die Menschlichkeit kämpfte. Man muss doch geben dürfen! Das ist doch unsere Pflicht. Und wenn es nur 10 Cent sind. Das tut doch keinem weh. Die Geste zählt. Das ist doch nur menschenwürdig. So ging es in meinem Kopf herum.

Doch die Menschlichkeit wird ausgetrickst. Zum Beispiel wenn Bettlerinnen mit einem Baby im Arm und der ausgestreckten leeren Hand auf Sie zukommen und Sie flehentlich ansehen – und Sie später merken, dass das Baby gar kein Baby, sondern eine Puppe war. Ja, das habe ich schon erlebt. Da wird die Menschlichkeit ausgenutzt wie eine Schwäche. Aber ist Menschlichkeit wirklich eine Schwäche? Macht sie uns verwundbar? Wären wir vielleicht viel menschlicher, wenn wir nicht laufend ausgetrickst werden würden? Man traut sich ja häufig kaum noch, bei einem Unfall am Straßenrand zu helfen, aus Angst, dass man etwas über die Rübe gezogen bekommt.

DAS GROSSE WOZU

Ich kann Ihnen ja mal davon erzählen, wie ich früher einmal mit einem Mietwagen in den USA herumgefahren bin und über Land und Leute gestaunt habe. Einmal parkte ich vor einem Einkaufszentrum. Bevor ich hineinging, öffnete ich kurz die Motorhaube und sah nach dem Wischwasser.

Rechnet sich Menschlichkeit?

Dann erlebte ich eine Überraschung. Im Einkaufszentrum wurde ich unabhängig voneinander von drei verschiedenen Leuten angesprochen, ob ich Hilfe bräuchte. Die Leute hatten gesehen, dass ich meine Motorhaube offen hatte, und vermuteten, dass mit meinem Wagen etwas nicht stimmte.

Ich fand das großartig. So viel Hilfsbereitschaft! Und ich erlebte diese Haltung überall in den USA. Ich habe noch nirgendwo auf der Welt so viele freundliche und hilfsbereite Menschen getroffen wie in den USA. Okay, in Australien und Neuseeland auch. Selbst in New York, wo es traditionell sehr schnell und hektisch zugeht: Wenn Sie da vor einem Fahrkartenautomaten stehen und nach der passenden Münze suchen, ist die Wahrscheinlichkeit groß, dass von hinten ein Arm an Ihnen vorbei die Münze für Sie einwirft und Sie zusätzlich noch ein Lächeln geschenkt bekommen, wenn Sie sich verblüfft bei dem Menschen bedanken, zu dem der Arm gehört.

Der Kontrast zu Deutschland ist in dieser Hinsicht enorm. Egal, was man den Amerikanern ansonsten üblicherweise so alles vorwerfen kann, von Oberflächlichkeit über Alltagsrassismus bis zum Spleen des Waffenbesitzes: in Sachen Hilfsbereitschaft und Rücksichtnahme können wir Mitteleuropäer uns jedenfalls gerne etwas von den Amerikanern abschauen. Und ich habe das Gefühl, dass das seit 9/11 noch mal deutlich stärker geworden ist: Die Menschen dort wollen einander helfen und schließen dabei auch Fremde gerne mit ein. Das hat mich tief beeindruckt.

Bestätigt wird das auch statistisch: Seit 2005 wird jährlich vom Gallup-Institut für die Londoner Charity Aid Foundation eine repräsentative Umfrage durchgeführt. In 135 Ländern werden zwi-

286

schen 500 und 2000 Menschen genau diese drei Fragen gestellt: Geld gespendet? Ehrenamt ausgeübt? Fremden geholfen?

Das Ergebnis wird dann jedes Jahr zum World-Giving-Index zusammengeführt. Auf Platz eins dieses Index liegt derzeit Myanmar, gefolgt von den USA und Neuseeland. Auch andere angelsächsische Länder liegen weit vorne: Irland, Australien, Großbritannien – alle unter den Top Ten. Auch asiatische Staaten liegen weit vorne: Malaysia oder Sri Lanka. Und die deutschsprachigen Länder? 2015 belegten die Deutschen weit abgeschlagen den 20. Rang, hinter Bhutan, Kyrgyzstan und Thailand. Österreich und die Schweiz rangieren auf Platz 23 und 40. Besonders bemerkenswert dabei finde ich, dass oft gerade ärmere Länder bei der Bereitschaft, Geld zu spenden, weit vorne liegen.

Ich finde, der World-Giving-Index ist eine wunderbare Weltmeisterschaft, denn dabei kann ein ganzes Volk mitmachen, nicht nur die rund zwanzig besten Fußballer. Er sollte viel bekannter werden, und er sollte uns anspornen, uns gegenseitig beim Geben zu übertreffen.

Denn das verändert die Menschen zum Guten.

DER ZUFÄLLIGE AKT DER GÜTE

Ja, manchmal braucht es eine Umfrage oder eine Studie, um zu verstehen, was passiert, und verblüffende Zusammenhänge zu realisieren. Es gibt eine berühmte Studie von Matt Weinstein und Dale Larsen über den sogenannten »Random Act of Kindness«, also den zufälligen Akt der Güte. Sie belegt, dass die spontane Hilfsbereitschaft eines Menschen zunimmt, wenn er kurz vor der Situation, in der seine Hilfe benötigt wird, ein Glückserlebnis hatte. Die Wahrscheinlichkeit, dass ein Mensch einem anderen hilft, ist viermal so hoch, wenn ihm kurz vorher etwas Gutes widerfahren ist!

Seitdem lassen die Autoren der Studie übrigens überall, wo sie gerade sind, beim Joggen oder Kaffeetrinken oder wo auch immer, hier und da eine kleine Münze fallen, auf dass sie jemand finde und sich darüber freue.

Und: Um zu ihrem Institut zu gelangen, mussten Weinstein und Larsen durch eine Mautstelle fahren. An dieser Stelle machten sie es sich zur Gewohnheit, für den nachfolgenden Wagen gleich mitzubezahlen. Das Spannende dabei ist nun: Diese Person, die ein kleines, unverhofftes, liebenswürdiges Geschenk von einer ihr völlig unbekannten Person erhält, besitzt laut dem Ergebnis der Studie ein sehr großes Potenzial, die kleine Geste weiterzugeben, also zum Dank gleich der nächsten hinter ihr fahrenden Person die Maut zu bezahlen. Und dann das Gleiche wieder, eine Kette von Freundlichkeit, von der niemand einen Nachteil, aber jeder einen Nutzen hat. Stellen Sie sich vor, diese Geste würde sich ewig weiter fortpflanzen und sich wie eine Welle verbreitern, die eines Tages zufällig wieder beim Auslöser ankommt ... was für eine schöne Vorstellung!

Das Großartige dabei: Sie können jederzeit eine solche Welle auslösen. Möglichst bei jemandem, den Sie nicht kennen: eine Blume schenken, ein Buch oder eine CD, einen Besuch machen, einen Einkauf erledigen oder einfach nur freundlich Guten Tag sagen und ein Lächeln verschenken. Die einzige Bedingung: Der

Beschenkte darf sich nicht beim Schenker revanchieren, sondern soll das bei einem anderen Menschen tun.

Die tollsten Dinge werden passieren. In der amerikanischen Talkshow von TV-Queen Oprah Winfrey, die eine solche Kette in ihrer Sendung anstieß, wurden wundersame Geschichten erzählt: Die Umsätze von Blumenläden stiegen, einst verfeindete Nachbarn lagen sich in den Armen, die Umsätze der Rechtsanwälte gingen zurück... Wunderbar, dass das funktioniert. Bitte verstehen Sie das gerne als Anregung! Es ist so einfach!

Wer es schafft, jeder Sekunde, jedem aktuellen Gegenüber, jeder Sache und jeder Tätigkeit mit ein wenig Aufmerksamkeit und Achtsamkeit entgegenzutreten, der hat seinen ganz persönlichen Menschlichkeitsindex entwickelt. Der ist menschlich und muss nicht mehr den Eindruck erwecken, menschlich zu sein.

SEI WIE JESUS CHRISTUS!

Es gibt wirklich allen Grund, uns Menschen zu lieben, finde ich. Bei allen Abgründen – ein Wunder sind wir dennoch. Überlegen Sie mal: Die Voraussetzung dafür, dass es Sie und mich überhaupt gibt, ist die aufwändige, aber letztlich erfolgreiche Jagd von 500 Millionen männlichen Spermien auf ein weibliches Ei, das nur von einem einzigen Spermium befruchtet werden kann. Denn anschließend macht das Ei sofort alle Schotten dicht und konzentriert sich auf das Geschäft des Teilens.

In Sekundenbruchteilen wird in diesem magischen Moment der

genetische Code eines neuen Menschen festgeschrieben. In wenigen Tagen bilden sich die ersten Strukturen des Körpers aus. Nach neun Wochen fängt das Herz an zu schlagen. Was nach der Geburt im Wesentlichen aus etwas Fett, Protein, Zucker und 75 Prozent Wasser besteht, ist das komplexeste Lebewesen des Planeten Erde. Babys tauchen, ohne Wasser zu schlucken. Sieben verschiedene Krabbel-Techniken bringen den neuen Menschen um zwei Kilometer pro Stunde weiter. Winzige Härchen im Ohr steuern den Gleichgewichtssinn, eine wichtige Vorgabe für die Sensation der ersten Jahre: die ersten aufrechten Schritte.

Doch schon wartet die nächste riesige Aufgabe: das Sprechen. Der Kopf ist wärmer als der Rest des Körpers. Der Grund: Hier wird einfach mehr Energie verbraucht. Hier sitzt das Supergehirn, das den Menschen in seiner Blüte allen anderen Lebewesen intellektuell überlegen macht. 100 Milliarden Neuronen feuern hier ständig elektrische Impulse, die sich mit einer ausgeklügelten Chemie die Arbeit teilen. Beide Steuerungssysteme, das Nerven- und das Hormonsystem, regieren ein wahres Universum, das speichert, steuert und sich auch noch ständig selbst hinterfragt, ganz zu schweigen von seinem unermüdlichen Forscherdrang, der auch vor dem Gehirn selbst nicht Halt macht.

Natürlich sehen wir nicht durch unsere Augen, nein, die Bilder entstehen erst so richtig im Gehirn. Mit Hören, Fühlen, Riechen ist es nicht anders.

In den durchschnittlich 79 Jahren unseres Daseins verbringen wir allein dreieinhalb Jahre mit Essen, acht Jahre gehören der Arbeit – auch wenn Sie das nicht glauben mögen, es sind wirklich grob nur acht Jahre.

Sei wie Jesus Christus!

Wir produzieren 40 000 Liter Urin, und unsere Fingernägel wachsen zwei Meter. Wir haben 2 500-mal Sex mit fünf verschiedenen Partnern und küssen in Summe leider nur ganze zwei Wochen.

Jede Stunde bildet unser Körper eine Million neue Zellen, und unser Gehirn hat fantastische Strategien, um unsere Körpertemperatur auf etwa 37 Grad stabil zu halten.

Ein durchschnittlicher Mensch geht täglich fünf Kilometer. In einer Woche sind das 35. In einem Monat läuft er 140 Kilometer. In einem Jahr macht das dann 1550 Kilometer und in einem ganzen Leben circa 1 Million Kilometer – also etwa 25-mal rund um die Erde. Ich finde, wir könnten uns alleine schon für die Anzahl an durchgelatschten Schuhen lieben. Was wir alles können! Wir sind großartig und leisten im Laufe unseres Lebens Unglaubliches. Es gibt allen Grund, gütig und freundlich zu uns selbst zu sein.

Ich bin dafür ein leuchtendes Beispiel – nur leider ein ziemliches Negativbeispiel. Ich kann nämlich unheimlich fies zu mir sein. Ich kann mich ausbeuten und mich berauben, weil ich mir absolut alles abverlange. Ich kann zu mir selbst ein Schwein sein und alles andere als menschlich.

Wenn in Meetings meine Klienten auf die Toilette gehen – ich gehe nicht. Ich habe eine gut trainierte Beraterblase und gehe dann abends auf die Toilette. Wenn ich berate, habe ich keine Zeit dafür. Auch nicht, wenn es schon weh tut. Ich esse auch fast nichts an einem Beratungstag. Und ich trinke auch nichts, ich unterlasse einfach alles, was ablenkt.

Ich gebe zu, das ist bisweilen etwas daneben. Und ich kann es ja auch nicht so richtig gut verargumentieren, wie Sie merken. Ja, ich glaube, wir alle, mich natürlich eingeschlossen, sollten mal drin-

291

gend beginnen, uns ein bisschen selbst zu lieben. Das wäre zum Beispiel die Voraussetzung dafür, dass sich die Zahl von jährlich knapp einer Million Suizide weltweit ein Stück weit reduziert. Ein bisschen Liebe wäre doch wirklich nicht schlecht. Doch wie wollen Sie einander lieben, wenn Sie es schon nicht fertigbringen, sich selbst zu lieben?

Wenn ich in meinen Vorträgen in die Runde frage, wer denn im Leben schon mal geflirtet hat, melden sich immer etwa 10 Prozent. Wenn ich dann aber frage, wie viele im Publikum verheiratet sind, dann melden sich 80 Prozent. Und dann frage ich mich: Ja, wie haben die denn das gemacht – ohne zu flirten?

Ich sage es Ihnen: Sie brauchen gar nichts zu machen, um geliebt zu werden. Es genügt, wenn Sie selbstvergessen sind. Denn nichts bewirkt eine solche Anziehungskraft wie Selbstvergessenheit.

Ich meine diese Situationen, wenn Ihr Gehirn das Ich ausblendet und Sie ganz in einer Tätigkeit aufgehen und nichts anderes mehr mitkriegen, beim Bücherlesen zum Beispiel, beim Sport, bei einem guten Film oder beim Meditieren.

Der Zustand, bei dem man glaubt, den Überblick zu verlieren. Es ist manchmal besser, den Überblick verloren zu haben, als ihn nie gehabt zu haben. Diesen Zustand findet man oft bei Kindern. Meinem Sohn ist abends beim Essen sogar schon der Kopf in den Teller gefallen, und zwar bevor der Teller leer gegessen war. Und meine Tochter ist schon mal im Bett mit halbem Kopfstand eingeschlafen. Das ist Selbstvergessenheit.

Ich finde auch Arbeit großartig, denn beim Arbeiten kann man doch ganz wunderbar selbstvergessen sein. Arbeit ist ein Spielplatz für Erwachsene!

Sei wie Jesus Christus!

Der Anthropologe Helmuth Plessner bezeichnet diese Fähigkeit, ganz bei einem anderen Menschen oder bei einer Tätigkeit zu sein, als Exzentrische Positionalität. Damit meint er einen Zustand jenseits des Zentrums, also eine Form von Außer-sich-sein. Indem wir unser Ich verlassen und aus uns heraustreten, können wir uns in einen anderen Menschen hineinversetzen. Sogar in uns selbst: Wir können aus uns heraustreten und uns selbst beobachten und uns selbst reflektieren.

Diese Fähigkeit hat nur die Spezies Mensch. Die Frage ist nur, wie sehr wir sie nutzen. Ich bin mit Plessner einer Meinung, dass das Überleben der Menschheit auf diesem Planeten deutlich davon abhängt, ob wir in der Lage sind, nicht nur permanent in einem ego-zentrischen Zustand zu leben, in dem wir um uns selbst, um unsere Bedürfnisse, Wünsche und unseren Willen kreisen, sondern ob wir auch häufig genug in einem ex-zentrischen Zustand leben.

Dann erst interessieren wir uns für andere Menschen.

Dann erst können wir sie verstehen.

Dann erst suchen wir Lösungen, die nicht nur uns selbst, sondern auch gleichzeitig anderen Menschen zupasskommen.

Dann erst können wir mitdenken und mitfühlen.

Dann erst sind wir menschlich.

Wenn es ein gutes Beispiel dafür braucht, versuchen Sie es doch einfach mal mit Jesus Christus. Was Selbstvergessenheit beziehungsweise Exzentrische Positionalität angeht, kann ihm bis heute niemand das Wasser reichen. Sein Leben zu geben für die Menschen … alle Achtung!

293

PROFIT MIT NON-PROFIT

Ich betreue zwei geniale Steuerberater, Stephan Brockhoff und Klaus Panreck, die gemeinsam ein Buch schreiben, das einen sensationellen Titel hat, der alles sagt und die Antwort auf eine aktuelle Fragestellung gibt: *Menschlichkeit rechnet sich.* Ich finde diese Aussage klug, insbesondere, wenn die Autoren Steuerberater sind. Und natürlich: Sie rechnet sich!

Ich gebe Ihnen gerne auch ein paar Beispiele dafür.

Als Erstes lege ich Ihnen Sina Trinkwalder ans Herz. Sie hat ein Buch geschrieben mit dem Titel *Wunder muss man selber machen* – genau das hat sie getan, als sie bereits in jungen Jahren ihr Studium geschmissen hat und Unternehmerin geworden ist. In ihrer Textilfirma Manomama, die mehrfach ausgezeichnet worden ist, beschäftigt sie hauptsächlich Menschen, die aus Sicht des konventionellen Arbeitsmarkts eigentlich hoffnungslose Fälle sind, also Leute, die keiner mehr haben will: Langzeitarbeitslose, Rheumakranke, ehemalige Leiharbeiter oder Burnout-Rekonvaleszenten, Alleinerziehende, Ausländer. Alles Ausselektierte.

Und siehe da, es funktioniert. Zwar war es für Sina Trinkwalder ein Überlebenskampf von Anfang an, weil kein Ministerium, keine öffentliche Institution und keine Bank ihr in irgendeiner Weise einen Zuschuss oder Vertrauensvorschuss gewähren wollte. Aber mit dem gesammelten Enthusiasmus von Chefin und Angestellten hat es geklappt.

Natürlich benutzt sie ihre Form von Menschlichkeit auch als Marketing- und Akquise-Instrument. Sie macht eine gute Medienarbeit und schaffte es als »Sozialunternehmerin« in die großen Zeitungen und in die Talkshows. Der Lohn dafür sind Tausende Bewerbungen von Leuten, die für sie arbeiten wollen, und Textilproduktionsaufträge für ihre Manufaktur. Wissenschaftler der Universität Chicago haben festgestellt, dass die Fähigkeit, Brücken zwischen verschiedenen Welten und Menschen zu bauen, ein Hauptkennzeichen von Managern ist, die besser bezahlt und schneller befördert werden. Und Sina Trinkwalder ist dies anscheinend gelungen.

Ein anderes gutes Beispiel ist der Hotelunternehmer Bodo Janssen. In seiner Firma Upstalboom ging es früher zu wie in jedem konventionellen Unternehmen. Das heißt: Die Prinzipien der klassischen Betriebswirtschaftslehre standen im Vordergrund. Der Fokus lag darauf, Gewinne zu maximieren. Also wurde gemanagt statt geführt, die Zahlen standen im Vordergrund, nicht die Menschen.

Doch eines Tages führte Janssen eine Mitarbeiterbefragung durch. Das Ergebnis machte ihn betroffen und tat weh. Sehr weh. Ganz offensichtlich ging es den Mitarbeitern bei ihm nicht gut. Er beschloss, sein Unternehmen zu ändern. Und dazu fing er bei sich selbst an. Eineinhalb Jahre lang ging er regelmäßig in ein Benediktinerkloster, um für sich neue Sichtweisen zu verstehen.

Sein Motto lautet seitdem: Wertschöpfung durch Wertschätzung. Und das bedeutet, dass Janssen seinen Mitarbeitern ermöglicht, das zu leben, was ihnen als Mensch wichtig ist, was ihnen Freude bereitet und wofür sie ein Talent haben. Führung – also seine primäre Aufgabe – sieht er als Dienstleistung, nicht als Privileg.

Und seitdem die Zahlen nicht mehr im Mittelpunkt stehen, sind sie viel besser geworden: Mitarbeiterzufriedenheit plus 80 Prozent,

Senkung der Krankheitsquote von 8 Prozent auf unter 3 Prozent, Anzahl der Bewerbungen plus 500 Prozent, Steigerung der Gästezufriedenheit auf 98 Prozent, Verdopplung der Umsätze innerhalb von drei Jahren bei signifikanter Steigerung der Produktivität. Es funktioniert also.

BETAPHARM

Das zeigt auch das dritte Beispiel: Betapharm. Bei diesem Augsburger Pharmaunternehmen ist soziales Engagement der eigentliche Kern des Geschäfts. Und das aus purem Eigennutz!

Zwei Millionen Euro wendet Betapharm jedes Jahr für soziale Projekte auf. Das ist ein großer Teil des Gewinns, denn Betapharm ist ein kleiner Mittelständler mit etwa 75 Mitarbeitern und rund 180 Millionen Euro Umsatz.

Immerhin aber brachte die »soziale« Strategie innerhalb von nur fünf Jahren einen beachtlichen Wachstumssprung von Rang 15 auf Rang 4 der deutschen Generika-Hersteller, also der Hersteller für patentfreie Arzneimittel.

»Wir tun Gutes, weil es auch uns nützt«, sagt Peter Walter, der Geschäftsführer. Ende der 1990er Jahre begann das Unternehmen mit einer Aktion: Ein kleiner Teil des Verkaufspreises eines Produkts wurde an den »Bunten Kreis« abgeführt, eine Augsburger Elterninitiative, die sich um krebskranke Kinder und deren Familien kümmert. So machte es die Kunden zu Spendern und Sponsoren – und das kam sehr gut an, der Umsatz stieg sprunghaft.

Seitdem baut Betapharm diese Strategie stetig aus. Das Unternehmen finanziert unter anderem das »Betafon«, ein Call-Center mit Juristen, Sozialpädagogen und Krankenschwestern, bei dem jeder Kranke Informationen zu Selbsthilfegruppen, Therapiehilfen und gesetzlichen Unterstützungsleistungen in seiner Region einholen kann.

Außerdem fördert Betapharm die Ausbildung von Apothekern und eine Beratungsstelle für Brustkrebskranke namens »Mammanetz« im Augsburger Klinikum. Auch der »Bunte Kreis« wird weiter unterstützt und ist dadurch gewachsen. Unterm Strich geht die Rechnung auf, weshalb neuerdings Investoren in das Unternehmen eingestiegen sind und mit dem eingebrachten Kapital das weitere Wachstum vorantreiben – und zwar ausdrücklich inklusive der sozialen Projekte, die mittlerweile einen guten Teil des Unternehmenswertes ausmachen.

Es gibt also eine Sache, für die Sie schwer Ausreden finden werden, wenn Sie am Ende Ihres Lebens einen bedauernden Blick zurückwerfen. Wenn Sie dann sagen werden, dass Sie es in der kurzen Zeitspanne Ihres Lebens vor dem Tod versäumt haben, menschlich zu sein, dann werden Sie das bereuen.

Also vergessen Sie den Faktor Menschlichkeit nicht, wenn Sie antreten, das zu tun, wofür Sie angetreten sind.

Wir sind die einzige Spezies, die es schafft, gegen sich selbst destruktiv zu handeln. Doch es gibt nach gründlichem Nachdenken für mich keinen vernünftigen Grund, unmenschlich zu sein.

Nicht mal aus Langeweile oder Unachtsamkeit. Und schon gar nicht aus Profitgier.

Lassen Sie uns heute menschlich sein, um Eigeninteressen zu

wahren. Das ist immerhin ein Schritt. Und vielleicht lernen wir dadurch, so fokussiert, menschlich und selbstvergessen zu sein wie Jesus von Nazareth.

KAPITEL 11

Q-UALITÄT DURCH SPIRIT-UALITÄT

Q-ualität durch SPIRIT-ualität

Vorwarnung: Lesen Sie dieses Kapitel nur, wenn Sie es wirklich ernst mit sich meinen! Wenn Sie wirklich was verändern und das tun wollen, wofür Sie angetreten sind! Wenn Sie zu den literarischen Warmduschern, den Seitenblätterern gehören, die geschriebenes Entertainment mit Niveau oder ein Ideenbuffet konsumieren wollen, dann lassen Sie dieses Kapitel einfach liegen. Mit diesem Kapitel gilt es, gedankliche Gewohnheitsgrenzen zu überschreiten, zu provozieren, zu verwirren.

Während meine Vorträge sicherlich ein hochwirksames Gegengift zu Langeweile und Trott sind und Sie mit Mut und Leidenschaft zu Inspiration, Regelbruch und Querdenken verführen, so erlebe ich als Autor, wie viele Leser innerlich blockieren und die daraus resultierenden Erkenntnisse infrage stellen. Ja, infrage stellen müssen, immerhin könnte unsere ganze Art des Denkens und Handelns in ein vollkommen anderes Licht gestellt und von einem völlig anderen Blickwinkel gesehen werden. Und das lässt uns die Vergangenheit infrage stellen. Und da stellt sich die Frage: Wollen wir das?

Die Frage ist berechtigt, da sie Bequemlichkeit zugunsten der Veränderung verdrängt. Aber es geht im Leben um Lebendigkeit und nicht um Bequemlichkeit. Und Veränderer wurden immer mit den Überbringern schlechter Nachrichten gleichgesetzt und früher sogar geköpft.

Und wenn Sie meinen, Sie haben alles verstanden, dann ist die Frage: Woher wissen Sie das? Und wenn Sie nicht mehr weiterwissen, dann sind Sie möglicherweise auf dem richtigen Weg. Die Zukunft hat längst begonnen, wir sind einen Schritt weiter.

ALSO

Vielleicht klingt das alles in Ihren Ohren so, als hätte ich für Sie ein Rezept, ein Programm, einen Weg, um Ihr Leben vor dem Tod mit Sinn zu erfüllen. Aber das ist nicht nur weit jenseits dessen, was ich mir erlauben würde, sondern ich weiß in etwa genauso wenig wie Sie: Zwischen Himmel und Erde gibt es für uns Menschen noch so viel zu lernen! Der Reifegrad unserer Gesellschaft ist noch ziemlich grün, die Menschheit ist vielleicht gerade mal im Teenie-Alter. Oder vielleicht sind wir sogar erst nur Kleinkinder, gemessen an der geistigen Entwicklung, die wir noch vor uns haben. Mal sehen, was noch aus uns wird!

Am ehesten können wir erahnen, was wir noch nicht wissen, wenn wir die Phänomene betrachten, die wir noch nicht erklären können und die deshalb von vielen rein rational denkenden und auf das statische Jetzt fixierten Skeptikern als »Esoterik« oder höflich »Grenzwissenschaften« beziehungsweise »Parawissenschaften« oder unhöflich »Verschwörungstheorien« oder schlicht »Klimbim« bezeichnet werden. Da hilft es auch nichts, darauf zu verweisen, dass die Kontinentalverschiebung, die elektromagnetischen Felder und die krankheitserregenden Keime von der akademischen Wissenschaft einst auch als Klimbim verschrien wurden. Und kein Mensch kann begründen, warum die rationalen Skeptiker heute zwar so gerne an bislang unbeweisbaren Klimbim wie Schwarze Löcher, Urknall und Dunkle Materie glauben, aber den gleichfalls unbeweisbaren Klimbim der Homöopathie, der Seelenwanderung und der Teleportation lieber nicht so gerne glauben.

Wissen ist der letzte Stand von Irrtum, und die Wissenschaft von heute ist der Irrtum von morgen. Heute schmunzeln wir, wenn wir auf den Stand der Wissenschaft von vor ein paar Generationen schauen und Unsinn hören wie: Die Erde ist der Mittelpunkt des Universums. Oder: Die Erde ist eine flache Scheibe. Wie werden die Menschen in ein paar Generationen über uns und unseren heutigen Stand der Wissenschaft schmunzeln? Anstatt sich etwas darauf einzubilden, halte ich es für wesentlich vernünftiger, davon auszugehen, dass wir Menschen noch ziemlich im Dunkeln tappen, was die Beschaffenheit der Welt angeht.

Lesen Sie einfach mal ein wenig Klimbim – zum Beispiel vom weltberühmten und höchst anerkannten Pulitzer-Preisträger und Ozeanflieger Charles A. Lindbergh, der im Jahr 1927 als Erster den Atlantik auf der Strecke New York – Paris überflog. In seinem preisgekrönten Bestseller *Mein Flug über den Ozean* berichtete er recht anschaulich, dass sich das Cockpit während seiner 22. Flugstunde mit Geistern, verschwommenen, transparenten Gestalten, füllte. Kein Erschrecken, keine Verwunderung, nur Freundlichkeit, Beruhigung und Vertrautheit. Er schreibt: »Obwohl meinen geisterhaften Freunden der feste Körper fehlt, sind sie doch menschengleich in ihrer äußeren Erscheinung – gestaltet aus der Erfahrung von Generationen, Besucher aus einer Welt, die dem Sterblichen verschlossen bleibt. Ich bin auf der Grenze zwischen dem Leben und einem größeren Reiche jenseits; bin wie im Gravitationsfeld zweier Planeten zugleich verfangen; von Kräften geführt, auf die ich keine Einwirkung habe; Kräften, so leicht an Gewicht, dass keine der mir zur Verfügung stehenden Methoden sie wägen kann; Kräften, die eine Macht darstellen, wie sie mir in dieser Stärke bisher nie begegnet ist.

Diesseits sowohl wie jenseits meines Verstandes geht, wie ich bemerke, eine Umwertung aller Werte vor sich. Fünfundzwanzig Jahre lang haben ihn feste Knochenwände umgeben, hat er die grenzenlose Weite und das unsterbliche Leben außerhalb seiner selbst nicht erkannt. Nun tut ers – ist das der Tod? Quere ich schon die Brücke, die man nur im letzten, entscheidenden Augenblick sieht? Bin ich schon jenseits der Stelle, von der aus ich eine solche Vision zur Erde und zu den Menschen zurückbringen kann? Wäre der Tod nicht das unwiederbringliche Ende, das er bisher zu sein schien? Vielmehr der Eingang zu einer neuen und freien Existenz, die allen Raum und alle Zeit umschließt?«

EINE BEMERKENSWERTE DAME

Obwohl ich genauso wenig weiß wie Sie, ob diese Erscheinungen, die Lindbergh in seinem Cockpit besuchten, nun Hirngespinste aufgrund totaler Erschöpfung waren oder doch irgendetwas Reales, das er nur bemerken konnte, weil er in einem besonderen Bewusstseinszustand war: Für mich steht schon lange fest, dass es schlau ist, die Schlagbäume an der Grenze des Rationalen zu öffnen. Die kleine Welt der meisten Leute ist viel kleiner als die Realität. Es gibt noch etwas anderes als das rationale Diesseits. Und dem gegenüber ist unsere kleine diesseitige Welt ein Flohzirkus.

Das relativiert alles und sprengt den Horizont. Es ist wahnsinnig befreiend, sich geistig aus dem kleinen Tagesgeschäft unserer Gesellschaft zu lösen. Denn dann fragen Sie sich: Ist es überhaupt wichtig, womit wir uns tagtäglich beschäftigen? Geht da nicht noch viel mehr?

Aus dieser Überlegung heraus erwachsen irrwitzig große Ziele und Vorhaben – und die sind es, auf die ich Sie aufmerksam machen möchte. Die irrsinnigen Pläne, das verrückte Ziel, eine Kathedrale zu bauen, den Seeweg nach Indien zu entdecken, als Mensch zu fliegen, den Atlantik im Flugzeug zu überqueren, auf dem Mond zu landen, zum Südpol zu reisen, auf den Grund des Marianengrabens zu tauchen, die Rassendiskriminierung zu beenden, mit einem Solarflugzeug die Welt zu umrunden, den Verbrennungsmotor im Auto durch den Elektroantrieb zu ersetzen, Europa zu vereinen, die Armut auf der Welt zu beseitigen, den Mars zu besiedeln ... solche Vorhaben sind es, die ein Leben vor dem Tod begründen.

Wer über das Diesseits hinausdenkt, wird fähig zu Taten, die das Leben lebenswert machen. Wer aber an den Klimbim partout nicht glauben will, der führt ein kleines, enges, gehemmtes Leben. Schade.

Ich selber habe schon so manche Erweiterung meines Weltbildes erlitten. Das war jedes Mal erschütternd. Und anschließend enorm befreiend. Ich kann Ihnen das nur empfehlen.

Um Ihnen zu illustrieren, was ich meine, öffne ich gerne noch mal ein wenig mein Nähkästchen für Sie. Auch auf die Gefahr hin, dass Sie mir nachher Selbstbeweihräucherung oder Spinnerei im Endstadium vorwerfen könnten. Ich möchte aber nur, dass Sie verstehen, warum mich die Grenze zwischen Diesseits und Jenseits so sehr beschäftigt:

Es ist nun über acht Jahre her, dass ich einen lockeren Beratungstermin mit einer Dame verschieben wollte, weil es mir nicht so gut ging. Die Dame bat mich daraufhin, ihr ein Bild von mir zu schicken plus mein Geburtsdatum nebst genauer Geburtszeit. Sie versprach mir, mir anschließend zurückzumelden, was mit mir los sei.

Ich fand das lustig und schickte ihr das Gewünschte. Zwei Tage später hatte ich eine Audio-Kassette in der Post. Eine Audio-Kassette? Ich war neugierig und kaufte mir extra in einem Elektromarkt einen Kassettenrekorder, denn so etwas besaß ich schon lange nicht mehr, verbarrikadierte mich in meinem Büro und drückte auf »Play«.

Was folgte, war eine Erleuchtung. Ich bekam den Mund nicht mehr zu. Die Frau erzählte mir via Tonband, wer ich war. Sie las mir aus meiner Seele vor, und zwar so gestochen scharf, dass ich kaum mehr Luft bekam. Sie kannte mich in- und auswendig! Sie wusste Sachen von mir, die sie einfach nicht wissen konnte! Eben auch Dinge, die auf keiner Homepage und in keinem Buch von mir zu finden waren.

Wie kann ein Mensch einen anderen Menschen so tief erkennen? Ich war nicht nur fasziniert, sondern ich fühlte mich großartig. Es war, wie von einem Blitz getroffen zu werden, nur ohne Schmerzen und Verbrennungen und all das. Insbesondere beschränkte sie sich nicht nur darauf, mich bis ins Mark zu beschreiben, sondern sie erklärte mir auch, für was, genauer wofür meine Seele ursprünglich angetreten ist und was ich tun soll im Leben. Ich war elektrisiert.

Ich rief sie an und sagte ihr, dass sie bitte vergessen soll, dass sie mich engagieren wollte. Es sei ja umgekehrt: Ich wolle nun sie engagieren. Was ihr Tagessatz sei. Und welche ihre freien Termine seien. Ich wolle sie für die nächsten zwei Jahre komplett buchen. Sie nannte mir ihre Termine und ihren Preis, und ich buchte sie. Mit der Folge, dass wir in den nächsten Monaten sehr viel zusammen unterwegs waren.

Beispielsweise gingen wir eines Tages durch Zürich. Wir stutzten, weil eine Straßenbahn mitten auf freier Strecke stehen blieb. Sie sagte: »Der Mann da drin. Der stirbt gleich.«

Ich schaute sie an und war entsetzt. Was sollte das? Das kann sie ja nicht wissen. Über so etwas spekuliert man doch nicht. Als dann aber kurz darauf ein Notarzt angerast kam, begann ich zu schwanken und schaute sie verblüfft an.

Sie sagte: »Herr Scherer, ich bin nicht der Typ, der in der Kategorie ›Beweise‹ denkt. Wenn Sie einen Beweis haben wollen, dass ich manches weiß: Demnächst wird ein Flugzeug brennen ...«

Ich war geschockt. Wollte sie sich jetzt als Wahrsagerin betätigen? Ich ärgerte mich beinahe darüber. Am nächsten Tag erhielt ich im Hotelzimmer eine SMS von ihr: »Bitte TV anmachen! Flugzeug brennt.«

Ich schaltete den Kasten an, zappte bis zu einem Nachrichtensender und sah: ein brennendes Flugzeug. Genauso wars.

In den folgenden Wochen, in denen ich mit ihr unterwegs war, erzählte sie mir von einigen der Tausenden von Durchsagen, die sie täglich erhielt. Und immer trafen sie zu.

Einmal waren wir zusammen in Rosenheim. Dort trafen wir zufällig den langjährigen deutschen Dale-Carnegie-Chef Willi Zander, der ja auch vor vielen Jahren einmal mein Chef und mein wichtigster Mentor gewesen war. Ich freute mich auf unser Wieder-

Eine bemerkenswerte Dame

sehen, es war herzlich wie immer, wir tranken zu dritt ein Bier und hatten einen schönen Abend.

Am nächsten Tag war ich schon in einer anderen Stadt, da rief die Dame plötzlich an: »Sie müssen dringend zurück zu Willi fahren!«

»Wieso?«

»Weil er stirbt.«

Nein, das wollte ich jetzt einfach nicht glauben. Ich sagte: »Quatsch. Dem gehts bestens, wir haben doch gestern noch fröhlich ein Bier getrunken!«

Aber nur drei Tage später hörte ich die Nachricht von seinem Tod.

Nun, ich kann ja schon zäh sein, aber ab diesem Moment glaubte ich endgültig, dass diese Frau einen besonderen Draht zum Universum und wieder zurück hatte. Es war eben so.

In den Jahren seither lernte ich die Dame immer besser kennen. Sie wurde meine Frau und die Mutter meiner Kinder. Es ist manchmal anstrengend, wenn sie sich plötzlich losreißt, wildfremden Menschen hinterherrennt und versucht, Unfälle zu verhindern oder Leute auf unentdeckte Krankheiten aufmerksam macht. Natürlich wirst du da angeschaut wie ein Depp. Aber was macht man nicht alles, um den ein oder anderen vor dem Jenseits zu bewahren?

307

MEISTER DES ZUFALLS

Es gibt eine Firma, die das Jenseits zum Geschäft gemacht hat. Ihre Mitarbeiter hielten sich früher für unfehlbar, zettelten Kriege an, ließen Gegner öffentlich hinrichten und begingen jede denkbare Grausamkeit im Namen ihres gemeinsamen Mission Statements. Noch heute gelten viele Mitarbeiter als größenwahnsinnig oder pädophil. Man sollte meinen, dass ein solches Unternehmen heutzutage keine Chance mehr bei seinen Kunden hätte. Aber weit gefehlt! Es hat noch immer eine der stärksten Marken der Welt, das weltweit bekannteste Logo, das Kreuz – und das seit 2000 Jahren: die christliche Kirche!

Die Kirche ist damit besonders erfolgreich, aber das Prinzip der Glaubensgemeinschaft trifft im Grunde auf jedes Unternehmen zu. Nur betrachten wir sie meistens ausschließlich durch die Lupe des Rationalen, Diesseitigen. Ich bin aber davon überzeugt, dass wir gerade dabei sind, Spiritualität als Erfolgsfaktor zu entdecken. Manager von DAX-Unternehmen sind immer häufiger auf Retreats zu sehen, Apple machte vor dem großen Erfolg Familienaufstellungen, und immer mehr internationale MBA-Programme bieten Meditationen im Lehrplan an. Wir beginnen, in der Wirtschaft an der Oberfläche der Spiritualität zu kratzen.

ATME

Die Wurzeln des Begriffs Spiritualität liegen im lateinischen Verb *spirare,* das einen ganz schlichten Vorgang benennt: atmen. Alles andere als weltfremd steht der Ausdruck also zunächst für eine ganz grundlegende Tätigkeit, die uns am Leben hält – tausendfach pro Tag praktiziert. Sauerstoff für die Muskeln, Frischluft für den Kopf.

Seinen zusätzlichen Bedeutungsaspekt erfuhr das Wort durch die Verwendung im religiösen Kontext: Den Schöpfungsmythen zufolge erhält die menschliche Hülle erst nach dem Einhauchen des Geistes durch den Schöpfer ihre Lebendigkeit. Der Spiritus wird damit zum Geist und zur Seele des Menschen. Die Bibel schildert dieses Bild im zweiten Schöpfungsbericht: »Da formte Gott, der Herr, den Menschen aus Erde vom Ackerboden und blies in seine Nase den Lebensatem. So wurde der Mensch zu einem lebendigen Wesen« (Genesis 2,7).

Spiritualität hat also entscheidend mit Lebendigkeit zu tun: Lebendig ist der, der einen »spirit« hat, Geist und Seele besitzt. Das sind Einsichten, die die Menschen vor mehr als 2500 Jahren in ihren Mythen von Generation zu Generation weitergegeben haben – und nach denen sie ihren Alltag und ihre Werte gestaltet haben. Die Würde des Lebens hat sich daraus ebenso definiert wie die Achtung vor dem Tod, wenn der Geist den Körper verlässt.

Auf eine einfache Formel gebracht heißt das also: Der Mensch ist ein spiritueller Mensch, wenn er um seine Lebendigkeit weiß. Wenn er als bewusster Akteur und souveräner Gestalter seines Geschickes auftritt.

MEDITATION MACHT MENSCHLICH

Es war nur ein kleines Experiment. In die Welt gesetzt von irgendwelchen Esoterikern. Umgesetzt von Leuten, die Spaß haben, etwas Neues erleben wollten. Vielleicht von Trendforschern, Soziologiestudenten, Statistikern und einigen Kriminellen: Hände falten, tief durchatmen, Augen schließen, und los geht es. Vor 20 Jahren meditierten in Washington mehrere Tausend Menschen über viele Wochen. Als sie die Augen wieder öffneten, hatte sich die Stadt verändert. Die Statistiker stellten eine deutlich gesunkene Kriminalitätsrate fest. Die Trendforscher wiesen den Zusammenhang mit der Meditation nach. Nur die Soziologen blieben skeptisch: Hatten sich bei der Aktion einfach nur überdurchschnittlich viele Kriminelle beteiligt, die während der Meditation nicht auf Beutetour gehen konnten? Oder hatte die Meditation tatsächlich einen anderen Geist in die Hauptstadt der Vereinigten Staaten geholt? Lassen Sie uns, um diese Frage zu erörtern, gemeinsam ein paar Schritte unternehmen. Von den Anfängen bis zu einer gemeinsamen Meditation – wer weiß schon genau, wohin der Weg führt?

HYGIENE FÜR DIE PSYCHE

Harald Walach, Leiter des Instituts für transkulturelle Gesundheitswissenschaften an der Europa-Universität Viadrina in Frankfurt (Oder), hätte sofort ein Heilmittel parat: »Wenn wir nicht alle

Hygiene für die Psyche

jeden Tag eine halbe Stunde meditieren, sehe ich keine Zukunft für unsere Gesellschaft.« Meditation als tägliches Seelenputzen zur Rettung der Welt? Auf den ersten Blick scheint das ziemlich weit hergeholt. Denn dahinter steckt die Annahme, dass das individuelle Bewusstsein das kollektive beeinflussen könnte. Doch warum sollte das eigentlich nicht funktionieren?

Zumindest können Wissenschaftler heute schon ziemlich genau sagen, was bei einer Meditation geschieht. Jedenfalls seit wir mehr als nur EEG und Blutdruckmessgerät kennen, um meditative Zustände greifbar zu machen, und mit bildgebenden Verfahren bis in das Gehirn schauen können. Seitdem belegt bereits ein Dutzend Studien, dass Meditation nicht nur die Aktivität des Gehirns, sondern auch seine Struktur verändert, die Effektivität von Nervenfasern verbessert sowie Aufmerksamkeit und Konzentration trainiert.

So wie bei einem Mönch, der jahrelang in der tibetischen Abgeschiedenheit meditiert hatte und dies schließlich unter dem wachen Auge der Wissenschaft wiederholte: in einem amerikanischen Hirnforschungslabor mit 128 Elektroden auf dem rasierten Schädel und vorbehaltlosem Mitgefühl im Geist. Das Ergebnis versetzte Psychologen auf der ganzen Welt in Erstaunen: Das Elektroenzephalogramm des Tibeters zeigte Gammawellen, 30-mal so stark wie die gewöhnlicher Studenten. Die Wellen mit einem Frequenzbereich von 25 bis 100 Hertz gelten als eine Begleiterscheinung kognitiver Höchstleistungen und starker Konzentration – und sind schwer nachweisbar, da sie nur zeitlich und räumlich beschränkt auftauchen. Normalerweise. Im Fall des Mönches traten sie allerdings in vielen Gehirnarealen synchron auf. So als hätte er energetisch eine

311

Verbindung zwischen Unbewusstheit und Bewusstheit geschaffen. Was folgern wir daraus? Meditation ist das Gegenteil von Tiefschlaf und weit mehr als ein entspannter Wachzustand. Sie ist ein Zustand extremer Wachheit. »Es geht um tiefe Veränderungen des Seins. Auf lange Sicht wird man eine andere Person«, sagt Mathieu Ricard. Er gehört zu einer zweiten Gruppe von 16 tibetischen Mönchen, die der Dalai Lama höchstpersönlich zu Versuchspersonen ernannte und die schließlich unter dem monotonen Brummen eines Magnetresonanz-Tomographen meditierten.

VOM STROM DER ERKENNTNIS

Eine Art Ost-West-Annäherung auf geistig-wissenschaftlicher Ebene. Aber warum engagiert sich das geistige Oberhaupt der Tibeter derart? Wo er doch längst überzeugt ist, dass Meditation und mentale Disziplin zu grundlegenden Veränderungen im Gehirn führen?

Nun, die Buddhisten sind schlaue Leute. Sie wissen, dass ihre Erfahrung viel mehr wert ist, wenn sie von den wissenschaftsgläubigen Westlern untersucht, nachgewiesen und damit auf höchster Ebene bestätigt wird. Daher folgten noch viele weitere experimentelle Untersuchungen unter der Fragestellung, wie sich Meditation auf die physiologischen und neurologischen Muster auswirkt. Mit Mönchen im Labor sowie Vergleichsgruppen aus Anfängern und fortgeschrittenen Yogis.

ALLTÄGLICH ODER NICHT?

Während Sie mit vielen Leuten noch über das Geheimwissen von Meditationen diskutieren können, hört es bei Zeitreisen und Teleportation dann aber schnell auf. Interessanterweise lauschen viele Physiker dann immer noch oder diskutieren mit. Auch in der Paranormologie wird von Bilokation gesprochen.

Bilokation bezeichnet die angebliche Fähigkeit einer Person, an zwei Orten gleichzeitig zu sein. In der katholischen Kirche wird dieses Phänomen einigen Heiligen zugeschrieben, zum Beispiel Antonius von Padua, Josef von Cupertino und Pater Pio. Dabei wird erklärt, dass diese Personen den Wunsch, Gutes zu tun, so stark fühlten, dass sie gleichzeitig an einem Ort ihre Pflicht erfüllten und an einem anderen Ort ihrer Bestimmung nachgingen. Es gibt so viele mögliche Wunder, die wir erleben dürfen, wie beispielsweise die außergewöhnlichen Heilungs- und Operationskünste von Jun Labo auf den Philippinen, der die Menschen mit bloßen Händen »operiert« und nachweislich schon manch unheilbare Krankheit geheilt und manch Geschwür entfernt hat.

ZEITREISEN

Die Frage ist, ob Zeitreisen nicht vielleicht doch möglich sind, also außerhalb von Science-Fiction-Filmen, Comics und Büchern, sondern in der wirklichen Welt. Ein simples Beispiel macht deut-

Q-ualität durch SPIRIT-ualität

lich, dass mit bisherigen Maßstäben der Logik die Frage mit Nein beantwortet werden müsste: Wer in die Vergangenheit zurückreist, dort das Kennenlernen seiner Großeltern verhindert und trotzdem existiert, hat etwas schlicht Unmögliches vollbracht. So unmöglich wie Sonnenschein bei Nacht oder ein gewonnenes Elfmeterschießen der Engländer gegen Deutschland. Unmöglich jedenfalls dann, wenn die grundlegenden Gesetze der Logik stimmen. Dennoch glauben einige ernsthafte Wissenschaftler, dass eine Rückführung in die Vergangenheit tatsächlich möglich ist.

Und was ist, wenn Zeitreisen für einige Menschen nicht nur in der physischen Mini-Welt der subatomaren Teilchen alltäglich, sondern auch in einer geistigen, nicht-materiellen Welt jederzeit möglich sind? Wenn manche Menschen, die über einen besonders guten Draht zum Jenseits verfügen, mühelos und jederzeit vom einen Ort in Raum und Zeit zum anderen fliegen könnten?

Natürlich, das würde nur gehen, wenn diese jenseitige, geistige Welt überhaupt existieren würde. Um Ihre Vorstellungskraft zu reizen, frage ich Sie darum nun: Ist die Tatsache, dass diese geistige Welt rein rational und naturwissenschaftlich (noch) nicht erfassbar ist, wirklich ein Beweis dafür, dass es sie nicht gibt? Und diese Frage meine ich ernst. Ich will nämlich Ihren Glauben erschüttern, dass das, was Sie sehen, riechen, hören und fühlen können, schon alles ist, was es gibt. Denn dieser Glaube schränkt Sie in Ihrem Leben furchtbar ein.

EINSTEINS GOTTESTHEORIE

Der Legende nach soll Einstein schon als Schüler einen besonderen Dialog zwischen ihm und seinem Professor gestaltet haben.

Lehrer: »Ich werde euch beweisen, dass Gott, wenn es ihn gibt, böse ist. Hat Gott alles, was existiert, erschaffen? Wenn Gott alles erschaffen hat, dann hat er auch das Böse geschaffen. Das bedeutet, Gott ist böse.«

Einstein: »Herr Professor, existiert Kälte?«

Professor: »Was für eine Frage soll das sein? Natürlich existiert die Kälte. War euch noch nie kalt?«

Einstein: »Nein, in der Tat, Herr Professor, die Kälte existiert nicht. Nach den Gesetzen der Physik ist das, was wir als kalt empfinden, nur das Fehlen von Wärme.«

Einstein: »Und existiert Dunkelheit, Herr Professor?«

Professor: »Selbstverständlich existiert sie.«

Einstein: »Nein. Sie ist nur das Fehlen von Licht. Wir können das Licht messen, aber die Dunkelheit nicht. Das Böse existiert nicht, genau wie die Kälte und die Dunkelheit. Gott hat das Böse nicht geschaffen. Es ist das Ergebnis dessen, was Gottes Hand noch nicht berührt hat.«

UNWISSENHEIT

Leider weiß ich nicht, wie dieser Dialog ausgegangen ist. Wir wissen wohl noch ziemlich wenig über den Übergang oder Zusammenhang von materieller und spiritueller Welt. Und diese Tatsache sollte Grund genug sein, dass wir uns davor hüten, Spiritualität als Hokuspokus abzutun. Stattdessen sollten wir uns dringend damit auseinandersetzen. Denn sie birgt Weisheit: Über das Erkennen der Ganzheitlichkeit hinaus liegt der Kern der Spiritualität darin, dass man sich eine Vision erstellt, diese anschließend visualisiert und sich auf das erwünschte Ziel konzentriert. Man will Neues erreichen und dadurch emporstreben. Anschließend wird ein Plan erstellt und sich auf den Weg gemacht. Der Plan wird währenddessen an die sich ändernden Umstände angepasst, um das Ziel eben auch erreichen zu können. Vision, Visualisierung, Ziel, Innovation, Plan, Handeln, Erfolg. Mit anderen Worten: Wirtschaft!

Meiner Meinung nach sollten alle in der Wirtschaft Tätigen alleine schon deshalb die Spiritualität für sich entdecken und zu eigen machen, weil sie die Menschen dazu bringt, über die Zahlen, die Rendite und den Profit hinauszudenken und das Menschliche, das Miteinander, die langfristige Orientierung ihrer Unternehmung zu erkennen. Dafür ist es an der Zeit.

Von einer anderen Seite her betrachtet ist Spiritualität die Ausrichtung auf die Energie und die Verbindung mit der Energie, die allem zugrunde liegt. Sie ist die Hingabe an den Geist, der Grundlage allen Seins und damit auch unserer Existenz. Sie ist also auch

Unwissenheit

die Grundlage Ihrer Existenz, Ihres irdischen Lebens vor dem Tod. Und das dürfte Sie nicht kaltlassen.

Dieser Geist ist in jedem von uns als innere Weisheit präsent. Er manifestiert sich als unser inneres Selbst, als der Ort, an dem bedingungslose Liebe, die Annahme all dessen, was ist, gegenwärtig ist. Das mag sich ein wenig schwülstig anhören, aber lesen Sie es dann eben einfach nochmal: Der Geist ist in jedem von uns als innere Weisheit präsent. Er manifestiert sich als unser inneres Selbst, als der Ort, an dem bedingungslose Liebe, die Annahme all dessen, was ist, gegenwärtig ist.

Die Frage ist nicht so sehr, ob Sie spirituell sind. Die Frage ist einfach, ob Sie bereit sind, der Stimme Ihres inneren Selbst zuzuhören und ihrer Führung zu folgen. Anders ausgedrückt: Hören Sie bei den wichtigen Dingen in Ihrem Leben auf Ihr Herz? Wenn nicht, rate ich Ihnen, es künftig zu tun. Und dann sind Sie spirituell.

Spiritualität ist dabei keineswegs irgendein Konzept. Man kann schlecht sagen, dass man Spiritualität anwendet wie eine Management-Methode, nach dem Motto: »Management by Spiritualität«, einmal »Ommm« sagen, und der Sinn ist erfüllt.

Gelebte Spiritualität ist vielmehr die harmonische Ausrichtung auf das, was ohnehin schon immer da war. Es geht nicht darum, etwas Neues ins Business zu tragen, es geht darum, sich auf das zu besinnen, was in jeder Situation tragfähig ist – die innere Weisheit und Liebe, die allem zugrunde liegt. Wer das tut, lenkt sich nicht von der Arbeit ab, sondern fokussiert sich auf das Wesentliche – was eine Voraussetzung für Erfolg ist.

Spiritualität heißt überhaupt nicht, alles Rationale auszugren-

317

zen, ganz im Gegenteil: Das Rationale ist herzlich willkommen und wird integriert. Nur ist eben neben, hinter, unter und über dem Rationalen noch sehr, sehr viel mehr. Es geht darum, den Verstand mit seinem wertvollen Potenzial zu nutzen und gleichzeitig auch seine Grenzen zu sehen.

Das hat Folgen: Spirituell orientierte Führungskräfte übernehmen die Verantwortung für sich, für die Mitarbeiter, für das Unternehmen und darüber hinaus natürlich auch für die Region, für den Ort, für die Stadt, für das Land, für die Menschheit und für die Gesellschaft. Sie haben immer das Große und Ganze im Sinn. Deshalb wird die Frage eines spirituellen Menschen im Business nie heißen: »Was ist gut für mich?« oder »Was ist gut für uns?«, sondern: »Was ist gut für alle?« Spirituelle Menschen sind gut im Geben. Und da Geben zum Nehmen führt (nur nicht immer auf dem direkten Rückweg), ist es sehr wahrscheinlich am Ende auch gut fürs Business.

Alle, die für Spiritualität offen sind und entsprechende Erfahrungen gemacht haben, sprechen von irgendeiner Form von Wirklichkeit, die zwar mit den Sinnen nicht wahrnehmbar ist, die aber dennoch erfahrbar ist. Sie sprechen dann von Erwachen oder Einsicht oder Erkennen. Und sie sind sich sicher, dass sie ihnen in ihrer Lebensgestaltung und in ihren Entscheidungen Orientierung gibt.

Manche sind auf der Suche, manche glauben, einige wissen. Sie alle drücken ihre Spiritualität gemäß verschiedener Studien auf eine oder mehrere von insgesamt sieben Arten aus: Sie spüren erstens Gottvertrauen oder Geborgenheit, sie haben zweitens Weisheit und Einsicht, sie sind drittens überzeugt von einem wie auch immer gearteten Jenseits, sie üben sich viertens in Mitgefühl, Großzügigkeit und Toleranz, sie gehen fünftens bewusst mit anderen, mit sich selbst und mit der Umwelt um, sie sind sechstens erfüllt von Ehrfurcht und Dankbarkeit, und sie praktizieren siebtens Gleichmut und Meditation.

Damit will ich deutlich machen: Gelebte Spiritualität hat unmittelbare Auswirkungen auf die Lebensführung und die ethischen Vorstellungen. Wer das Geistige als Realität anerkennt, der geht offenbar mit sich und den Mitgeschöpfen sorgsamer um.

DIE SEELE DER WIRTSCHAFT

Aus irgendeinem Grund scheint die Spiritualität in der menschlichen Zivilisation gerade dran zu sein. Stimmen nach menschlichen, transparenten, ganzheitlichen, friedlichen und globalen Lösungen werden immer lauter, auf allen Gebieten. Und auch in der Wirtschaft sehnen sich immer mehr Menschen nach Wahrhaftigkeit und Erfüllung bei der Arbeit, nach menschlichen Qualitäten in der Zusammenarbeit und nach einer freudvollen Existenz. (Fast) jeder von uns trägt den tiefen Wunsch in sich, einen sinnvollen Beitrag für eine »bessere Welt« zu leisten, schöpferische Ideen dafür einzubringen und das höchste Potenzial zu entfalten. Denn wer sein Leben und sein Wirken sinnvoll und freudig erlebt, erfährt nicht nur innere Erfüllung, sondern auch finanziellen Erfolg und Wohlbefinden.

Wenn wir unser Bewusstsein als einen Raum betrachten, aus dem wir bisher all unser Potenzial und alle unsere Vorstellungen für das Leben geschöpft und es entsprechend erschaffen haben, so geht es jetzt darum, diesen Raum zu öffnen und zu erweitern. Denn das Potenzial, das dieser Raum des Bewusstseins enthält, ist erschöpft. Darum erschaffen wir nur noch Wiederholungen des Bekannten. Wir sind aufgefordert, mutig über diesen begrenzten Bewusstseinsraum hinauszugehen, in etwas hinein, das im Moment nicht bekannt ist, mit dem wir uns aber trotzdem verbinden können. Es sind Dimensionen jenseits des Anerkannten: neue Energien und höhere Frequenzen, für die wir unser Bewusstsein öffnen. Diese Dimensionen jenseits des Bekannten sind es, die uns neue Lösungen und Inspirationen bringen.

Dazu braucht es die Bereitschaft, sich zu öffnen und sich auf das Unbekannte einzulassen. Zugang zu diesen neuen Dimensionen finden wir nicht über die äußere Welt, sondern nur über die innere Ebene. Diese eigene innere Welt mit vielen Schichten und Dimensionen mag für viele gänzlich unbekannt sein, daher ist sie auch ungewohnt und unerforscht. Über diese innere Ebene finden wir jedoch Zugang zum vollen Potenzial, das jeder Mensch in sich trägt. Es sind Räume, die wir nur über die eigene innere Stille betreten und über eine erweiterte Sensitivität wahrnehmen können.

Wenn wir das tun, erfahren wir Erstaunliches: Zum Beispiel, dass nicht nur jedes Individuum eine Seele hat, sondern auch jedes Kollektiv, etwa ein Volk, ein Land oder ein Unternehmen. Ein Unternehmen ist in dieser Hinsicht ein lebendiger Organismus, der eine einzigartige, bewusste und wahrnehmbare Energie trägt. Es hat ein höheres Bewusstsein, in das unter anderem seine Vision eingebettet ist. Und es hat einen inneren Kern, nämlich seine einzigartigen Kompetenzen.

Die Seele der Wirtschaft

Jeder Mensch in diesem Unternehmen ist ein kraftvoller Schöpfer. Zusammen bilden die Menschen im Unternehmen ein kraftvolles Energiefeld, durch das das Unternehmen und mit ihm jeder einzelne Mitarbeiter erfolgreich ist. Diese Energie spiegelt sich in den Produkten und Dienstleistungen und hat sowohl nach innen wie nach außen eine sichtbare und spürbare Strahlkraft. Der Zweck des Unternehmens ist in erster Linie die Verkörperung dieser Energie durch ein kraftvolles Resonanzfeld. Also nicht oder nicht nur der finanzielle Erfolg.

Wenn ein Unternehmen sich nach diesen inneren schöpferischen Energien ausrichtet und das Energiefeld bewusst pflegt, ergeben sich der finanzielle Erfolg und die Erfüllung von selbst.

Aber auch das Kollektiv aller Unternehmen, also die Wirtschaft, ist nichts anderes als ein Energiefeld, das von innen geschaffen wird. Das einzelne Unternehmen und innerhalb jedes Unternehmens der einzelne Mitarbeiter ist Teil eines globalen Netzes, in dem alles mit allem zusammenhängt. Geld ist nur ein Aspekt, der den Energiefluss verkörpert. Reichtum als Ausdruck von Erfolg entsteht in diesem Sinne nicht dadurch, dass ein Individuum oder ein Unternehmen diesen Fluss staut, also Geld anhäuft. Sondern dadurch, dass das erfolgreiche Individuum oder das erfolgreiche Unternehmen für einen möglichst großen und kontinuierlichen Energiefluss sorgt. Dieser Energiefluss verteilt sich im Netz, mal mehr, mal weniger, je nach Aufgabe und Bedürfnis. Ein reicher Mensch oder ein erfolgreiches Unternehmen nimmt darum den anderen nichts weg, sondern ganz im Gegenteil, gibt mehr als die anderen. Die Grundhaltung ist nicht Mangel, sondern Fülle: Es ist genug für alle da, solange die Energie fließt.

Ein Unternehmen könnten Sie auf diese spirituelle Weise also als Teil eines weltumspannenden Bewusstseins betrachten, in dem jede Führungskraft und jeder Mitarbeitende durch seine Aktivitäten dafür sorgt, dass es jedem anderen Wirtschaftsteilnehmer gut geht. Das Unternehmen definiert sich nicht länger als abgegrenzt und im Kampf gegen die anderen, sondern als Kooperationspartner und Mitschöpfer eines größeren Ganzen, wo jeder seinen Platz, seine Aufgabe und seine Bedeutung hat.

Merken Sie, wie sehr sich diese Sichtweise von der im 20. Jahrhundert üblichen Metapher des Kampfes beziehungsweise »Jeder gegen jeden«-Krieges unterscheidet? Wir brauchen im Denken des 21. Jahrhunderts keine Verkaufsfront, keinen Kampf um Marktanteile, keine Markterschließungsstrategie, keine Verteidigungsmaßnahmen, keine Marketingoffensive, denn wir bekriegen niemanden, wir kämpfen mit niemandem, wir beuten nichts und niemanden aus. Und sind gerade deswegen erfolgreich.

Welche Informationen wir in ein (Unternehmens-)Feld eingeben, sollten wir also nicht dem Zufall überlassen. Wenn wir uns entscheiden, vermehrt diese Weisheiten und inneren Ressourcen zu nutzen und mutig im Unternehmen zu leben, bewegen wir uns wie von selbst in diese neuen Bewusstseinsdimensionen hinein – und beginnen, die Wirtschaft zu verändern, aus einer neuen inneren schöpferischen und höheren Kraft heraus; es wird eine Wirtschaft sein, die ein nährendes und strahlendes Energiefeld ist, das den Menschen und der Erde wirklich dient.

Umgekehrt kommt man schlichtweg zu dem Schluss, dass jedes Lebewesen ohne Spiritualität nichts hat, was es am Leben hält. Es wird zu einer Marionette ohne Antrieb und Vision.

Im Blick auf die Wirtschaft heißt das wohl: Jedes Unternehmen muss spirituell sein – oder es ist bald kein Unternehmen mehr, zumindest keines mehr, das den Markt bestimmt. Jedes Unternehmen ist eine Glaubensgemeinschaft.

2 400 000 000 KILOMETER DURCHMESSER

Und was sind wir schon für eine Kleinigkeit auf dieser Welt, und um wie viel kleiner sind wir in der Relation zu unserem Universum? Das sieht man im Vergleich der Reisezeiten. Wer einmal um die Welt fliegen möchte, kann recht schnell wieder zu Hause ankommen. Mit einer modernen Passagiermaschine ist eine Erdumrundung in weniger als zwei Tagen zu schaffen. Weitaus mehr Zeit kostete es, in einem Düsenflugzeug um die Sonne zu fliegen. Eine solche – natürlich fiktive – Reise würde ein halbes Jahr dauern. Doch das ist noch gar nichts. Verglichen mit dem Roten Riesen UY Scuti erscheint sogar die Sonne wie ein Zwerg. Für eine Umrundung der lodernden Gaskugel benötigte ein Passagierjet rund 900 Jahre – das entspricht dem Zeitraum von den Kreuzzügen bis zur Gegenwart. Würde man UY Scuti auf die Maße eines Luftballons schrumpfen, hätte die Sonne im Verhältnis nur noch die Größe eines Sandkorns. UY Scuti ist der größte Stern, den wir kennen. Und wir kennen noch nicht alle Sterne. UY Scuti (benannt nach seiner Position im Sternbild Schild, lateinisch Scutum) hat eine 340 000-mal höhere Leuchtkraft als die Sonne.

Der Hyperriese befindet sich mehr als 9000 Lichtjahre entfernt.

Wir leben nicht in einem Universum, sondern in einem Multiversum. Umso spannender finde ich, dass zum heutigen Stand alle Miss oder Mister Universum vom Planeten Erde kommen und kein einziger von Jupiter, Mars, Venus oder UY Scuti.

Wir sollten also vieles infrage stellen. Es könnte sich lohnen, das mal auszuprobieren! Ommm!

KAPITEL 12

WOFÜR BIST DU ANGETRETEN?

»Unsere Kinder sollen es mal besser haben als wir« – Natürlich haben Sie diesen Spruch schon mal gehört. Als Kind von Eltern, die den Spruch sagen, fühlt man sich zugegebenermaßen ein wenig provoziert. Aber sobald Sie selbst Kinder haben, ist er völlig nachvollziehbar. Er drückt einen urmenschlichen Antrieb aus: Wer nicht gerade ein Geisteskranker ist, will selbstverständlich die Welt für seine Kinder ein wenig besser hinterlassen, als er sie vorgefunden hat. Dafür sind wir sogar bereit, ein wenig zu riskieren.

Und nicht nur Sie. Viele Menschen haben ihr Leben gegeben, haben mit ihrem Schaffen und ihrem Werk einen Beitrag dazu geleistet, dass nicht nur sie selbst im Leben vorankommen, sondern dass die Menschheit insgesamt vorankommt. Sie haben dafür gesorgt, dass die Menschheit nun da steht, wo sie steht. Wo auch immer das ist. Es waren grob 100 000 000 000 Menschen, also 100 Milliarden, die mit den Worten angetreten sind, dass es deren Kinder einmal besser haben sollten als sie selbst.

Das sind 100 000 000 000 Träume, von denen ein knappes Zehntel noch immer geträumt wird, denn – und stellen Sie sich das mal vor! – ein knappes Zehntel aller Menschen, die jemals gelebt haben, lebt heute, ist also noch immer am Leben! Gut neun Zehntel, also 90 Milliarden, haben ihren Traum zu Ende geträumt, sind gestorben und wurden vor längerer oder vor kürzerer Zeit begraben oder sonst wie bestattet. Das sind 90 000 000 000 Gräber, auf denen wir täglich bewusst oder unbewusst wandeln. Eine 90-Milliarden-fache Bürde, … nein, besser formuliert: eine 90-Milliarden-fache Verantwortung. Denn wenn all diese Menschen oder jedenfalls fast alle einmal dafür angetreten sind, die Welt voranzubringen, dann ist vor diesem Hintergrund meine Frage an Sie: Wofür sind Sie angetreten?

MILLIONÄR VON HAUS AUS

Auch wenn wir Menschen noch in der Entwicklung sind, vor allem in der geistigen Entwicklung. Auch wenn wir vermutlich als weltumspannendes Kollektiv geistig noch nicht einmal die Pubertät erreicht haben, sondern uns eher mit Sandkastenspielen aufhalten und die Sandburg des anderen kaputtschlagen, damit die eigene Sandburg die tollste ist. Auch wenn das so ist: Wir sind bis heute dennoch ganz schön weit gekommen!

Was hat die menschliche Schöpferkraft alles bewegt! Die Kriege, die geführt wurden – aus welchen Überzeugungen heraus auch immer. Die Länder, die so erobert und besiedelt wurden. Die vielen Lebenswerke, die geschaffen wurden. Die Bibel, die Ilias, die Erzählungen aus Tausendundeiner Nacht, die Göttliche Komödie und der Robinson, die Leiden des jungen Werthers und Casanovas Geschichten seines Lebens, Moby Dick und Alice im Wunderland, die Buddenbrooks und der Steppenwolf, Kafkas Schloss und Don Quijote…

Die Gestirne, die erkundet wurden, die Mona Lisa, die gemalt wurde, der David, der herausgemeißelt wurde, die Pyramiden, die errichtet wurden, die Chinesische Mauer, die Golden Gate Bridge, das Taj Mahal, der Eiffelturm, die Freiheitsstatue, Angkor Wat, der Petersdom, das Kolosseum, der Potala-Palast, der Dogenpalast, der Burj Khalifa und das Hofbräuhaus…

Was wäre, wenn es das Handwerk nicht gäbe? Keine Häuser. Keine Räder. Keine Maschinen. Keine

Werkzeuge. Es gäbe gar nichts. Wir würden nackt herumrennen, weil wir keine Kleider hätten, wir hätten lange Zottelhaare, weil es keine Scheren und keine Friseure gäbe, geschweige denn einen Kamm. Alles ist Handwerk. Von Menschenhandes Werk. Die Erde wäre der Dschungel, und wir wären Tiere. Schauen Sie auf all das, was das Handwerk, die Wirtschaft, die Wissenschaft und die Kunst erschaffen haben. Und die Menschen, die dahinterstanden, Sokrates, Leonardo da Vinci, Mahatma Gandhi, Aristoteles, Winston Churchill, Nelson Mandela, Alexander der Große, John F. Kennedy, Katharina die Große, Dschingis Khan, Albert Einstein, Jeanne d'Arc, die Beatles, Steve Jobs, Karl der Große und Jesus Christus. Nicht zu vergessen: Ihre Vorfahren, Ihre Großeltern, Ihr Opa mütterlicherseits, Ihr Opa väterlicherseits, Ihre Oma mütterlicherseits und Ihre Oma väterlicherseits, Ihr Vater und Ihre Mutter. Und jetzt: du!

Es geht nicht anders: Lassen wir hier bitte noch mal ein paar Seiten lang das Siezen beiseite.

Du bist kein Solitär! Du kannst zwar tun und lassen, was du willst, aber du darfst, da du auf den Schultern von Riesen stehst, nicht einfach tun und lassen, was du willst!

Darum überlege gut, und sei ehrlich zu dir selbst: Was willst du anfangen mit deinem Leben? Was willst du schaffen und erreichen? Was ist wirklich, wirklich wichtig für dich? Worauf darf, soll, ja muss sich denn dein Fokus richten?

Und schaue bitte weit über die klassischen Horizonte und Tellerränder hinaus. Das meiste erreichst du doch sowieso – auch wenn du das zu Beginn nicht so sehen kannst. Das meiste schaffst du doch sowieso mit einer nur scheinbaren Anstrengung. Irgendeine Karriere machst du doch ohnehin, die Frage ist nur, welche. Auch den Job deines Vorgesetzten bekommst du in der Regel, das ist oft nur ein biologisches Problem – bis er in Rente geht oder stirbt –, das kannst du abwarten.

Und außerdem bist du sowieso von Haus aus schon eine Million wert. Das ist sozusagen dein Startgeld – wie beim Monopoly, da bekommst du auch schon Geld, nachdem du die Spielfiguren aufgestellt hast.

Ja, du bist von vorneherein eine Million wert. Rechne einfach mal: Es gibt ja gerade einen Mindestlohn, derzeit von 8,50 Euro. Weniger kannst du also gar nicht verdienen. Ich hoffe, du schaffst es locker, bei deiner Arbeit immer eine Wertschöpfung zu erzielen, die ein paar Mal höher liegt als 8,50 Euro, denn sonst hättest du den Mindestlohn nicht verdient.

Aber egal, welchen Job du dir nun im Leben suchst, schaffst du gut und gerne, zumindest im Durchschnitt über 45 Jahre hinweg, einen Stundenlohn von 9,26 Euro. Also grob 1 850 Euro im Monat. Natürlich schaffst du locker mehr. Und wahrscheinlich wirst du länger arbeiten als 45 Jahre, weil wir alle sonst die Renten nicht zusammenkratzen können. Aber selbst wenn du nur 45 Jahre lang 9,26 Euro die Stunde schaffst, hast du hochgerechnet schon eine Million im Leben verdient.

Und das mit dem Beamtenstatus hat ja auch durchaus seinen Reiz. Du kannst es ja machen wie der Beamte Joaquin G., der in Spanien mehr als sechs Jahre lang nicht zur Arbeit erschienen ist, ohne dass es seiner Behörde aufgefallen wäre, und dafür jeden Monat sein Gehalt kassierte. Seine Abwesenheit fiel erst auf, als die Stadtverwaltung von Cádiz ihm für seine 20 Dienstjahre eine Plakette überreichen wollte – und er nicht da war.

Wofür bist du angetreten?

Einkommensmillionär bist du also schon mühelos. Die Frage ist, ob du es dabei belassen oder ob du mehr haben willst. Was bedeutet, dass du mehr geben musst, um am Ende mehr zu bekommen.

Also, willst du? Andere erarbeiten die Million viel schneller. Manche verdienen eine Million im Jahr, andere eine Million in der Stunde. Der deutschstämmige, in den USA groß gewordene Baufritze Donald Trump hielt einmal einen einstündigen Vortrag für eine Million Dollar. Das sind 16 666 Dollar pro Minute, und wenn er auf der Bühne hustete, dann hatte er schon 300 Dollar verdient. Es geht also recht viel.

Und damit reden wir noch über Geld, das durch Arbeit erwirtschaftet wurde. Bill Gates bekommt täglich über 10 Millionen Dollar – als Zinsen aus seinem Vermögen von 80 Milliarden. Das sind pro Atemzug über 500 Euro, Tag und Nacht.

Und ganz unabhängig von Dollars, Euros und Millionen oder Milliarden: In so einem Leben kann man schon etwas erreichen, jedenfalls wenn du mit dem Parkinson'schen Gesetz umzugehen weißt. Es besagt, dass sich die (scheinbare) Wichtigkeit und die Komplexität einer Aufgabe in genau dem Maß ausdehnen, wie Zeit für ihre Erledigung zur Verfügung steht. Das gilt für Verwaltungsbeamte genauso wie für Einkommensmilliardäre. Auf magische Weise hat eine bevorstehende Deadline Einfluss darauf, wie lange wir brauchen, um die Aufgabe, die sich vor dieser Deadline befindet, zu erfüllen.

Ja, die meisten Menschen bekommen unter Druck mehr hin, sofern sie einen haben. Denn mein Schwager, der tatsächlich in leitender Funktion in einem Landratsamt mit 240 Mitarbeitern tätig war, meinte einmal so schön: »Bei uns könnten wir 80 Mitarbeiter entlassen – und die restlichen 160 würden es am Arbeitsaufkommen noch nicht einmal bemerken.« Auch das gibt es. Und nicht zu knapp.

Und wie sieht es bei dir aus? Hast du Druck? Wo stehst du? Hast du dich auf den Weg gemacht? Auf *deinen* Weg gemacht? Oder hast du vergessen, wovon du als Kind geträumt hast? Wie sehr du die Welt verändern wolltest? – Bevor die Welt dich verändert hat.

Die Welt ist wie ein Strudel, der uns immer nach unten drückt, während wir versuchen, oben zu bleiben. Wie ein Magnet, der einen von sich selbst wegziehen will – wenn man nicht aufpasst, dann ist es geschehen. Und eines Morgens wachst du auf und stellst fest, dass du gar nicht in dem Leben lebst, für das du einst angetreten bist. Und eines Morgens wachst du auf und hast plötzlich realisiert, dass du seit vielen Nächten, Wochen, Jahren neben dem falschen Partner liegst. Nicht das Leben konfrontiert uns mit dem Tod – der Tod konfrontiert uns mit dem Leben.

525 600

Und so vergehen die Jahre, und mit jedem einzelnen Jahr vergehen 525 600 Minuten – Schaltjahre mal ausgenommen. Und 525 600 Minuten können sehr lang sein. Sagen Sie einem Kind mal, es solle 525 600 Minuten auf die Überraschung warten, die Sie ihm versprochen haben. Meist können Kinder keinen einzigen Tag abwarten und sagen dann sehnsüchtig: »Ist heute schon zu Ende?«

331

Andererseits: Du musst ja nicht warten. Jede der 525 600 Minuten eines Jahres hat das Potenzial, ein großer Moment zu werden. Wir könnten ein Jahr nicht nur in Stunden oder Tagen messen, sondern in Sonnenuntergängen, in Kaffeetassen, in Zentimetern, in Kilometern, in Umsatz, in Lachen, in Streits. Welche Kennzahlen legst du für dich fest?

Obwohl, allein bei dem Wort »Kennzahlen« bekomme ich ein ungesundes Hautbild. Also, bitte, ganz ohne Pickel: Wie oder noch besser: Woran misst du dein Jahr? In den Erkenntnissen, die du erlangen durftest? In den Momenten, in denen du geweint hast? In den Brücken, die du geschlagen hast? Oder in der Anzahl der Freunde, die du beerdigt hast? Oder in der Liebe? In der Liebe, die du den Menschen, der Arbeit, deiner Aufgabe geschenkt hast? Übrigens hat das Jahr 31 536 000 Sekunden – noch mehr magische Momente! Also mach dich auf den Weg!

Allerdings: Auf den richtigen Weg machen kann sich nur der, der weiß, wohin er will. Und der, der weiß, wohin, der kann sein Vorgehen und damit seine Schritte geistig vorwegnehmen, er kann sie antizipieren. Antizipieren, das ist Lebenskunst.

Kinder müssen das Antizipieren erst noch lernen: Wenn man kleinen Kindern einen Ball zurollt, da wollen die den genau da fangen, wo er ist. Sie dürfen aber nicht dahin gehen, wo der Ball ist, sondern dahin, wohin der Ball hinrollen wird. Denn wenn die Kinder dahin gehen, wo der Ball gerade ist, dann kommen sie zu spät an, und der Ball wird schon ein Stück weiter sein. Das könnte man das Berechnen einer linearen Bewegung bei (nahezu) konstanter oder abnehmender Geschwindigkeit nennen – oder eben Antizipieren.

Und das Antizipieren im Leben ist noch viel schöner als das

Antizipieren von rollenden Bällen, denn im Leben können Sie die Laufrichtung beeinflussen!

Natürlich werden trotz kunstvollem Antizipieren nicht alle Ereignisse so eintreten, wie wir uns das wünschen. Auch darauf müssen wir reagieren. Denn eine gute Reaktionsfähigkeit ist die Fähigkeit, auf ungeplante Ereignisse und nicht auf geplante Ereignisse gut zu reagieren. Deine Reaktionen werden aber nur dann im Nachhinein bewertet gute Reaktionen sein, wenn du während des Reagierens weißt, wo dein Fokus im Leben ist.

GERADEAUS-KOMMUNIKATION

Doch selbst wenn du dich noch so sehr fokussierst: Du wirst auch mal den Fokus verlieren. Alles andere wäre ja übermenschlich. Worauf es dann ankommt: ihn wiederzufinden! Darum stelle dir bitte täglich die Frage: »Bin ich gerade produktiv? Oder bin ich nur aktiv?« Viele machen vieles, um sich von vielem anderen vielfach abzulenken. Möglicherweise erfindest du sogar noch Aufgaben, um wichtigen Dingen aus dem Weg zu gehen. Und viele Aufgaben führst du nur um ihrer selbst willen durch, ohne irgendwelche Resultate im Blick zu haben. Aber das wäre so töricht, wie seine Arbeitszeit zu verkaufen, anstatt die Ergebnisse zu verkaufen, die in der Arbeitszeit entstehen.

Andererseits – lass mich dem vorher Gesagten bitte widersprechen, denn ich liebe Widersprüche, denn Widersprüche treiben den Geist in die Enge, und so in die Enge getrieben springt er eine Ebene höher – also, andererseits stellt sich eben die Frage, ob wir überhaupt immer alles im Fokus behalten können. Insbesondere bei größeren und komplexen Aufgaben und Situationen. Deshalb sollten wir nicht nur die zielgerichtete, produktive Aktion, sondern auch den Kontrollverlust und die Unvernunft kultivieren, anstatt sie ständig massiv abzuwerten!

Wer zu sich selbst steht und zu seinem Leben und damit zu seinen Standpunkten, der wird aufgefordert sein, diese zu vertreten und seine Erwartungen zu formulieren. Und das liegt in den seltensten Fällen in unserem üblichen Rahmen. Wir haben kein klares Erwartungsmanagement.

Das fängt schon bei der Kommunikation via E-Mails an: Ob ich schreibe, was ich konkret erwarte, und vor allem auch, was ich nicht erwarte. Ich kenne nur eine einzige Branche, die so klar kommuniziert: Steuerberater und Beamte. Die haben in der Regel sogar Vordrucke, bei denen sie nur anzukreuzen brauchen, was man will.

Ach, und manche Hardflirter tun es auch so. Es gibt wohl manche Menschen, die recht direkt, konkret und unverblümt auf einen Menschen zugehen können mit den Worten: »Ich will mit dir schlafen!« – Das nenne ich mal indiskret.

Der viel entscheidendere Punkt ist jedoch: Die Wahrscheinlichkeit eines Erfolges ist bei unverschämter Direktheit überproportional höher als bei verschämter Indirektheit, also bei den herkömmlichen Wischi-Waschi-Ansagen.

Nein, das habe ich selbst noch nicht überprüft, mir fehlt es dafür entschieden an Unverschämtheit. Na ja, und es klappt ja sicherlich auch nicht immer – und dann wird es peinlich. Aber dennoch: Ich habe das starke Gefühl, dass wir nicht genügend geradeheraus kommunizieren, was wir wollen. Und dadurch auch nicht bekommen, was wir wollen. Ja, vor lauter falsch und krumm kommunizieren, wissen wir möglicherweise gar nicht mehr so ganz genau, was wir überhaupt wollen.

ICH MAG DIE ART, WIE SIE DENKEN

Beim World Economic Forum 2015 in Davos handelte einer der Vorträge, der mich übrigens sehr beeindruckt hat, von der Ablehnung. Und davon, dass gerade die großen Innovatoren und Disruptoren solche Menschen sind, die Psychologen disagreeable, also unangenehm nennen. Im Klartext: Stinkstiefel, Kotzbrocken, soziale Sprengminen. In der Schule sagt man: Verhaltensoriginelle.

Sie müssen vielleicht so sein, denn sie benötigen nicht die Zustimmung ihrer Kollegen, um zu tun, was sie für richtig halten. Im Gegenteil, viele leben von dieser andauernden Provokation und geben als Antwort auf gegenteilige Meinungen sinngemäß nur Sätze von sich wie: »Ich mag die Art, wie Sie denken.« Das ist ein Satz wie ein Vorschlaghammer.

Aber egal, wie andere denken und ob du die Art magst, wie andere denken – bleib fokussiert! Sei dir aber bewusst: Das bringt Risiken und Nebenwirkungen mit sich. Und je fokussierter wir sind, umso mehr werden wir auch allein oder sogar einsam sein. Und bitte achte hier auch auf die feine Grenze zwischen Alleinsein und Einsamkeit. Das ist nicht das Gleiche. Die größte Einsamkeit erleben wir sogar oft in Gesellschaft.

335

Insbesondere in einer neuen Umgebung werden wir uns allein oder einsam fühlen – nicht zuletzt deshalb, weil wir es häufig auch sind. Veränderte Lebensziele bringen nämlich gerne auch veränderte Lebensräume mit sich. Und vertraute Menschen verabschieden sich plötzlich aus deinem Leben.

Dennoch, egal, was sich alles ändert, wir bleiben stets der gleiche Mensch. Das ist wie ein Wechsel vom Land in die Stadt. Es ist leicht, ein Mädchen aus dem Dorf zu holen, aber fast unmöglich, das Dorf aus dem Mädchen zu holen. Und das Gleiche gilt für Jungs. Gerade in diesen Zeiten, in denen vieles fremd und neu, der Misserfolg erst mal brutalstmöglich vorhanden und der Erfolg noch nicht eingetreten ist, gerade dann müssen wir lernen, uns die Dinge, die wir anstreben, vorzustellen. Solange der materielle oder soziale Reichtum noch nicht da sind, müssen wir erst mal gedanklichen Reichtum entwickeln.

Diejenigen Menschen, die sich abstrakt die gewünschte Sorte und Stärke von Reichtum vorstellen, ihren Raum füllen können, mehr von dem geben und sich mehr vorstellen können, als zu geben üblich wäre, sind letztlich in der Lage, den gedanklichen, abstrakten Reichtum in den konkreten Reichtum zu wandeln. Und nochmal: Der Begriff »Reichtum« umfasst viel mehr als nur die finanzielle Betrachtung dieses Wortes.

Darum: Gib deiner Sehnsucht nach! Gib ihr die Kraft, dich zu führen. Lass dich von ihr führen, lass dich von ihr mitnehmen. Wie oft hast du an Flughäfen oder Bahnhöfen die Sehnsucht mit auf Reisen geschickt, bist selbst jedoch zu Hause geblieben? Wie oft hast du schon deine Träume auf Reisen gehen lassen und bist selbst nicht mitgegangen? Tu das, was du getan haben willst! Sei die Verände-

Ich mag die Art, wie Sie denken

rung, die du in der Welt als Veränderung vorfinden willst. Es kann dir doch gar nichts passieren!

Das Schlimmste, was passieren kann, ist, dass du stirbst. Na und? Das tust du doch sowieso. Es wird Zeit, dass du Wunder erlebst. Und wenn du noch keines erlebt hast, dann solltest du dein Leben ändern, damit du die Chance bekommst, welche zu erleben. Du hast dir selbst als Kind versprochen, etwas aus deinem Leben zu machen. Und nun läufst du Gefahr, dich selbst zu enttäuschen. »Trenne dich nie von deinen Illusionen und Träumen. Wenn sie verschwunden sind, wirst du weiter existieren, aber aufgehört haben zu leben«, meinte Mark Twain.

Tu das nicht! Auch wenn das Leben gerade schwer ist und andere den Erfolg und den Applaus bekommen. Bitte klatsche mit! Nur wer selbst Applaus geben kann, der kann ihn auch bekommen. Und wenn heute andere den Applaus bekommen, dann bekommst du ihn morgen. Hol dir alles vom Leben, aber sei eben auch vorher schon bereit, alles zu geben. Klatsche heftiger als alle anderen, inspiriere mehr als alle anderen, sei mutiger als alle anderen. Glaube an dich und deine Möglichkeiten. Du glaubst, es ist unmöglich? »Nichts ist unmöglich«, formulierte Audrey Hepburn mit »Nothing is impossible, the word itself says ›I'm possible‹«.

GOTT HAT GEDULD

Hast du in deinem Leben genug getanzt, genug Spaß gehabt? Hast du genug Menschen in den Tod begleiten dürfen? Hast du genug Geld verdient, genügend Neid bekommen, genügend Spott erhalten, und bist du genügend belächelt worden? Oder an welcher Stelle hast du aufgehört? An der, wo es ganz okay war, oder an der, wo du wirklich gespürt hast, dass du mit Leidenschaft alles getan hast, was in deiner Macht stand? Hast du den Job, den du unbedingt haben wolltest, oder nur den, den du bekommen hast? Hast du den Partner, den du unbedingt haben wolltest, oder den, den du bekommen hast? Hast du das Leben, das du unbedingt haben wolltest, oder das, das du bekommen hast? Worauf wartest du noch? Die Zeit läuft. Die Party hat längst begonnen. Gott hat Geduld – hast du sie auch?

Der Schriftsteller Herman Melville schreibt in seinem legendären Roman *Moby Dick* Folgendes: »Wie der schreckliche Ozean das grüne Land umgibt, liegt in der Seele des Menschen eine Insel Tahiti, voller Frieden und Freude, doch sie ist umgeben von den Schrecken des nur halb gelebten Lebens.«

MACH DICH AUF DEN WEG

Und nun, nach diesem Buch, kannst du nicht mehr sagen, du hättest es nicht gewusst. Nun, mit diesem Wissen, hast du auch eine Verantwortung aufgenommen. Denn jetzt weißt du, worum es geht, und du weißt, wo du stehst. Wenn dein Leben nicht funktioniert, dann ist es ab jetzt in deiner Verantwortung, und es ist – auch wenn ich dieses Wort nicht mag – deine Schuld. Nur du, keine andere, kein anderer und nichts anderes ist dafür verantwortlich oder schuld. Nur du. Innocence is the inability to understand consequence – Unschuld ist die Unfähigkeit, die Konsequenzen zu verstehen. Du kennst die Konsequenzen und damit den Preis, den du zahlst, wenn du nichts aus deinem Leben machst – nicht das tust, wofür du angetreten bist. Mach dich auf den Weg.

Behalte den Fokus, berechne die Opportunitätskosten von Kinderschokolade, zeige den Augen deines Umfeldes die Worte, die sie hören, mache aus Problemen Unternehmen, lasse die Angst, die dich immer findet, zu, fliege als Kätzchen nach New York und komme als Tiger zurück, erkenne die Grenzen, die es gar nicht gibt, lebe die Inflation des Jas und die Wertberichtigung des Neins, sieh den Selbstbetrug als Rettung, berge die Menschlichkeit, sorge für Q-ualität durch SPIRIT-ualität und mache dich auf, wofür du angetreten bist.

DEINE KAPITEL

So, das sind die letzten Zeilen. Zumindest fast. Du hast mein Buch zu Ende gelesen. Dieses Buch ist Teil meines Lebens, Teil meiner Lebensgeschichte, denn ich habe es erlebt und geschrieben. Doch das ist für dich weder wichtig noch relevant, denn längst ist dieses Buch dein Buch geworden. Du hast es an deinen Orten gelesen. Du hast es in deiner Zeit gelesen. Du hast dir deinen Reim darauf gemacht. Du hast für dich Inspiration – sofern es eine gewesen ist, und das hoffe ich – bekommen. Und damit ist dieses Buch mit deinen Gedanken, Plänen und Sehnsüchten zu deinem Erlebnis geworden. Meine Geschichten sind letztlich egal. Wirklich wichtig ist nur, was du mit ihnen anstellst. Schreibe nun dein eigenes Buch, deine eigenen Kapitel in deinem Leben!

Was wirst du schreiben? Welche Geschichten willst du erleben? Womit willst du dieses Buch vervollständigen, bis auch das letzte Kapitel geschrieben ist und dein Buch des Lebens zugeklappt wird?

Wofür bist du angetreten?

EPILOG

EIN KAPITEL FEHLT

Epilog

Ja, ein Kapitel fehlt. Und womit? Mit Recht!

Es ist das Kapitel, das nur Sie und niemals ich schreiben können.

Denn natürlich werden Sie sich früher oder später beim Lesen fragen: Wozu verflixt bin ICH denn nun eigentlich angetreten? Zumindest dann, wenn Sie es nicht wissen. Das kann schließlich vorkommen.

Ich habe mir lange die Frage gestellt, ob ich Ihnen darauf irgendeine gute Antwort geben kann. Aber letztlich bin ich zu dem Schluss gekommen, dass ich Ihnen höchstens einen kleinen Anstoß geben kann, eine kleine Idee, eine kleine Inspiration. Eine kleine Inspiration pro Kopf reicht aus, um sich fortzupflanzen.

So ist das übrigens auch mit diesem Buch: Ich erzähle Ihnen doch nichts Neues. Was hier steht, das wissen Sie doch alles schon. Alles, was ich leisten kann, ist, Ihnen die eine oder andere Inspiration zu geben.

Vergessen Sie also mein Buch und meinen Vortrag. Nehmen Sie das, was für Sie wichtig ist, was nicht nur interessant, sondern für Sie lebenswichtig ist!

Wir alle haben einen Rebellen in uns, der leben will, wie er leben will – selbstbestimmt und frei. Einen Rebellen, der täglich hofft, täglich schreit und täglich weint. Doch wir haben uns an die Schreie und die Tränen gewöhnt. Zuerst haben wir getröstet, Tempos gereicht und auf morgen verschoben. Haben die heutige Pflicht als Hypothek für die Zukunft aufgenommen. Haben heute die Augen zugekniffen in der Hoffnung, dass es morgen besser wird. Haben für morgen versprochen, was wir hätten heute tun sollen. Haben gehofft, wissend, dass die Hoffnung zuletzt stirbt.

So trösteten und trösten wir den Rebellen in uns. Und vor lau-

Epilog

ter Vertrösten und Verzögern ist es passiert: Wir hören die Schreie nicht mehr. Wir hören unseren Rebellen nicht mehr. Wie Menschen, die neben einer Eisenbahnlinie wohnen und im Laufe der Jahre die Eisenbahn nicht mehr hören. So hören wir unsere eigenen Rufe, die uns zum Leben rufen, zu unserem eigenen Leben rufen, nicht mehr.

Und vielleicht schreit der Rebell in uns auch schon längst nicht mehr. Vielleicht bleibt er stumm, bis wir sterben.

So sind wir zu unserem eigenen Gefängniswärter geworden. Der täglich gefühllos an den Gitterstäben steht, um uns zu trösten. Längst wissend, dass es kein Trost, sondern eine Lüge ist.

Die Lüge, dass morgen alles besser wird.

Verbannen Sie diese Lüge aus Ihrem Leben. Hauchen Sie Ihrem inneren Rebell neues Leben ein. Lassen Sie ihn hoffen und schreien und weinen, und lassen Sie ihn aktiv werden, anstatt ihn weiter zu trösten und ihn zum Schweigen zu bringen.

Damit er Sie mitreißt und Sie am Ende sagen können: Es war vielleicht manchmal schwierig und verrückt, dieses Leben – aber intensiv und großartig!

Denn an den Gräbern der meisten anderen Menschen trauert – tief verschleiert – ihr ungelebtes Leben.

343

Liebe Leserin, lieber Leser,

nach meinen Vorträgen verbeuge ich mich immer vor meinem Publikum. Nun verbeuge ich mich aufrichtig vor Ihnen.
Danke für das konstruktive Auseinandersetzen mit dem Text und vor allem mit sich selbst.
Nehmen Sie nicht mich, nicht meine Art zu leben zur Diskussion, sondern vielmehr das, was es bei Ihnen ausgelöst hat. Ich bin weder wichtig noch ein gutes Vorbild. Glauben Sie nicht, dass ich, welcher Sie zu inspirieren versucht, mühelos mit den Worten und Sätzen lebe, die Ihre Zustimmung finden. Meine Lebenskurve hat große Ausschläge in alle Richtungen, und somit bleibt mein Leben weit hinter Ihrem zurück. Wäre es anders, so hätte ich diese Worte nie schreiben können.
Schreiben Sie mir gerne, wenn Sie wissen, wofür Sie angetreten sind, und vor allem, wie Sie es herausgefunden haben. Und schreiben Sie mir auch, wenn Sie es noch nicht wissen.
In aufrichtiger Dankbarkeit freue ich mich auf eine Buchrezension von Ihnen oder den Dialog unter

HS h.scherer@hermannscherer.com

f www.facebook.com/hermannscherer

t www.twitter.com/hermannscherer

X www.xing.com/profile/Hermann_Scherer

O www.instagram.com/hermann_scherer1

in www.linkedin.com/in/hermannscherer

Liebe Leserin, lieber Leser

HERMANN SCHERER

Über 3000 Vorträge vor rund einer Million Menschen in über 3000 Unternehmen in 30 Ländern, 50 Bücher in 18 Sprachen, 1000 Presseveröffentlichungen, Forschung und Lehre an mehreren europäischen Universitäten, erfolgreiche Firmengründungen, eine anhaltende Beratertätigkeit, immer neue Impulse und Inspiration für Welt und Wirtschaft – das ist Hermann Scherer.

»Der Bestsellerautor gehört zu Deutschlands besten Coaches« (WirtschaftsWoche)

Seine Bücher wurden »Wirtschaftsbuch des Jahres« und »Karrierebuch des Jahres« und führten die Bestsellerlisten von WirtschaftsWoche, manager magazin, Handelsblatt und SPIEGEL an.

»Hermann Scherer begeisterte mit seinem Vortrag.« (Süddeutsche Zeitung)

»Der Referent hat von der ersten Minute an begeistert.« (Südkurier)

»Der Marketing-Guru« (Südkurier) und »Spitzentrainer und Highlight des Jahres« (RTL) »reist für seine Vorträge rund um den Globus und scheut sich nicht vor klaren Aussagen.« (Aargauer Zeitung)

»Sätze wie in Stein gemeißelt – für solche ist Hermann Scherer bekannt und deshalb nicht zuletzt als Referent so beliebt.« (Handelsblatt)

»In seiner Wortgewaltigkeit erinnert Scherer an die biblischen Trompeten von Jericho.« (Der Standard)

»Der Erfolgsmacher« (Focus) »der zu den erfolgreichsten Rednern Europas zählt« (econo Wirtschaftsmagazin), »hat den Ex-Präsident Bill Clinton für ein Zukunftsforum in Augsburg gewinnen können« (Süddeutsche Zeitung) und ist »einer der gefragtesten und teuersten Coaches und Unternehmensberater Deutschlands.« (Nordbayerischer Kurier)

»Hermann Scherer gilt als der bekannteste und ›coolste‹ Vortragsredner, den die deutsche Motivationsbranche hervorgebracht hat.« (Wirtschaft + Weiterbildung)

Liebe Leserin, lieber Leser

»Er ist einer der profiliertesten Coaches und Unternehmensberater Deutschlands. Belesen und voller Charisma gleichermaßen – und ausgestattet mit einem Gespür für die Alltagssorgen der Menschen.« (Handelsblatt)

Der »Vortragsredner 2012«, »Trainer des Jahres 2013«, »International Speaker of the Year 2014«, »Top-Speaker 2015« »zählt zu den Besten seines Faches. Seine Seminare sind gefragt – bei Marktführern und solchen, die es werden wollen.« (Süddeutsche Zeitung)

347

Liebe Leserin, lieber Leser

VORTRÄGE

Die Vorträge mit wertvollen Impulsen zum Aufstehen, Anfangen und Handeln sind eine ideale Motivationsdosis, um den Erfolg vom Zufall zu befreien. Für jeden Teilnehmer bieten sie Inspiration, Information und Motivation. Präsentiert in humorvoller, unterhaltsamer Weise, dynamisch und voller Esprit garantieren sie Begeisterung, Nachhaltigkeit und Höhepunkt Ihrer Veranstaltung.

JENSEITS VOM MITTELMASS
Spielregeln für die Pole-Position in den Märkten von morgen

In der Zukunft reicht Qualität allein nicht aus, um im Verdrängungswettbewerb den Unternehmenserfolg zu sichern. Wer nicht auffällt, fällt weg. Qualität findet im Kundenkopf statt. Was nützt es, gut zu sein, wenn niemand es weiß? Was nützt es, besser zu sein, wenn andere sich besser verkaufen? Es gibt zwei Möglichkeiten: differenzieren oder verlieren! Nur mit der richtigen Positionierung und einem unwiderstehlichen Angebot lassen sich Aufmerksamkeit, Begehrlichkeit und Bekanntheitsgrad steigern. Denn nur Mutmacher sind Marktmacher. Mutiges Management für die Märkte von morgen!

Liebe Leserin, lieber Leser

GLÜCKSKINDER / CHANCENINTELLIGENZ
Warum manche lebenslang Chancen suchen – und andere sie täglich nutzen

Chancenintelligenz bedeutet, Chancen zu erkennen, zu ergreifen und aktiv zu erarbeiten. In enger werdenden und immer dichter besetzten Märkten ist diese Fähigkeit aus mehrfacher Sicht wichtig: Ein hoher »CQ« befähigt dazu, privat und beruflich alle sich bietenden Möglichkeiten zu nutzen – und so Kunden, Märkte und Menschen zu erobern.

Der Vortrag reflektiert scheinbar Bekanntes, denkt quer sowie geradeaus, polarisiert, stellt infrage, provoziert und beantwortet die Frage »Warum suchen manche lebenslang Chancen, während andere sie täglich nutzen?«. Ein Plädoyer für ein Leben vor dem Tod.

FOKUS!

Provokative Ideen für Menschen, die was erreichen wollen

Wir lassen das Leben oft einfach geschehen, sind fremdbestimmt und unzufrieden, setzen den Fokus auf kurzfristige Erfolge statt auf langfristige Ergebnisse und wundern uns, dass wir nicht erreichen, wofür wir angetreten sind — auch im Unternehmen. Der Vortrag lenkt den Fokus auf das Wesentliche, sprengt jede gedankliche Grenze und zeigt, wie wir die Gitterstäbe unseres imaginären Erfahrungsgefängnisses öffnen und selbstgesetzte Grenzen überwinden. Ein sympathischer und motivierender »Schubs« eines scharfsinnigen Vortragenden, der uns zurück auf die spannende Umlaufbahn des Lebens schickt mit dem Appell: »Sie dürfen Ihr Leben nicht aus den Augen verlieren!«

BILDNACHWEIS

Illustrationen: Verena Lorenz außer S. 40 (Bügeleisen) claer, Fotolia.com; S. 61 leremy, Fotolia.com; S. 109 Николай Григорьев, Fotolia.com, S. 113 ayax, Fotolia.com; S. 137 (Baum) nikolya, Fotolia.com; S. 150 (Lego) hurca, Fotolia.com; S. 153 (Tiger) Erica Guilane-Nachez, Fotolia.com; S. 160 gorovits, Fotolia.com; S. 173 eraphim Vector, Fotolia.com; S. 305 lumer1979, Fotolia.com; S. 310 viktorijareut, Fotolia.com; S. 327 daw666, Fotolia.com

Fotos Seite 345, 347, 348 f., 362: Hermann Scherer

BOOKEUPHORICS

Falk S. Al-Omary

Henriette J. Albrecht

Gero Altmann

Judith Becherle

Dr. Richard Berthold

Ursula Beth

Rainer H. Bielinski

Tilman Billing

Martina Bock

Karsten Brocke

Bastien Carrillo

Kai Dase

André Daus

Markus Dörr

Ralf Domrös

Sascha Drache

Fabienne Dugave

Helmut Eberz

Gabriele Ebnet

Lucia Effgen

Stéphane Etrillard

Gabriele Fähndrich

Dr. Mathilde C. Fischer

Bertie Frei

Hans-Jochen Fröhlich

Dominik Fürtbauer

Frieder Gamm

Andreas Gramsch

Ariane Grundmann

Brigitta Gumpricht

Martina Haas

Guido Halver

Ronald Hanisch

Sandra Happel

Heinrich Hecht

Matthias Heiler

Antje Heimsoeth

Liss Heller

Regine C. Henschel

Monika Herbstrith-Lappe

Christine Hoeft

Stefan Hund

Bernhard Jungwirth

Martina Kapral

Ingo Karsch

Tina Kirfel

Tobias Klein

Bernd König

Albrecht Kresse

Alexander Krunic

Petra R. Lehner

Frank Livani

Rudolf Lonski

Frederik Malsy

Frank Meinert

Jochen Metzger

Jean Meyer

Anton Miller

Christian Morgenweck

Achim Mülheims

Andreas Murauer

Rainer Muttschall

Thomas Nemmaier

Carola Orszulik

Ruth Petervari

Elisabeth Pine

Tuan Plath

Marc Prasse

Wolf Probst

Rudi M. Rattenberger

Dr. Ingeborg Rauchberger

Gloria Rückert

Sonia Rutha

Uwe Ruthard

Sabine Sauber

Nicole Schlösser

Michael O. Schmutzer

Holger Schön

Gudrun Schönhofer-Hofmann

Nils Schueler

Ben Schulz

Oliver Schumacher

Frank Serr

Thomas Skipwith

Monika Stahl

Silvia Tapp

Erika Thieme

Walter Trummer

Thomas Tunkel

Thomas Wiesmann

Andreas Wittig

Tell Wollert

Michael Zaglas

Ralf Zimmermann

Silvia Ziolkowski

Sascha-Oliver Zöller

Stefan Zoller

Dr. Christoph Zulehner

REGISTER

71. Idee 32

Abdelegieren von Problemen 99
Abenteuer 59, 159, 214, 248
Ablenkungen vermeiden 231
Ablenkungsmanöver 60, 216, 226
Absichtserklärung 76
Achtsamkeit 43
Adair, Red 212
Ain, Tobias 75
Alkohol 121
Alkoholmissbrauch 122
Altersgrenze des Menschen 169
Änderungen im Außen 247
Angewohnheiten, ungute 116
Angst/Ängste 85ff., 114ff., 118ff., 125,
    128ff., 135, 145, 162, 199, 227, 241,
    244, 261f., 280f., 285, 339
– vor Fehlern 19
– vor Krankheit 162
Ansporn 69, 287
Anspruchslosigkeit 61
Antizipieren 46, 51, 332f.
Apostel Paulus 283
Arachnophobie 129
Arbeit 93
Arbeitgeber 92, 163, 192

Arbeits-Tinder 91f.
Asperger, Hans 81
Asperger-Syndrom 81
Aufgeben 61, 66
Aufklärung 228
Aufmerksamkeitsschwelle 252
Ausdauer 76
Authentizität 161
Autismus 81
Autonomie 58

Bandelow, Borwin 130
Batson, Susan 156
Beamte 329
Bequemlichkeit 300
Berater 26f., 65, 207
Bestärkung, positive 224
Betapharm 296
Bewusstsein 319f.
Bilokation 313
Brainstorming 32
Brendel, Alfred 79
Brockhoff, Stephan 294
Browning, Robert 229
Bucket List 232
Burri, Nina 159

355

Register

Carnegie, Dale 244 ff.

Chancen 50, 66, 84, 93 f., 104, 141, 144, 216, 231, 234, 308, 337

– liegen lassen 231

Charity Aid Foundation 286

Christiansen, Ole Kirk 149

Cibis, Robert 79

Coaching 224

–, Reifegrade 224

Cohen, Lola 157

Commitment 58 ff., 63 ff.

Cornering 214

Dalai Lama 312

Dale-Carnegie-Trainer 244

Damasio, Antonio 208 f.

Dankbarkeit 87, 102 f., 107, 151 f.

Delegieren 37, 39

Demut 102 f., 107, 110, 281

Dörrie, Doris 274 f.

Duell 47 ff.

Dunning, David 193

Dunning-Kruger-Effekt 195

Ehe 271

Ehrlichkeit 57

Eigeninitiative 196

Eigentümerschaft des Problems 98

Einkommen 184 f.

Einkommensmillionär 330

Einstein, Albert 229, 315

Einzigartigkeit 40

Emotionalität 189

–, Grad an 190

Emotionen 189, 209, 264

Empowerment 58, 59, 220

Enthusiasmus 144

Entscheidungen 22, 52, 56, 97, 184, 186, 203 f., 206 ff., 220, 228, 241, 271, 318

Entscheidungsunfähigkeit 207

Entschlossenheit 141, 144, 202, 218

Erfolg 25, 144, 146, 161 ff., 189, 192, 215 f., 222, 227, 232 ff., 249, 251 f., 316 f., 319, 321, 334, 336 f.

–, kurzfristiger 18, 21 f.

Erfolgsverhinderungsprogramme 166

Ergebnisorientiertheit 275

Ergebnisse, langfristige 18

Erkenntnisprozess 172

Ermessensentscheidung 34

Erreichen 18, 38 f., 58, 66 f., 70 f., 132, 144, 151 f., 163, 184, 216, 223, 239, 246

Erwartungshaltung 272

Esoteriker 310

Euringer, Günter 16, 51

Existenz 84, 93, 116, 172, 250, 303, 316 f., 319

Exzentrische Positionalität 293

Fähigkeiten 50, 103, 131, 138, 185, 193, 223

Fehler 38, 119, 129, 246, 253, 269

Feindbilder 70

Ferrero, Giovanni 15, 50

Fettsein 125

Fleiß 76, 165

Flirtportale 272

Flugangst 128

Fokussierung 229

Franck, Lilian 79

Freiheit 179

Fremdwertgefühl 70

Frieden 117, 177, 178, 214

–, sozialer 253

Führung, innere 138

Gandhi, Mahatma 216

Gates, Bill 330

Gedanken 264

Gedankenmodelle 253

Gefühle 264

Geld und Risiko 36 f.

Geldbedarf 34

Geschäftsmodelle, eigene 145

Gespräche, innere s. Tweets, mentale

Gesundheit 150

Gesundheitssystem 207

Gewinnchance 46

Gewissen, schlechtes 124

Glück 21, 28, 46, 48, 142, 152, 204, 270, 272

Goethe, Johann Wolfgang von 143

Gott 106, 107, 123, 124, 170 f., 197, 216, 256, 309, 315, 338

Gottvertrauen 138

Grenzen 168, 170 ff., 179, 183

– als zeitgebundene Phänomene 170

– setzen 186

– überwinden 180

Handlungsbedarf 190

Hanisch, Ronald 226

Hass 181 ff.

Heldenreise 102, 105

Hepburn, Audrey 337

Hilfsbereitschaft 286

–, spontane 288

Hindernis 30, 59 f., 216, 252

Hingabe 76, 82, 316

Holmes, Oliver Wendell 180

Holzweg 106, 249 f., 256, 260

Idealposition 226 f.

– des Lebens entwickeln 239

Idee 24, 31 ff., 71, 92, 131, 172, 190, 210, 220, 222, 227, 229, 234 f., 239, 266 f., 300, 319, 342

Ideenfilter 30

Inkompetenz 193

Innovationsmechanismen 147

Inspiration 131

Intelligenz 223

357

Register

–, analytische 223
–, praktische 223
Interconti 77
Investitionen 36
Ist-Situation 227

James, William 265
Jansen, Bodo 295
Ja-Sager 202
Jesus von Nazareth 283, 293
Jungautoren 25

Kant, Immanuel 228
Kao, John 251
Käser-Training 230
Kinderschokolade 14 ff.
Kirche, christliche 308
Kleindenker 98
Knüpfer, Stefan 79 f.
Kollektiv der Menschheit 130
Kommunikation 29, 272
– mit sich selbst 239
Kommunikationsventil 30
Kommunizieren 171, 203, 221, 226, 239, 272, 335
Kompetenz der Ärzte 196
Kontrollverlust 62
Konzentration 20, 121, 311
Konzept, ökonomisches 29
Kosten 36
Kreativität 32

Krieg 177 f.
Kruger, Justin 193
Kurzfristdenke 22

Labo, Jun 313
Langeweile 137, 297, 300
Langstrumpf, Pippi 266
Larsen, Dale 287 f.
Leben nach dem Tod 180
Lebensänderungen 252
Lebensdauer 169
Lebenserwartung 170
Lebenslügen 74
Lebensplan 121, 137, 228
LEGO 149 f.
Leidenschaft 156, 213, 219 f., 278, 300, 338
Leistung 30, 38 f., 60, 68, 138, 148, 192 f., 217
Leistungsversprechen 60, 74
Lernaufgabe 103
Liebe 273
Liebeskummer 127, 231
Liessmann, Paul 198
Lindbergh, Charles A. 302 f.
Long Win 21, 28, 37, 47, 49, 51 f.
Loslassen können 232
Lösungen 93
Loyalitätsverlust 93
Lügen 57

Register

Macht 142, 176, 189, 196, 265

Manipulation 265

Marktwirtschaft, freie 282

Master-Class-Programm 75

Matrix 266 ff., 271

McKinsey 22

Meditation 311 ff.

Meloth, Heinz 198

Melville, Herman 338

Menschlichkeit 161, 279 ff.,
297

Menschlichkeitsindex 289

Mentoren-Programm/Mentoring-
Programme 37, 140 f.

Michael-Schumacher-Red-Adair-Prinzip
213

Mindestlohn 329

Misserfolg 73, 140, 161, 336

Mitarbeiterzufriedenheit 295

Mittelmaß 205

Mittelmäßigkeit 181

Modelle, mentale 256, 262

Motivation 137, 220

Motivationsstrategie 89

Mülleimer-Liste 232

Mutlosigkeit 135

MyTaxi 145

Nachhaltigkeit 26

Nähe (zu anderen) 123

Neid 116

Newsletter 18, 19

– löschen 20

Newton, Issac 81

Non-Kommunikation 272

Non-Profit 294 ff.

Normal-Sein 74

Nutella 125

Nutzen 90 f., 279, 288,

Okuro, Kazuchika 102

Opportunitätskosten 28, 29, 38

– von Kinderschokolade 339

Optimist 151, 248

Pagany, Wolfgang 213

Panikattacken 130

Panikstörung 129

Paradoxon der Reife 275

Parkinson'sches Gesetz 330

Parteiendemokratie 25

PartnerPlusBenefit 154

Perfektion 129

Phänomene, zeitgebundene 170

Pionierverhalten 179

Plan 132

Plessner, Helmuth 293

Potenzial 30 f., 39, 41, 138, 196, 288,
318 ff., 332

Pragmatismus 104

Preisgrenzen 187

Probleme 18, 34, 54, 56, 61, 84, 89 ff.,

359

Register

96 f., 99 ff., 103 f., 106, 109 ff.,
119, 142, 148, 168, 197, 199, 202,
213, 216, 225, 234, 241, 244,
248, 254, 256, 261, 272, 276, 329,
339
– des Lebens 112
– abdelegieren 99
Problemlösungsstrategie 126
Procter und Gamble 148
Profitabilitätsgrenze 191
Projekte 28, 34, 73, 220, 229, 234, 249,
266, 278
–, soziale 296 f.
Prokrastinieren 225
Prokrastinierer 131
Prostituierte 54
Prostitution 55

Qualität 339
Quantenkosmologie 178
Quantentheorie 178
Quick Win 21 f., 24, 27 f., 31, 33, 35 f.,
45, 47, 51 f.
Quick Winner 18, 20, 43
Quick-Win-Modus 43
Quick-Win-orientiert 45
Quick-Win-Prinzip 26

Radikalität 41, 218, 227
»Random Act of Kindness« 287
Rauchen abgewöhnen 252

Realität 144, 168 f., 182, 227, 253, 303,
319
Redner 34, 55, 65, 69, 81, 108, 159, 188
Reflektieren 23, 64, 226, 239, 293
Reifegrad 224, 301
Rendite 33, 37, 141
Respekt 41, 76, 100, 161
Ressourcen, finanzielle 36
Rhetorik 211
Rituale 264
Roemer, Milton 195
Roth, Eugen 195
Rückschläge 142
Rücksichtslosigkeit gegenüber den
Umständen 227 f.

Schaden, volkswirtschaftlicher 10
Scherer-Academy 154 ff.
Schlaf 120
Schnelldreher 27
Schnock 45 ff.
Schöpferkraft, menschliche 327
Schöpfungsprozess 172
Schuldenkrise 11
Schuldzuweisungen, innere 250
Schweigekloster 29
Schweinehund, innerer 135, 137
Seele 320
Selbstachtung 54 ff., 65, 67
Selbstbestätigung 79
Selbstbestimmung 40

Register

Selbstbetrug 16, 19, 218, 249 f.

–, positiver 265

Selbstbewusstsein 138

Selbstermächtigung 142

Selbstgespräche 221

Selbstständigkeit 165, 184, 220

Selbstreflexion 239

Selbstüberschätzung 142, 194

Selbstvergessenheit 292 f.

Selbstvertrauen 70, 74, 138

Selbstwertgefühl 70, 76, 126

Selbstwirksamkeit 161 ff., 166

Selbstwirksamkeitsüberzeugung 161, 162

Selbstzweifel 141, 227

Selektionshürden 125 ff.

Speaker Slam 159

Spiritualität 308 f., 316 ff., 339

Spitzenleistung 74, 76

Sportler 264

Standpunkte 186 ff., 189, 334

Störfaktoren 30 f., 41

Strategie 45 ff., 49 f., 57 f., 147, 235, 254, 291, 296 f.

– des kurzfristigen Erfolges 22

Stundenlohn 329

Talent 35, 138, 144, 185, 295

Tata, Ratan 42

Tatsache 86, 92, 97, 163, 222, 314, 316,

Tauschgeschäft 36

Teleportation 313

Thiemann, Thomas 178

»Think big!« 218

Timeline 226 ff., 253

–, zukunftsantizipierende 226

Tinder 91 f.

Traum 197, 217 f., 228, 240, 262, 326, 335 f.

Tools 111

Toto 101

Trägheit 135

Trennungen 220

Trinkwalder, Sina 294 f.

Trump, Donald 330

Twain, Mark 133, 337

Tweets 221 ff.

–, mentale 251, 252 f., 256, 263, 264

Umsetzungsdisziplin 72

Uniqueness 40

Universum 323

–, egozentrisches 256

Unmündigkeit 228

Unterbewusstsein 72

Unternehmenserfolg 190

Unternehmer 36, 41, 98, 145, 184, 294

Unwägbarkeiten 59

Verantwortung 61, 74, 98, 136, 144, 196, 202, 216, 318, 326, 338

Verantwortungslosigkeit, kollektive 100

Verbraucher 36

Vergütungsmethode 163

Verhaltensänderungen, langfristige 251

Vernunft 21, 145, 274

Versprechen 56, 60, 64, 76, 78, 80, 110, 124,

– einlösen 124

– sich selbst gegenüber 60

Versuchungen widerstehen 231

Verrat 57, 131,

Vertrauensvorschuss 294

Vertrauen 61, 107, 118, 138, 224

Verzicht 36, 49, 51 f., 187, 189, 203

Verzweiflung 123 f., 213

Vision 219 f., 278, 303, 316, 320, 322

Vollzugsmeldung 76

Vorhaben 60, 219 f., 222, 239, 248, 302, 304

Vorsätze, gute 231

Wahrnehmung 255

Walach, Harald 310

Walter, Peter 296

»Washlet« 101 f.

Weinstein, Matt 287 f.

Wertelosigkeit 61

Wertschätzung 94, 295

Wertschöpfung 90, 295

Wettbewerb 68 ff., 80, 214 f.

Widersprüche 333

Wille 251

Willenskraft 144

Winfrey, Oprah 289

Wirklichkeit 271

Wirtschaft 24 f., 49, 93, 145, 191, 209, 248, 308, 316, 319 ff., 328

Wirtschaftsflüchtlinge 197

Wohlstand 93, 150, 173 f.

World Economic Forum 335

World-Giving-Index 287

Wut 23, 105, 239

Zeitreisen 313 f.

Ziel 35, 41, 59, 61, 64 f., 70, 81, 97, 123, 132, 144, 152, 168, 182, 218 f., 224 f., 232, 234, 251, 278 f., 304, 316

Zielorientiertheit 80

Zitatebox 34

Zögern 73, 130 ff.

Zuspruch 161

Zwangsehe 273

Zweckoptimismus 265

Zweifel 142

CHANCENBLICK

Der Newsletter für Ihren persönlichen und unternehmerischen Erfolg.

Möchten Sie regelmäßig wertvolle Praxistipps und aktuelle Informationen rund um die Themen »persönlicher Erfolg«, »Unternehmenserfolg« und »Chancenintelligenz« erhalten?

Gerne senden wir Ihnen unverbindlich und kostenlos den regelmäßigen Chancenblick zu.

Lassen Sie sich durch die inspirierenden Beiträge berühren, wachrütteln und begeistern!

Um den Chancenblick regelmäßig zu erhalten, senden Sie bitte eine Mail mit dem Betreff »Letter« an

info@hermannscherer.com

CHANCENBLICK 75
525.600 Minuten

HERMANN SCHERER

INHALT

- Drei Gläschen Prosecco
- 1. Internationale Autorenmesse am 4. Juni
- Die schwarze Designer-Zistelbox
- Öffentlicher Vortrag "Glückskinder"

Editorial

und so vergehen die Jahre und mit jedem einzelnen Jahr 525.600 Minuten – Schaltjahre mal ausgenommen. Und 525.600 Minuten können sehr lange sein. Sagen Sie einem Kind mal, es solle 525.600 Minuten auf die Überraschung warten. Meist können Kinder keinen einzigen Tag abwarten und sagen dann sehnsüchtig: "Ist heute schon zu Ende?" Andererseits: Sie müssen ja nicht warten. Jede der 525.600 Minuten eines Jahres hat das Potenzial, ein großer Moment zu werden. Wir könnten ein Jahr nicht nur in Stunden oder Tagen messen, sondern in Sonnenuntergängen, in Kaffeetassen, in Zentimetern, in Kilometern, in Umsatz, in Lachen, in Streits. Welche Kennzahlen legen Sie für sich fest?

Obwohl, allein bei dem Wort "Kennzahlen" bekomme ich am ungesundes Hautbild. Also, bitte, ganz ohne Pickel: Wie oder noch besser: Woran messen Sie Ihr Jahr? In den Erkenntnissen, die Sie erlangen durften? In den Momenten, in denen Sie gewinnt haben? In den Brücken, die Sie geschlagen haben? Oder in der Anzahl der Freunde, die Sie beerdigt haben? Oder in der Liebe? In der Liebe, die Sie den Menschen, der Arbeit, Ihrer Aufgabe geschenkt haben? Übrigens hat das Jahr 31.536.000 Sekunden – noch mehr magische Momente! Also machen Sie sich auf den Weg! Allerdings: Auf den richtigen Weg machen kann sich nur der, der weiß, wohin er will. Und der, der weiß wohin, der kann sein Vorgehen und damit seine Schritte geistig vorwegnehmen, er kann sie antizipieren. Antizipieren, das ist Lebenskunst.

Wenn ich so über die 525.600 Minuten philosophiere, dann sehe ich dazu dieses an.

Danke, dass Sie diese Zeilen lesen

Ihr

Hermann Scherer

GLÜCKSKINDER
Der persönlichste Bestseller von Hermann Scherer

Lassen Sie sich berühren, wachrütteln und begeistern! Wie können Sie eigene Chancen erkennen und nutzen?

In seinem bislang persönlichsten Buch "Glückskinder" zeigt der Bestseller-Autor Hermann Scherer auf, wie man chancenintelligent wird. Das heißt, wie man seine – sich täglich bietenden – Chancen erkennt und effizient nutzt. Hermann Scherer reflektiert, denkt quer sowie vor/aus, polarisiert, stellt in Frage, provoziert, öffnet Augen und beantwortet die Frage: »Warum sollten manche lebenslang Chancen, während andere sie täglich nutzen?« Das Buch ist ein Plädoyer für ein Leben vor dem Tod.

Mehr erfahren

Sooo groß!
Drei Gläschen Prosecco

Ich war einmal zu einem Frühstücksbrunch eingeladen. Der war sehr lecker und es gab Prosecco. Ich ließ mich zu drei Gläschen hinreißen, was zur Folge hatte, dass ich schon vormittags sturzbesoffen war und auf dem Nachhauseweg bedenklich schwankte.

Ich sah auch nicht mehr alles in 3D. Aber als ich an einem Reisebüro vorbeikam, erkannte ich im Schaufenster zumindest den roten Sand und die Kängurus: Australien!

In Australien war ich noch nie gewesen. Das war für mich immer sehr groß und sehr weit weg. Eigentlich zu groß und zu weit weg. Und darum so etwas wie unerreichbar. Wenn man nach Australien fliegt, dann ist gleich richtig, und gleich richtig lange. Also mindestens 3 Wochen, sonst rechnet sich das nicht; besser noch wären 6 Wochen, wirtschaftlich gesehen am allerbesten gewesen wären wohl 3 Monate. Und weil man eben nicht so einfach so lange nach Australien fliegen kann, macht man es meist gar nicht. Gleichzeitig übte Australien auf mich immer auch einen großen Reiz aus. Es war so ein stetiger Wunsch, ein Traum, aber kein wichtiger. Es gab keine große Notwendigkeit, nach Australien zu fliegen.

Lothar Seiwert

Wenn du es eilig hast, gehe langsam

Wenn du es noch eiliger hast, mache einen Umweg

17., vollständig aktualisierte Auflage 240 Seiten, gebunden, mit Farbillustrationen von Werner Tiki Küstenmacher

Auch als E-Book erhältlich

Der Klassiker des entschleunigten Lebens

Lothar Seiwerts Klassiker für ganzheitliches Selbstmanagement und aktive Lebensgestaltung erfreut Leserinnen und Leser seit mittlerweile 20 Jahren. Und das feiern wir! Mit einer vollständig überarbeiteten und aktualisierten Ausgabe in attraktiver, frischer Optik. Lothar Seiwert und Werner Tiki Küstenmacher lassen Hase und Schildkröte weiter um die Wette rennen und zeigen uns, wie wir das echte gute Leben ganz ohne Kampf erreichen.

campus.de

Frankfurt. New York

Unsere Leseempfehlung

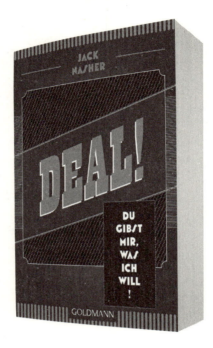

368 Seiten

Wirtschaftspsychologe Jack Nasher verrät, wie man endlich das bekommt, was man will – durch effektives Verhandeln. Er zeigt, wie wenige Sekunden über große und kleine Vermögen entscheiden und wie man diese kurze Zeit nutzt. Das Handwerkszeug für die besten Deals: erprobte Verhandlungsmethoden und psychologische Techniken. Damit ist endlich Schluss mit faulen Kompromissen!

www.goldmann-verlag.de
www.facebook.com/goldmannverlag